Dieter Borchmeyer
Helmuth Kiesel (Hrsg.)

DER ERNSTFALL

Martin Walsers
Tod eines Kritikers

Hoffmann und Campe

1. Auflage 2003
Copyright © 2003 by Hoffmann und Campe Verlag,
Hamburg
www.hoffmann-und-campe.de
Schutzumschlaggestaltung: Büro Hamburg / Uljana Tatzel
Satz: Utesch GmbH, Hamburg
Druck und Bindung: Clausen & Bosse, Leck
Printed in Germany
ISBN 3-455-09413-9

Ein Unternehmen der
GANSKE VERLAGSGRUPPE

INHALT

Vorwort   7

Helmuth Kiesel
Journal 2002   25

Dieter Borchmeyer
Martin Walsers *Tod eines Kritikers*: der komische
Roman als Inszenierung seiner Wirkungsgeschichte   46

Horst-Jürgen Gerigk
Von der Anstößigkeit eines Walser-Traums.
Notizen zum *Tod eines Kritikers*   69

Manfred Fuhrmann
Können wir noch Satiren ertragen? Martin Walsers
Tod eines Kritikers und ein Blick zurück auf die
Personalsatire von Aristophanes bis Goethe   86

Norbert Greiner
Tod und Wiedergeburt so manch *eines Kritikers*
aus dem Geiste der Satire   105

Hartmut Reinhardt
Tassos Zorn. Martin Walser und sein Kritiker   125

Silvio Vietta
Vom ersehnten Identitätsrauschen in
Martin Walsers Roman   139

Franz Loquai
Karnevaleske Demaskierung eines Medienclowns.
Martin Walsers *Tod eines Kritikers* als Lehrstück
über den Kulturbetrieb   158

Michaela Kopp-Marx
Les Mystères de Munich. Martin Walser schlüpft
in die Rolle des postmodernen Autors   174

Leo Kreutzer
Ein Roman und sein Doppelgänger.
Sieben Anmerkungen zu *Tod eines Kritikers*   192

Wolfram Schmitt
Identität und Psychose: Ich-Findung oder
Ich-Verlust? Psychiatrische Bemerkungen zum
Tod eines Kritikers   214

Bernhard Losch
Ehre, Satire und rechtliche Bedeutung.
Medienfreiheit, Persönlichkeitsschutz und
demokratische Öffentlichkeit.
Ein juristischer Kommentar zu Martin Walsers
Kritikerroman   226

Rainer Wimmer
Auf die sprachlichen Formen achten!
Versuch einer linguistischen Kritik der Kritik
an Martin Walsers Kritikerroman   241

Hans Reiss
»demonstrieren, was Gerüchte sind ...«
Überlegungen eines Emigranten zu
Martin Walsers *Tod eines Kritikers*   261

Huang Liaoyu
In den Drei Schluchten des Yangtse.
Flußfahrt mit Martin Walsers Kritikerroman.
Marginalien seines chinesischen Übersetzers   275

VORWORT

1.

Seit es Literatur gibt, gibt es auch die Kritik an ihr. Doch zweifellos ist der Dichter der wesentlich ältere Bruder des Kritikers, der sich aus verschiedenen embryonalen Vorstufen erst seit dem 17. Jahrhundert allmählich zu dem entwickelt und emanzipiert, was wir heute unter ihm verstehen: jene Instanz, die zwischen Autor und Publikum vermittelt und die erst aufkommen konnte, seit es eine literarische Öffentlichkeit gibt, die an die Entstehung des Buchmarkts gebunden ist. Erst mit ihr bildet sich auch die *Presse*, bilden sich die regelmäßig erscheinenden Publikationsorgane und damit die »räsonierende Öffentlichkeit« (Jürgen Habermas) heraus, deren Sprecher der Kritiker ist. Jetzt erst kann dieser sich als ›ausdifferenzierte‹ Institution aus anderen gesellschaftlichen und kulturellen Funktionszusammenhängen herausschälen und die Aufgabe eines Katalysators zwischen Schriftsteller und anonymer Leserschaft übernehmen, der er auswählend und beurteilend das für sie unüberschaubare Literaturangebot unterbreitet und dadurch dessen Marktchancen und öffentliche Resonanz entscheidend mitbestimmt.

Der Autor wie sein Verleger sind also, ob sie es wollen oder nicht, wesentlich vom Urteil des Kritikers abhängig.

Begreiflich, daß ihre positive oder negative Einstellung gegenüber der Kritik je nach deren Urteil – Lob oder Verriß – schwankt. Sich die Gunst des Kritikers zu verscherzen, ist für Autor und Verleger im Hinblick auf Reputation wie ökonomische Effizienz gleichermaßen prekär, sich von seiner Gunst tragen zu lassen, die größte Erfolgschance. Es liegt in der Natur der Sache, daß der Autor glaubt, sich allein durch die Qualität seines Werks öffentlich durchzusetzen, bleibt der Erfolg jedoch aus, die Gleichgültigkeit oder Bosheit der Kritik dafür verantwortlich machen zu können. Das Kritikerlob aus Dichtermund ist selten, Haßtiraden des Autors gegen seinen wirklichen und vermeintlichen Widersacher dafür um so häufiger. Und daß die Haßtiraden in dem geheimen oder offenen Wunsch einer körperlichen Verletzung des Kritikers, ja in einem regelrechten Todeswunsch gipfeln, dafür gibt es in der Weltliteratur viele Beispiele, von denen auch im vorliegenden Band die Rede sein wird. Dichter gehen in ihren Werken nur allzu gern über die Leichen ihrer Kritiker, rächen sich durch Satire für das, was diese ihnen angeblich angetan haben. Zumal die englische und irische satirische Literatur ist dafür eine Fundgrube.

Das grausam-hübsche Beispiel eines poetischen Aggressionswunsches gegenüber dem Kritiker oder Rezensenten ist Eduard Mörikes Gedicht mit dem ironischen Titel *Abschied* (1837). Wir kennen es gleich zweimal: zum einen vom Dichter, zum andern vom Komponisten – aus der Vertonung von Hugo Wolf (1888) nämlich, der es durch musikalisch-parodistischen Zynismus noch überboten hat.

Unangeklopft ein Herr tritt abends bei mir ein:
»Ich habe die Ehr, Ihr Rezensent zu sein.«
Sofort nimmt er das Licht in die Hand,
Besieht lang meinen Schatten an der Wand,
Rückt nah und fern: »Nun, lieber junger Mann,
Sehn Sie doch gefälligst mal Ihre Nas so von der
   Seite an!
Sie geben zu, daß das ein Auswuchs is.«
– Das? Alle Wetter – gewiß!
Ei Hasen! ich dachte nicht,
All mein Lebtage nicht,
Daß ich so eine Weltsnase führt im Gesicht!!

Der Mann sprach noch Verschiednes hin und her,
Ich weiß, auf meine Ehre, nicht mehr;
Meinte vielleicht, ich sollt ihm beichten.
Zuletzt stand er auf; ich tat ihm leuchten.
Wie wir nun an der Treppe sind,
Da geb ich ihm, ganz froh gesinnt,
Einen kleinen Tritt,
Nur so von hinten aufs Gesäße, mit –
Alle Hagel! ward das ein Gerumpel,
Ein Gepurzel, ein Gehumpel!
Dergleichen hab ich nie gesehn,
All mein Lebtage nicht gesehn,
Einen Menschen so rasch die Trepp hinabgehn!

Leicht hätte der Rezensent sich dabei den Hals brechen können. Und das wäre dem ›lyrischen Ich‹ wohl ebensowenig unlieb gewesen wie Goethe, der in seinem berühmt-berüchtigten Gedicht *Rezensent* (1773, mit diesem Titel 1815) das parasitäre Dasein des Kritikers – der sich vom Tische des Dichters nährt, um anschließend in der Nachbarschaft das Essen madig zu machen – verhöhnt und seine Invektive mit einem Schlagetot-Appell schließt.

> Da hatt ich einen Kerl zu Gast,
> Er war mir eben nicht zur Last,
> Ich hatt just mein gewöhnlich Essen.
> Hatt sich der Mensch pumpsatt gefressen;
> Zum Nachtisch, was ich gespeichert hatt.
> Und kaum ist mir der Kerl so satt,
> Tut ihn der Teufel zum Nachbar führen,
> Über mein Essen zu räsonieren:
> Die Supp hätt können gewürzter sein,
> Der Braten brauner, firner der Wein. –
> Der Tausendsackerment!
> Schlagt ihn tot, den Hund! Es ist ein Rezensent.

Man sieht: mit der »räsonierenden« Öffentlichkeit, auch wenn diese nur im Nachbarhause hergestellt wird, hat Goethe nicht viel im Sinn.

Autor und Kritiker sind das Musterbeispiel feindlicher Brüder. Wie oft tauchen sie in der Literatur nebeneinander auf, wie oft denken wir bei einem Künstler der Vergangenheit gleich an seinen kritischen Gegenspieler: an den Goethe des *Werther* und Nicolai etwa oder an Wagner und Hanslick – respective ihr Pendant in den *Meistersingern*: Walther von Stolzing und Beckmesser; dieser bezieht bekanntlich die Prügel, die Wagner seinem wirklichen Gegenspieler nicht angedeihen lassen konnte. Während freilich sonst der jüngere Bruder dem älteren das Erstgeburtsrecht mißgönnt und ihn deshalb erschlagen möchte, ist es im Falle von Autor und Kritiker genau umgekehrt. Allenfalls mit Esau und Jakob sieht es ähnlich aus. Wie mancher Kritiker würde nicht gern dem Dichter seine unzweifelhafte Erstgeburt um ein Linsengericht abkaufen und den väterlichen Segen dadurch erschleichen, daß er das ›Outfit‹ des erstgeborenen Bruders imitiert! Freilich muß er dann auch damit rechnen, daß jener ihm nach dem Leben trachtet!

Der einflußreichste deutsche Kritiker unserer Zeit: Marcel Reich-Ranicki hat in seiner Autobiographie *Mein Leben* (1999) nicht ohne Genüßlichkeit erzählt, wie mancher Schriftsteller ihm schon metaphorisch nach dem Leben getrachtet habe: die sanfte Christa Reinig, der wesentlich weniger sanfte Peter Handke und der jedes Maß verlierende Rolf Dieter Brinkmann, der gar in einer Diskussion mit ihm zum Entsetzen des Publikums ausrief: »Ich sollte hier ein Maschinengewehr haben und Sie niederschießen.« Das freilich war das abgeschmackt-brutale Ende jeder Metaphorik. Im Jahre 2002 nun veröffentlichte Martin Walser seinen Roman *Tod eines Kritikers*, dessen Titelgestalt unverkennbar auf jenen Reich-Ranicki anspielt und dessen Titel selber das alte Motiv tödlichen Hasses des Autors auf seinen Kritiker wieder aufzunehmen scheint – freilich nur scheint. Denn dieser Tod ereignet sich nicht, ist ein bloß von der Presse ausgestreutes Gerücht. Dem in der Kritik schlecht weggekommenen Autor Hans Lach wird der mörderische Haß auf seinen Kritiker Ehrl-König von den Medien und der ihnen auf den Leim gehenden Justiz nur angedichtet, ja Ehrl-König selber, der in Wirklichkeit mit einer Geliebten abgetaucht ist, inszeniert jenes Gerücht hinter den Kulissen der Öffentlichkeit genüßlich mit – um schließlich im Triumph auf deren Bühne zurückzukehren. Keine »Mordphantasie« richtet sich auf ihn, wie von Walser-Kritikern unterstellt wurde – weder eine solche des fiktiven Autors Hans Lach noch erst recht eine solche des Romanverfassers

Martin Walser –, sondern im Gegenteil eine »Überlebensphantasie«, wie einer der Aufsätze dieses Bandes demonstriert.

Freilich: Ehrl-Königs Vorgänger Willi André König, genannt Erlkönig, in Walsers Roman *Ohne einander* ist tatsächlich umgebracht worden, allerdings nicht im Roman selber oder von seinem Erfinder, sondern in einem Gedicht, das der Öffentlichkeit bisher nicht bekannt ist. Als *Ohne einander* 1993 in dem von Reich-Ranicki dirigierten *Literarischen Quartett* verrissen wurde, provozierte das den Berliner Schriftsteller und Gelehrten Eckehard Kaemmerling zu einer Rücktravestie des Walserschen Erlkönigs in Goethes Ballade. Hier verwandelt sich der Vater in Martin Walser, das Kind in seinen Roman – und Erlkönig in wen wohl?

Erlkönig
oder
Die Lesereise mit einander

Wer reiset so spät durch Nacht und Wind?
Es ist der Dichter mit seinem Kind;
Er hat das Büchlein wohl unterm Arm,
Er faßt es sicher, er hält es warm. –

Mein Jüngstes, was birgst du so bang dein Gesicht? –
Siehst, Vater, du den Erlkönig nicht?
Den Erlenkönig mit Brill und Glatz? –
Nicht doch, dies ist bloß ein boshafter Satz. -

»Du starkes Buch, komm, geh mit mir!
Eine gar schöne Besprechung schreib ich dir;

Manch Dichter-Dank hängt bei mir an der Wand;
Meine Zeitung webt manch Erfolgsgewand.«

Oh Martin, mein Vater, und hörest du nicht,
Was Erlenkönig mir leise verspricht? –
Sei ruhig, bleibe ruhig, mein Kind!
In Marcels Blättchen nur säuselt der Wind. –

»Willst, Werk voller Kraft, du mit mir gehn?
Meine Lippen sollen dich preisen schön;
Meine Phrasen führen den kritischen Reihn
Und schwätzen und wickeln die Leserschaft ein.«

Mein Walser, mein Walser, und siehst du nicht dort
Erlkönigs Verrisse am düstern Ort? –
Beim Siegfried, mein Büchlein, ich seh es genau;
Es scheinen die Frankfurter Straßen so grau. –

»Ich liebe dich, mich reizt deine Plaudergestalt;
Und bist du nicht willig, so brauch ich Gewalt.« –
Mein Walser, mein Autor, jetzt greift er mich an!
Erlkönigs Feder hat mir ein Leids getan! –

Dem Dichter grauset's, er reiset geschwind,
Er stopft in die Tasche das ächzende Kind,
Erreicht noch zehn Leser mit Mühe und Not;
Da erscheint die Kritik – das Buch ist tot.

21. August 1993

Diese Parodie schickte Eckehard Kaemmerling am 24.
August an Walsers Verleger Siegfried Unseld. Derselbe
reagierte drei Tage später »mit Vergnügen« auf das
»schöne Poem«, schlug allerdings eine Änderung der letz-

ten Zeile und eine neue Schlußstrophe vor, deren abschließende Zeilen das Ende von Heinrich Heines Ballade *Belsazar* parodieren. Statt »das Buch ist tot« sollte es nach Unselds Wunsch heißen: »das Buch scheint tot« – um dann folgendermaßen zu schließen:

> Doch Siegfried nahet mit Werbung brausend,
> Schon ist das Buch im hundertsten Tausend.
> Erlkönig ward aber in selbiger Nacht
> Von seiner Leserschaft umgebracht.

Der Schluß mit dem Kollektivmord der Leserschaft am Kritiker, der ihr das Buch madig zu machen versucht hat, scheint Kaemmerling etwas bedenklich gestimmt zu haben, und er schlug vor, Erlkönig lieber von einer Seejungfrau umbringen zu lassen. Doch Unseld antwortete in einem Brief vom 14. September: »Ich fände nur wirklich witzig, wenn der Erlkönig nicht von einer Seejungfrau, die in diesem Zusammenhang zu unvermittelt auftaucht, sondern eben von der Leserschaft [...] umgebracht wird«, von der ja vorher schon die Rede gewesen sei. In demselben Brief gibt er Kaemmerling *plein pouvoir*, sein satirisches Gedicht mit der Unseldschen Schlußstrophe zu veröffentlichen. Tatsächlich hat jener sich bei mehreren Zeitungen darum bemüht – vergeblich. So blieb es bis heute in der Schublade.

2.

Martin Walsers *Tod eines Kritikers* hat den wohl größten Literaturskandal in der Geschichte der Bundesrepublik Deutschland ausgelöst. Was ihn zur »unerhörten Begebenheit« im Sinne von Goethes Novellendefinition macht, ist die Tatsache, daß er nicht durch das veröffentlichte Buch selber verursacht wurde, sondern durch das ihm vorausgeschickte Gerücht. Das Hauptthema von Walsers Roman aber ist eben das Gerücht als Medium der Medien. Der Skandal, welcher der Publikation des Romans voranging, war also gewissermaßen der vorausgeworfene Schatten seiner eigenen Thematik, bestätigte dessen Diagnose schon im vorhinein. Wie konnte es dazu kommen? Zu Beginn der zweiten Maiwoche 2002 wurde dem Literaturchef der *Frankfurter Allgemeinen Zeitung* vom Verlagsleiter des Suhrkamp-Verlags im Beisein Martin Walsers vertraulich das noch nicht druckfertige Rohmanuskript seines neuen Romans überreicht, von dem Autor und Verlag erwarten durften, daß er wie die vorangegangenen Romane von Walser in der F.A.Z. vorabgedruckt würde. Am 28. Mai erreichte den Verlag jedoch die Nachricht, daß ein Vorabdruck nicht in Frage komme. Zu dieser Entscheidung hatte die F.A.Z. das gute Recht. Statt aber das Manuskript ebenso diskret an den Verlag zurückzugeben, wie er es erhalten hatte, veröffentlichte Frank Schirrmacher, der für Feuilleton und Literaturblatt zuständige Herausgeber der Zeitung, bereits am nächsten Tag einen offenen Brief an Martin Walser, der in den Beiträgen dieses Bandes so oft zitiert wird, daß hier nur die wesentlichen Vorwürfe gegen den Roman zusammengefaßt seien: der *Tod eines Kritikers* arbeite mit antisemitischen Klischees und sei ein Produkt des Hasses auf Reich-Ranicki, ja hole dessen Ermordung im Warschauer Ghetto, das er und seine Frau gerade noch überlebt hätten, in Phantasie und Fiktion nach. Damit hat Schirrmacher nach den Worten von Thomas Steinfeld in der *Süddeutschen Zeitung* vom 4. Juni 2002 Walser »so demonstrativ an den Pranger gestellt, wie es noch keinem deutschen Autor widerfahren ist«. Da außerhalb des Suhrkamp-Verlages und der F.A.Z.-Redaktion der Roman niemandem bekannt und der Tag nach diesem unerhörten publizistischen Angriff ein Feiertag war, der verhinderte, daß man sich in irgendeiner Weise sachkundig machen konnte, ja gleich das Wochenende folgte, blieben jene Vorwürfe, die Martin Walser moralisch disqualifizierten, zumindest mehrere Tage unwiderlegbar im Raum stehen. Thomas Steinfeld nannte diese Denunziation eines noch nicht erschienenen Romans »ein Verfahren, das nicht nur in der deutschen Presse ohne Beispiel ist. Nie zuvor hat jemand ein literarisches Werk schon vor seiner Veröffentlichung so spektakulär inkriminiert«. In der folgenden Woche gelang es den Insidern des literarischen Betriebs, vom Verlag eine elektronische Fassung des Rohmanuskripts zu erhalten. Der nicht-professionelle Leser jedoch sah sich in die Rolle eines Voyeurs gedrängt, dem Meinungen und Gerüchte vorgesetzt wurden, ohne daß er sich – einen Monat lang – ein eigenes Urteil bilden konnte.

In der Publizistik gibt es die vom Urheber einer Nachricht festgesetzte Zeitspanne, während der die Nachricht nicht veröffentlicht werden soll. So erhalten Rezensenten eines Buchs vom Verlag häufig schon geraume Zeit vor dem Erscheinungsdatum Druckfahnen oder ein Leseexemplar mit einem Sperrfristvermerk, der sich auf jenes Datum bezieht, vor dem die Rezension nicht publiziert werden soll. An diese Übereinkunft pflegen sich seriöse Zeitungen auch zu halten, ist sie doch wohlbegründet: die Öffentlichkeit soll die Möglichkeit erhalten, eine Kritik sofort auf ihre Stichhaltigkeit zu überprüfen, aus eigener Anschauung, d.h. Lektüre des Buchs, Stellung zu der Kritik nehmen zu können. Dieser Möglichkeit sah sich die Öffentlichkeit im Falle des offenen Briefs von Schirrmacher beraubt, der jene selbstverständliche Konvention zwischen Verlag und Presse brach, ohne dafür irgendeinen moralischen Notstand plausibel machen zu können.

Während das Verhalten der F.A.Z. gegenüber ihrem langjährigen Mitarbeiter Martin Walser zumal von der *Süddeutschen Zeitung* als »Rufmord« qualifiziert wurde, pflichteten andere überregionale Journale Frank Schirrmachers offenem Brief bei, ohne Rücksicht auf die moralische Fragwürdigkeit der Vorverurteilung Walsers und den Vertrauensbruch der F.A.Z. gegenüber dem Suhrkamp-Verlag wie gegenüber dem Autor zu nehmen. Die hastige Lektüre des Romans und die mangelnde Professionalität der Kritik führte – seit Schirrmachers offenem Brief – zu Fehldeutungen aufgrund der Verwechslung von Figurenperspektiven und Autorintention, die in einem Buch, das doch gerade die Überlagerung und Widersprüchlichkeit der Perspektiven in der Möglichkeitswelt der Medien zu seinem Thema macht, besonders prekär ist. Sie hatte Unterstellungen zur Folge – die schlimmsten lauteten »Antisemitismus« und »Mordphantasie« –, welche die moralische Integrität Martin Walsers unterminierten. »Martin Walser ist zum Ausgestoßenen, zum *homo sacer* der deutschen Literatur geworden«, konstatierte Thomas Steinfeld. Dieser borniene und unprofessionelle Umgang mit dem Werk eines bedeutenden Schriftstellers und der abwegige Antisemitismusverdacht wurden zumal von der englischen Meta-Kritik der deutschen Kritik mit Spott oder scharfer Kritik bedacht: so von Michael Butler in *Times Literary Supplement* vom 19. Juli 2002 und David Midgley in der *London Review of Books* vom 8. August 2002, den beiden führenden englischen Literaturzeitschriften. Butler redet gar ungeniert von der Spießigkeit (»parochialism«) der deutschen Literaturszene.

Tatsächlich scheint Deutschland seit der Wiedervereinigung geographisch weiträumiger, aber geistig dafür um so enger geworden zu sein. Das mag damit zusammenhängen, daß sich die Bundesrepublik, solange sich ihr die geschlossene Meinungskulisse des ›Ostblocks‹ präsentierte, immer wieder auf ihre Meinungvielfalt besann. Nun, da jene Kulisse verschwunden ist, scheint die Legitimation des Pluralismus Risse und Löcher bekommen zu haben, aus einem Gefühl ideologischer Leere das Bedürfnis nach Leitmeinungen erwacht zu sein, das sich in einer nicht selten inquisitorischen Pflege politischer Korrektheit ausdrückt. Die Art und Weise jedenfalls, wie jeder, der sich nicht der verlangten politischen Rechtschaffenheit befleißigt, von der Kommunikationspolizei ausgegrenzt zu werden droht – der Fall Walser ist ein erschreckendes Beispiel dafür, dieser ist nach den Worten von Ilse Aichinger geradezu »eine Art Freiwild geworden« (*Süddeutsche Zeitung* vom 8./9. Juni 2002) –, zeugt vom Schwinden eines lange bestehenden demokratischen Konsenses, für den Toleranz an erster Stelle stand.

Zu den bedenklichsten Zügen in diesem Zusammenhang gehört die in der intellektuellen Sphäre immer mehr um sich greifende Praxis der Insinuation. Die Unterstellung ist ein praktikables Mittel, den Gegner nicht nur sachlich fertigzumachen, sondern moralisch auszuschalten. Unterstellung will dem Gegner nicht gerecht werden, sie will ihn im Grunde vernichten. Obwohl sie sich gerade heute besonders gerne ins Gewand der Aufgeklärtheit und des Demokratismus wirft, steht sie der Aufklärung durchaus im Wege. Zumal die Medienwelt – die ohne bildwirksame, gleich ins Blut gehende Als-ob-Informationen und Scheinwahrheiten kaum auskommen kann – ist ein förmliches Netzwerk von Unterstellungen, derer sie zu bedürfen scheint, wenn sie ihre Adressaten wirksam erreichen will. Diese sollen einfach und effektvoll informiert – wenn überhaupt informiert und nicht eher unterhalten –, in ihren positiven und negativen Gefühlen bestärkt werden. Die Unterstellung ist eben effektvoller als die um Wahrheit bemühte Argumentation. Vor allem der insinuierende Geschichtsvergleich – am schlagkräftigsten mit Namen aus dem tabuisierten Greuelkabinett des Nationalsozialismus – verfehlt seine Wirkung nie.

Martin Walsers *Tod eines Kritikers* hat diesen Unterstellungsmechanismus der Medienwelt zu seinem eigentlichen Thema gemacht. Hier ist fast niemandem mehr zu glauben, alles ist nur Produkt des Hörensagens. Dieser Roman aber setzte sich im vergangenen Jahr aufgrund des um ihn entfachten Skandals in der Wirklichkeit fort. »Die Realität parodiert die Parodie«, bemerkte Adolf Muschg dazu im *Tages-Anzeiger* vom 7. Juni 2002 lakonisch. Weil Walser es gewagt hatte, seinem Ehrl-König Züge von Marcel Reich-Ranicki zu verleihen, wurde dem satirischen Kritikerporträt Antisemitismus unterstellt. Antisemitismus aber ist überhaupt die wirksamste Ausgrenzungs- und Totschlagevokabel im Wörterbuch der Insinuation geworden. Wem diese Vokabel einmal an den Kopf geworfen worden ist, an dem bleibt sie hängen. Walser, der Diagnostiker der Unterstellung, geriet selber in das Netz, das er aus dem Meer der unterbewußten Argumentationsstrukturen ans Licht der analytischen Vernunft gezogen hatte. Diejenigen, die ihm nun das Netz der Insinuation über den Kopf warfen, taten das mit dem Brustton aufgeklärt-demokratischer Überzeugung. Und doch ist die Insinuation in all ihrer Mediengewandtheit ein voraufklärerisches, vordemokratisches, ja vormodernes Mittel. Der Teufel, der in ihm steckt, ist eben – wie Goethes Mephisto von sich selber sagt – sehr alt, auch wenn er seinen altertümlichen Schwanz und Pferdefuß im modernen Kavaliersgewand versteckt.

Auch in Deutschland waren freilich bedeutende Gegenstimmen zu vernehmen, die Walser verteidigten: von Autoren wie Günter Grass, der die These des Rufmords an Walser mehrfach untermauerte, von Adolf Muschg, Ilse Aichinger oder Ulla Hahn, von Journalisten wie Joachim Kaiser, Thomas Steinfeld, Jochen Hieber oder Martin Lüdke, ganz zu schwiegen von dem dominierenden Urteil der Literaturwissenschaftler, welche sich trotz aller Gegensätze in der literarischen Wertung des Romans weithin einig darin waren und sind, daß er keine Züge von Antisemitismus und Chauvinismus trägt. In dieser Hinsicht ist der vorliegende Band durchaus repräsentativ. Keiner der beteiligten Autoren gelangt zu der Ansicht, daß der offene Brief Schirrmachers und die nachfolgende Polemik der F.A.Z. und anderer ihr in diesem Punkt nahestehender Organe auch nur im Ansatz berechtigt ist – nicht zu reden vom elementaren Verstoß gegen die guten Sitten und die publizistische Moral, den jene Vorverurteilung Walsers darstellte.

Die peinliche Verlegenheit, in welche die F.A.Z. durch Abonnementskündigungen und kritische Zuschriften in der Folgezeit geriet, und der dadurch bedingte Rechtfertigungsdruck verkrusteten zu einer Trotzhaltung, die jede Kritik am eigenen Verhalten ausschloß: die erwähnten kritischen Zuschriften, seien es angebotene Artikel renommierter Autoren (auch des vorliegenden Bandes) oder Leserbriefe, wurden grundsätzlich nicht gedruckt, zumindest *einem* langjährigen Autor der Zeitung wurde wegen abweichender Meinung die Mitarbeit (sogar rückwirkend für längst vor dem Skandal vereinbarte und abgelieferte Artikel) aufgekündigt. Zum Druck gelangten nahezu ausschließlich Zuschriften und andernorts geäußerte Meinungen, welche die Linie der Redaktion unterstützten. Das hatte teilweise so groteske Auswirkungen wie die Falschmeldung der F.A.Z., der Literaturnobelpreisträger Imre Kertész fühle sich durch Walsers Roman »tief verletzt«. In Wirklichkeit und im Gegenteil – die F.A.Z. mußte das peinlicherweise richtigstellen – hatte Kertész von einer tiefen Verletzung Walsers gesprochen. Ganz zu schweigen von der ressentimentgeladenen, gedankenflüchtig-ausufernden offiziellen Rezension des Romans aus der Feder von Jan Philipp Reemtsma (F.A.Z., 27.6.2002), die zum Ergötzen der *Neuen Zürcher Zeitung* die vermeintlich antisemitisch gezeichnete Nase von Ehrl-König mit derjenigen Hans Lachs verwechselte. Das erinnert an die Anekdote von den Arbeitern, die nach der Einnahme Prags durch die Nazis beauftragt wurden, die Büste von Felix Mendelssohn-Bartholdy von den Zinnen des Rudolfinum herunterzuholen, und die statt dessen die Büste Richard Wagners entfernten, da sie diesen wegen seiner großen Nase für den Juden hielten – so daß Mendelssohn das Dritte Reich auf dem Rudolfinum unbeschadet überstanden hat. Man sieht – schon Mörikes Gedicht zeigt es –, mit Nasen sollte man vorsichtig umgehen. Angesichts der einseitigen Informationspolitik der F.A.Z. und der Unterdrückung von Gegenmeinungen ist das Wort *Zensur* im Falle des Umgangs mit Walsers *Tod eines Kritikers* durchaus angebracht. Die lange Zeit führende deutsche Tageszeitung hat durch diese Affäre jedenfalls gewaltig an moralischem und intellektuellem Kredit verloren.

Als der Roman gegen erhebliche Widerstände schließlich auf den Markt gelangte – die Entscheidung des Verlags für seine Publikation hing an einem seidenen Faden; ohne sie wäre es zu einem in der Geschichte der Bundesrepublik wohl einzigartigen Eingriff in die Meinungs- und Publikationsfreiheit gekommen –, war der Skandal im Grunde vorbei. Obwohl sich der Verlag nicht gerade, um Siegfried Unselds Verse zu variieren, »mit Werbung brausend« hervortat, war das Buch bald »im hundertsten Tausend« und gelangte an die Spitze der Bestsellerlisten. Die große Empörung jedoch blieb aus. Es wurde zwar – als Massenprotest der anständigen Leser – entlang der Autobahn eine Menschenkette von Frankfurt bis nach Nußdorf am Bodensee, Walsers Wohnort, gebildet, aber das ist nur satirische Erfindung in einem Beitrag des vorliegenden Bandes. In Wirklichkeit sah sich die Öffentlichkeit in der Erwartung, hier eine antisemitische und von Mordphantasie getragene Schmähschrift zu lesen, wie es die aufgeregten Vordenker des Feuilletons im vorhinein suggeriert hatten, getäuscht. Selbst die verzweifelt um Zustimmung zu ihrer Position bemühte F.A.Z. konnte kaum mit entrüsteten Leserbriefen aufwarten. Das Buch war da, die vorauseilende Literaturkritik blamiert, der Skandal zu Ende.

3.

Der vorliegende Sammelband hat es sich zur Aufgabe gemacht, den vielfach denunziatorischen Lesarten des Romans, welche seinen Perspektivismus verkennen, die Genauigkeit philologischer Lektüre entgegenzusetzen. Alle Autoren dieses Bandes sind Hochschullehrer, Literaturwissenschaftler aus verschiedenen alt- und neuphilologischen Disziplinen (Komparatistik, Linguistik, Gräzistik und Latinistik, Anglistik, Slawistik und Germanistik) – doch auch ein Psychiater und ein Jurist sind dabei – und aus mehreren Generationen, vom Emeritus bis zur Privatdozentin, sowie verschiedenen Ländern, von Bristol bis Peking. Die Philologie versucht sich heutzutage gerne zu verstecken, ist von Selbstzweifeln und Legitimationsängsten geplagt, vor allem angesichts des Siegeszugs der Naturwissenschaften. Sehr zu Unrecht! Wir alle leben in und aus der Sprache, schreiben und lesen Texte. Ihr professionelles Verständnis aber ist die Aufgabe der Philologie. Wie notwendig sie ist, zeigt der Analphabetismus mancher Kreise der Literaturkritik in Deutschland, deren Repräsentanten zwar meist Germanistik oder andere Literaturwissenschaften studiert, aber – ihr Umgang mit Walsers jüngstem Roman zeigt es – dabei nicht allzu viel gelernt zu haben scheinen. Manchem ist es gleichgültig, ob man einen Text richtig oder falsch auslegt, ist dieser doch kein Patient, bei dem eine Fehldiagnose tödliche Folgen haben kann. (Wie gut, daß die antisemitischen Spuren-Sucher unter unseren Literaturkritikern keine Ärzte geworden sind!) Indessen: der Fall Walser zeigt, daß eine falsche Textauslegung nicht nur schiefe Gedanken, sondern eine verquere Moral und abwegige Taten zur Folge haben können. Die Hoffnung der Philologie sollte es sein, durch adäquates Textverständnis nicht nur die Gedanken, sondern auch Moral und Taten in die rechte Richtung zu lenken.

Die folgenden Texte sind mit wenigen Ausnahmen unabhängig voneinander und überwiegend gleichzeitig entstanden. Deshalb sind trotz redaktioneller Bemühungen der Herausgeber Überschneidungen zwischen den einzelnen Beiträgen nicht immer zu vermeiden. Jeder von ihnen geht von einem ganz bestimmten Aspekt aus, sei es einem biographischen, psychologischen, juristischen, medienwissenschaftlichen, kulturtheoretischen, linguistischen, literarhistorischen oder strukturanalytischen. Worauf sich aber alle Beiträge zu konzentrieren suchen, das ist die konkrete Interpretation des Textes. Jede Wissenschaft habe ihren Ernstfall, hat Gustav Radbruch gesagt. Der Ernstfall der Literaturwissenschaft aber ist die Interpretation des einzelnen Textes hier und jetzt (Horst-Jürgen Gerigk). Dieser Ernstfall soll in den folgenden Aufsätzen immer von neuem eintreten. Daher der Titel des Bandes.

1. März 2003
Dieter Borchmeyer
Helmuth Kiesel

HELMUTH KIESEL

Journal 2002

Freitag, 3. Mai, London
Abschluß des Internationalen Walser-Kongresses am Institute of Germanic Studies am Russell Square. Die Schlußdebatte konzentriert sich auf das Thema Walser und die NS-Vergangenheit, das schon in den vorausgehenden Tagen zu einigen Kontroversen geführt hat. Interessant: Die Engländer äußern sich wenig dazu, und wenn, dann gelassen, distanziert, nicht anklägerisch. Scharfe Töne aber von Deutschen und Amerikanern. – In der Abschlußdiskussion auch wieder die bekannten Vorwürfe: Walser habe im *Springenden Brunnen* nicht die Perspektive der Opfer eingenommen; man hat offensichtlich vergessen, wie einem Uwe Johnson in New York beigebracht wurde, daß er nicht berufen und legitimiert sei, im Namen der jüdischen Opfer zu sprechen. Und: Walser habe in der Paulskirche nicht von der »Schuld« der Deutschen geredet, sondern nur von ihrer »Schande«. Mein Versuch, zu erklären, daß Schande die Folge einer Verschuldung sei und daß folglich derjenige, der von seiner Schande rede, auch von seiner Schuld rede, wird zurückgewiesen. Wer von seiner Schande rede, rede nicht von seiner Schuld, sondern von seinem Ansehensverlust und denke ganz äußerlich. Siehe *Maria Magdalene* (»müßte eigentlich bekannt sein«), wo der kleinbürgerlich-außenorientierte Meister Anton nicht

etwa darüber verzweifele, daß seine Tochter eine schwere Sünde begangen und ihr Seelenheil in Gefahr gebracht habe, sondern darüber, daß sie ihm Schande gemacht habe. Mein Hinweis darauf, daß auch da die Schande aus einem Verschulden (im Sinne der Zeit) der Tochter und aus einem Versagen (wieder im Sinne der Zeit) des Vaters resultiere, wird nicht akzeptiert: Wer von seiner Schande statt von seiner Schuld rede, anerkenne seine Schuld nicht und bleibe einer ganz äußerlichen Betrachtungsweise verhaftet. Nur daher Walsers Ärger über die tägliche Präsentation »unserer Schande« in den Medien! Nur daher seine Hoffnung, man könne durch »Wegsehen« oder Nicht-Zeigen einen Schlußstrich ziehen! Ich gebe es auf, Walsers Wortwahl zu verteidigen, will aber doch noch gesagt haben, was ich unter »unserer Schande« verstehe: »Bis heute kann ich es nicht fassen, daß mir, nach dem, was wir getan haben, im Ausland Menschen freundlich beggnen. Daß mir ältere Kollegen und Kolleginnen, die vor Hitler fliehen mußten oder in einem KZ waren und bis vor einigen Jahren an amerikanischen Hochschulen deutsche Literatur lehrten, die Hand geben, ist mir unbegreiflich. 1995 gab es im Fernsehen eine Diskussion mit drei renommierten deutschen Historikern über die Bedeutung der NS-Zeit für die deutsche Geschichte. Einer sagte sinngemäß: Mit dem, was die Deutschen während des Zweiten Weltkriegs getan haben, haben sie eigentlich ihr Existenzrecht verwirkt. Eigentlich hätte dieses Volk verschwinden müssen. So ist es. Genau so denke ich.« Anhaltender Applaus. Nachher Schamgefühle.

Mittwoch, 29. Mai, Heidelberg
Offener Brief von Frank Schirrmacher in der F.A.Z. Walser hat einen neuen Roman geschrieben, *Tod eines*

Kritikers, der in der F.A.Z. nicht vorabgedruckt werden kann. Sein Gegenstand ist Marcel Reich-Ranicki, der scheinbar einem Mordanschlag zum Opfer fällt, dann aber wieder unversehrt auftaucht. Der Roman, so Schirrmacher, sei ein »Dokument des Hasses«, ein schlecht getarnter »Tabubruch«, der einen Mord nicht nur an einem Kritiker vor Augen führe, sondern auch »den Mord an einem Juden«, ein Roman, der »das Repertoire antisemitischer Klischees [...] unübersehbar« nutze, und ein Roman, in dem die nicht gelungene Ermordung Marcel Reich-Ranickis und seiner Frau während der NS-Zeit »fiktiv nachgeholt« werde. – Lege die Zeitung nach dem Frühstück verstört weg, denke immerhin: Ich möchte gerne den Text sehen. Bedrückte Mienen im Institut. Man mag nicht glauben, was Sch. schreibt, und mag auch nicht glauben, daß es unglaubwürdig ist. Die Diktion des Briefes hat Eindruck gemacht. Einzelne Vorwürfe – insbesondere »Repertoire antisemitischer Klischees« – wirken schockierend.

Donnerstag, 30. Mai Feiertag.
Keine Zeitungen, aber stündlich Nachrichten mit neuen Verlautbarungen von und über Walser. Wachsende Verunsicherung, Ratlosigkeit.

Freitag, 31. Mai, Marbach am Neckar,
Deutsches Literaturarchiv
Tagung einer Stipendienkommission mit Teilnehmern aus der ganzen Republik und aus Frankreich. Hauptgesprächsgegenstand: Walsers neuer Roman. Ist es möglich, was Sch. schreibt? Und wenn ja: Ist es eine einmalige Entgleisung oder die Enthüllung einer antisemitischen Grundeinstellung? Was sagen Sie als Walser-Herausge-

ber? Fühle mich hilflos und belämmert. Lasse im Verlag anrufen, ob eine Kopie des Romans zu haben ist. – Studium der langen Artikel in der SZ und in der FR. Einige Kritik am Vorgehen von F. Sch. Die SZ bestätigt den Vorwurf nicht, daß mit dem Repertoire der antisemitischen Klischees gearbeitet werde, wohl aber tut dies M.M. in der FR: Der Roman »hantiert nicht nur fahrlässig mit antisemitischen Klischees«, sondern hat eine »höchst anrüchige motivische Matrix« sumpfig deutscher Art. Ein »unverantwortlich den Haß schürender Autor«! In des Großkritikers »Sprechstunde« würden Bücher von Juden (Philip Roth) von Juden (Ehrl-König, Martha Friday, womit Susan Sontag gemeint sei) gelobt, die von Deutschen (Helmut ›sic!‹ Lach) aber verrissen. Eindeutig ein antisemitisches Klischee! Und abschließend: »Der neue Text des Schriftstellers Martin Walser ist ein geschmackloses und ein gefährliches Buch. Es schillert in einer stinkenden Farbe.« Das steht da! Über Walser! Über jemanden, der 1951, als der jüdische Autor Kafka in Deutschland noch völlig unbekannt war, eine erste Dissertation über ihn geschrieben hat! Über den Verfasser von *Unser Auschwitz* und von *Auschwitz und kein Ende*. Über den, der Victor Klemperers Tagebücher ausgegraben hat! Ein »unverantwortlich den Haß schürender Autor«! Das steht da! Und sein Buch »schillert in einer stinkenden Farbe«! Auch das steht wörtlich da! Dienstbeflissen attestiert von einem dreiundzwanzigeinhalbjährigen oder auch dreiunddreißigeinhalbjährigen Antisemitismusexperten, der vielleicht gerade einmal seine Magisterarbeit abgeschlossen hat!

Samstag, 1. Juni, Heidelberg
Scharfe Kritik in der NZZ: Die Frage, ob sich in dem Roman »die Gesinnung des Antisemitismus« zeige, bleibt

offen (»eine Frage, die zu erforschen wäre«); ansonsten aber: niveaulose Kolportage! – Nachmittags Beginn der Lektüre des Romans, der per E-Mail geliefert wurde. Gleich zu Beginn stelle ich fest, daß Schirrmacher nicht richtig referiert hat. Sch. schreibt, der vermeintliche Mörder des Starkritikers Ehrl-König habe diesem gedroht, »ab 0.00 Uhr wird zurückgeschlagen«; im Roman heißt es aber, das habe in der F.A.Z. gestanden, und später sagt ein Augenzeuge der Auseinandersetzung zwischen dem Kritiker und seinem vermeintlichen Mörder, daß dieser Satz nicht gefallen sei. Etwas mehr Genauigkeit dürfte man bei diesem Thema schon erwarten. Im übrigen: bis jetzt keine antisemitischen Ausfälle, aber viel Vergnügliches (Rainer Heiner Henkel und seine Schwester Ilse-Frauke von Ziethen). Viel zu lachen. Die Aufregung wird mir immer unverständlicher.

Sonntag, 2. Juni
Abschluß der Lektüre, mit großem Vergnügen. Für mich ein hinreißend geschriebener Roman! Einige Stellen, die für einen Moment schockierend wirken, aber nicht, weil sie antisemitisch wären, sondern weil sie drastisch Sexuelles artikulieren (»ejakuliert mit der Goschn«: besoffene Schriftsteller, klingt nach Wirklichkeitsnotat, könnte so gesagt worden sein). Was den Antisemitismus angeht: Nirgendwo wird gesagt, daß Ehrl-König so oder so sei oder sich verhalte, weil er ein Jude sei. Nichts von dem, was er tut und sagt, wird auf sein Jude-Sein zurückgeführt. Er ist so und so, und er ist zufällig auch jüdischer Abstammung. Der Antisemitismus lebte aber von der Behauptung, daß die Juden sich in einer bestimmten Weise verhielten, weil sie Juden seien und weil ihr jüdisches Wesen, ihre jüdische Natur sie dazu zwinge. Nichts davon im

Tod eines Kritikers! Und M.M.s Behauptung, daß in Ehrl-Königs Sendung deutsche Autoren (Hans Lach, er heißt Hans, auch da wenig Sorgfalt) von jüdischen Kritikern (Ehrl-König, Martha Friday) zugunsten jüdischer Autoren (Philip Roth) niedergemacht würden –: um das zu sagen, muß man erst einmal wissen, wer mit Martha Friday gemeint ist und daß Philip Roth ein jüdischer Autor ist. Merkwürdig, daß manche Leute das so genau wissen; es scheint doch wichtig zu sein. – Anfrage von der *Rhein-Neckar-Zeitung*, ob ich zu einer Stellungnahme bereit sei (Artikel, Interview). Ungern; habe das Gefühl, mit einer schmutzigen, denunziatorischen Geschichte konfrontiert zu sein, aus der man, wenn man sich daran beteiligt, selber nur beschmutzt herauskommen kann.

Abends Anruf von G.L.S., was ich dazu sage, daß die Verlegergattin Julia Pelz-Pilgrim, hinter der U.B.-U. zu sehen sei, so herabsetzend behandelt werde. U.B.-U., die uns in Heidelberg doch gerade mit einer so wunderbaren Poetik-Dozentur beglückt habe. Ich bin etwas verdutzt: Warum herabsetzend? Das sei mir entgangen. Wie? Ich hätte nicht gelesen, daß von ihr gesagt werde, sie hätte mit Picasso geschlafen, wenn auch nur im Stehen (oder: und das auch noch im Stehen)?! Ja und? Erstens sei Julia Pelz-Pilgrim keine Person der Wirklichkeitswelt, sondern eine Figur einer fiktiven Welt! Und im übrigen: Was kann das denn heißen, wenn von einer Künstlerin gesagt wird, sie habe mit Picasso geschlafen? Das sei doch wohl so zu verstehen, wie wenn in einem antiken Text gesagt würde, diese oder jene Sängerin habe mit Apollo geschlafen, also mit dem Gott der Künste persönlich. Eigentlich könne das nur heißen: eine von Apoll persönlich inspirierte Künstlerin! Gleichviel, es sei doch ziemlich ... Nein, es ist nicht ziemlich so oder so, sondern literarischer Analphabetismus, der sich da am Telefon äußert! Enzensberger schrieb 1968 in einem berühmten Essay, Deutschland brauche eine »politische Alphabetisierung«. Jetzt sieht man: Es braucht eine literaturkritische Alphabetisierung!

Montag, 3. Juni
Bemerkenswerte Artikel in der SZ über die Rhetorik des offenen Briefes von F. Sch. (»das inzestuöse Feuilleton und die Vergangenheitsrhetorik«: »Thesenpublizistik«, »Entscheidungsrhetorik« wie einst im *Tat*-Kreis) und die Hintergründe der verunglückten Publikation von Walsers Roman; es soll Zusagen seitens der F.A.Z. gegeben haben, dann plötzlicher Wechsel und überfallartige öffentliche Absage. – Die F.A.Z. berichtet, daß eine deutsche Studie der deutschen Presse »Antisemitismus vorwirft«, anscheinend auch der F.A.Z. Das war mir bisher entgangen, obwohl ich die F.A.Z. seit gut 25 Jahren abonniert habe und jeden Tag zumindest mustere. Wer weiß, was die F.A.Z. mit mir angestellt hat!

Dienstag, 4. Juni
Hauptüberschrift im Feuilleton der SZ: »Der Untergang des Hauses Unseld / Der Kampf [!!] um den neuen Roman von Martin Walser wird zur Zerreißprobe für Suhrkamp«.

Mittwoch, 5. Juni
Hauptüberschrift im Feuilleton der F.A.Z.: »Wetterfest / Was bleibt, stiftet der Verleger: Suhrkamps Zukunft ist gesichert«. Schön für den Verlag, aber der Artikel wirkt in dieser Situation beklemmend. Nicht wegen des Inhalts, sondern wegen der Positionierung. Man muß wohl be-

ginnen, den Schaden zu begrenzen und Wiedergutmachung zu leisten.

Nach dem Hauptseminar um 12 Uhr in den Nachrichten: Die Entscheidung im Suhrkamp-Verlag ist gefallen. *Tod eines Kritikers* wird gedruckt. Aufatmen. Sieg der Souveränität eines Verlags über sein Programm, Sieg der Druckfreiheit!

In der SZ Joachim Kaiser: »Walsers Skandalon / Nicht antisemitisch, aber brillant, boshaft und hemmungslos«.

Freitag, 7. Juni
Die ganzen Tage hagelt es Erklärungen für und gegen Walser. Einmal heißt es, R.K., die in dieser Frage eine besondere Kompetenz habe, habe gesagt, *Tod eines Kritikers* sei kein antisemitisches Buch; dann aber heißt es, sie habe gesagt, es sei doch ein antisemitisches Buch.

Samstag, 8. Juni
Auszug aus dem heute erschienenen Interview mit Heribert Vogt von der RNZ, das am Dienstag aufgenommen wurde:

Dem neuen Roman von Walser wurden auf spektakuläre Weise »antisemitische Klischees« vorgeworfen. Können Sie diesen Befund bestätigen?
Man sollte sich, bevor man diesen Vorwurf erhebt, noch einmal klarmachen, was Antisemitismus bedeutet: Der Antisemitismus ist eine Ideologie, die gegen Ende des 19. Jahrhunderts entstanden ist. Der vorherige, meist religiös begründete Antijudaismus wurde jetzt mit biologistisch-rassistischen Argumenten oder eigentlich Unterstellun-

gen, schlechten, unhaltbaren, wie man weiß, unterlegt. Es wurde gesagt, es gebe eine jüdische Natur, ein jüdisches Wesen (so wie auch ein germanisches usw.), das von unabänderlich negativer Art sei und die Juden dazu verurteile und zwinge, sich immerzu diesem Wesen entsprechend zu verhalten. Das ist Antisemitismus, und davon findet sich nichts in Walsers Roman! Nirgendwo wird behauptet oder auch nur suggeriert, daß jener Kritiker sich so und so verhalte, weil er ein Jude sei oder einem jüdischen Wesen verpflichtet sei. Auch die angeblichen antisemitischen Klischees, die in diesem Buch, wie behauptet wird, verwendet oder ausgebeutet werden, kommen diesem Sachverhalt nicht nahe. Die inkriminierten Stellen werden zu antisemitischen Klischees erst dann, wenn jemand sie als solche entlarvt und indiziert. Aber wie sieht das konkret aus? Daß ein Kunstsammler mit einem jüdisch klingenden Namen auftaucht, soll ein antisemitisches Klischee sein. Inzwischen ist der Presse zu entnehmen, daß dieser Kunstsammler mit seinem jüdisch klingenden Namen einfach ein Stück Wirklichkeit ist. Das Klischee wird jetzt als Wirklichkeit entlarvt. Die Logik, die sich hinter solch einem doppelten Entlarvungsvorgang abzeichnet, ist abgründig!

Wie schätzen Sie den Literaturskandal um Martin Walser vor dem Hintergrund der gegenwärtigen politischen Szenerie in Deutschland und Europa ein?
Meiner Meinung nach haben die Debatten um Möllemann und Walser zunächst nichts miteinander zu tun, aber sie überlagern sich jetzt, und die Debatte über den *Tod eines Kritikers* wird durch den politischen Hintergrund in einer Weise verschärft, die dem Autor Walser, seinen Reden und seinen Büchern, das neue eingeschlos-

sen, nicht mehr gerecht wird. Im übrigen geschieht dabei etwas, was unserer politischen Kultur nur abträglich sein kann: Der Antisemitismus-Vorwurf ist leider auf dem besten Weg, in die Spaßkultur einzugehen. Dieser Tage erhielt ich einen Anruf aus einem Verlagshaus (ich kann Adresse und Namen nennen) und wurde etwas süffisant gefragt, was ich davon hielte, daß man dem Walser nun die »A-Karte« gezeigt habe. Ich habe das zuerst nicht begriffen und mußte fragen, was damit gemeint sei. Nun, wie im Fußball, nur heißt die Karte hier »Antisemitismus-Karte«. Das ist ein bedenkliches Symptom! Es zeigt, daß man den Antisemitismusvorwurf als ein wohlfeiles Instrument des politischen und nun auch des literarischen Show-Geschäfts zu betrachten beginnt. Das kommt aber nicht von ungefähr, sondern daher, daß die sachliche Triftigkeit dieser Vorwürfe längst nicht in jedem Fall einsehbar ist, und daß sie deswegen eben willkürlich und instrumentell wirken.

Und was halten Sie von der »Mordphantasie«, die in dem neuen Roman enthalten sein soll?
Ich finde es sehr merkwürdig, daß man sich in diesem Fall über »Mordphantasien«, wer immer sie gehabt haben mag, so ungeheuer aufregt. Günter Grass hat in seinem 1995 erschienenen Roman *Ein weites Feld* – in einem bedeutenden literarischen Werk, das viel besser ist, als die Kritik meinte – die Ermordung des damaligen Treuhandchefs Rohwedder erwähnt. Der Erzähler des Romans bedauert dies, läßt aber erkennen, daß eigentlich der Falsche getroffen wurde, der »Pappkamerad« des Kanzlers, und dann heißt es: »Seinesgleichen war nie zu treffen, was schrecklich genug ist.« Ich kann mich nicht entsinnen, daß das von der Literaturkritik als ungehörige

oder bösartige Mordphantasie angeprangert worden wäre, obwohl das doch ein sehr prekärer Satz ist, um es milde zu sagen. Nun mag es sein, daß die verschiedenen Fälle verschiedene Maßstäbe verlangen, aber die Diskrepanz zwischen der Empfindlichkeit der Presse im einen Fall und der Unempfindlichkeit im andern Fall ist schon erstaunlich groß.

Es gibt zum Tod eines Kritikers *einen thematischen Vorläufer, nämlich den Roman* Ohne einander *aus dem Jahr 1993. Wie sehen Sie diesen Kontext?*
In der Tat ist schon *Ohne einander* ein medienkritischer Roman, zum Teil wenigstens, in dem auch ein Literaturkritiker mit dem Namen Willi André König und mit dem Spitznamen »Erlkönig« auftaucht. Daraus hätte der neue Roman aber nicht notwendigerweise hervorgehen müssen. Die Entstehung von *Tod eines Kritikers* setzt Erfahrungen und Verletzungen voraus, die denen gleichen, die Heinrich Böll in der Zeit der RAF-Umtriebe machen mußte und aus denen damals *Die verlorene Ehre der Katharina Blum* hervorgegangen ist. Vielleicht muß man einmal Gegenstand eines Verrisses in einem *Literarischen Quartett* oder wo auch immer gewesen sein, um zu erahnen, was in Autoren vorgeht, denen dergleichen öfter passiert. Ich kann mich noch gut daran erinnern, wie mir zumute war, als vor Jahren Hellmuth Karasek im *Literarischen Quartett* die von mir edierte Winkler-Ausgabe von Döblins *Berlin Alexanderplatz* niedermachte. Da läßt einer Argumente los, die vor Borniertheit platzen, und man sitzt da und merkt, daß man völlig machtlos ist und nicht die geringste Chance hat, sich zu wehren und etwas zurechtzurücken.

Aber sagt die Kritik nicht zu Recht, daß Walser in der satirischen Darstellung jener Figuren aus dem Bereich des literarischen Lebens, hinter denen man Zeitgenossen vermuten kann, etwas zu weit gegangen ist?

Ich weiß nicht, warum sich die Literaturkritik über Satire plötzlich so aufregt. Solange Walser seine Kunst der satirischen Charakterisierung an Philippsburger Ärzten, Stuttgarter Studienräten, kalifornischen Professoren und oberländischen Fabrikanten geübt hat, war das für das Feuilleton die helle Freude. Jetzt ist es selber einmal betroffen, und da macht's plötzlich keinen Spaß mehr! Und im übrigen: Alle diese Figuren sind sehr viel differenzierter dargestellt, als bisher wahrgenommen und gesagt wurde. Rainer Heiner Henkel zum Beispiel, hinter dem manche Walter Jens sehen, die »schlaue Eminenz« des Kritikers Ehrl-König: Nach dem vermeintlichen Mord meldet sich RHH bei dem Erzähler des Romans zu Besuch an, weil er erfahren hat, daß dieser der Sache nachgeht. Vor dem Besuch läßt sich der Erzähler von einem andern Kritiker über RHH instruieren und hört so manches aus der Szene, was diesen RHH unsympathisch machen könnte. Dann kommt RHH mit seiner Schwester zu Besuch, und ganz abgesehen davon, daß Walter und Inge Jens, wenn sie denn gemeint sein sollten, in manchen Gesten hervorragend getroffen sind (die »löcherige« Stimme von RHH), bekommt der Erzähler vor diesem Paar einen immer größeren Respekt: vor dem seelischen Einklang; vor der intellektuellen Präsenz; vor der geistigen Kraft von RHH, die massive gesundheitliche Defizite im Schach zu halten vermag. Das ist alles andere als nur verletzen wollende Satire; da ist auch viel Anerkennung und Sympathie, um nicht zu sagen: Liebe im Spiel.

Donnerstag, 13. Juni
R.K. zum Vortrag in Heidelberg. Bei den einführenden Reden seitens der Veranstalter Warnungen vor aufkommendem Antisemitismus, Bekenntnisse, daß man in der Universität dergleichen nicht akzeptieren werde. Natürlich! Als ob man dies eigens sagen müßte. – Mittagessen zu zweien im Café Burkardt, mit Blick auf das Geburtshaus von Friedrich Ebert. Vergiftete Atmosphäre, kein unbefangenes Gespräch möglich. Dann endlich zum Thema, sehr vorsichtig, von beiden Seiten, tastend, und bald wieder Rückzug ins Schweigen, um nicht etwas zu sagen, was, noch so gut gemeint, auf eine überhaupt nicht absehbare Weise verletzend wirken könnte. Dann die rettende Frage: Ob die Einrichtung des Lokals wohl original 19. Jahrhundert ist oder Imitat?

Samstag, 15. Juni
Leserbrief einer Nicht-Leserin in der F.A.Z.: »Ich möchte Ihnen danken für den von Ihnen publizierten Brief an Martin Walser und Ihre Ablehnung, sein neues Werk abzudrucken (*Tod eines Kritikers*, F.A.Z.-Feuilleton vom 29. Mai). Ohnehin verstehe ich nicht, wie sich ein renommierter Verlag dazu hergeben kann, ein solches Buch herauszugeben; gleichgültig, welche literarische Qualität es hat. Es ist unglaublich, seinen Haß auf einen unserer hervorragendsten und interessantesten Literaturkritiker auf diese hinterhältige und brutale Art zu äußern. Sollten die deutschen Juden eines Tages der Meinung sein, unser Land verlassen zu müssen, so müßten alle anständigen Bürger mit ihnen gehen.« – So weit ist es gekommen, daß man solche Leserbriefe drucken muß.

Donnerstag, 27. Juni
In der F.A.Z. bespricht J.P.R. den nunmehr im Druck erschienenen *Tod eines Kritikers*. Noch nie habe ich in der F.A.Z. eine solch lange und schäumende Rezension gelesen. Eine bestellte Hinrichtung. Bisher war R. in der F.A.Z. wegen der Wehrmachtsausstellung seines Instituts eher Gegenstand der Kritik. Nun bestellt man ihn zum Scharfrichter für den *Tod eines Kritikers*. Und der macht das! Margret Boveri hatte recht: Wir leben in einer »Landschaft des Verrats«.

Freitag, 28. Juni
Brief an den Vertrieb der F.A.Z.: kündige mein Abonnement zum nächstmöglichen Termin und bitte zugleich, die Zustellung ab sofort einzustellen. – Nicht abgesandt. Ich kam mir vor, als hätte man mir gesagt, ich müsse ins Exil gehen.

Samstag, 29. Juni, Göttingen
Wiedersehen mit R.K. Habe ihr einen Aufsatz von mir geschickt, der eben in den *Heidelberger Jahrbüchern* erschien und der Frage gilt, warum die Juden am Beginn der Moderne (im letzten Drittel des 19. und im ersten Drittel des 20. Jahrhunderts) kulturell so unglaublich produktiv wirken konnten. Die Forschung hat einige plausible Gründe erarbeitet und belegt: die Wertschätzung des Geistigen; die frühe Unterrichtung der Kinder; die Anstrengung der Emanzipation und Assimilation usw. Frage von R.K.: Sind das nicht auch nur die alten Klischees, bloß mit positivem Vorzeichen? – Man kann, wenn man sich mit diesen Dingen befaßt, offensichtlich nur verlieren / Falsches tun.

Sonntag, 30. Juni, Heidelberg
Lektüre einer germanistischen Qualifikationsarbeit u.a. über die *Nachrichten von den neuesten Schicksalen des Hundes Berganza* von E.T.A. Hoffmann, eine Erzählung, die ich als Hundefreund oft gelesen habe und liebe. Nun lese ich, daß dies ein Text mit »latent antijüdischer Tendenz« sei: Die Kritik, die Berganza an der künstlerischen Betriebsamkeit einiger »vielseitig gebildeter Weiber« übe, entspreche der Kritik, die seinerzeit an den Salons der Berliner Jüdinnen geübt worden sei. Und indem Berganza sage, daß er seit seiner Flucht aus Spanien »wie der ewige Jude« in der Welt herumstreifen müsse, werde einer der »prominentesten Mythen des christlichen Antisemitismus« zitiert.

Prof. Dr. Helmut Johann Kiesel
Eselspfad I a
69117 Heidelberg, den 30. Juni 2002

An den
Herrn Oberbürgermeister
der Stadt Bamberg
Rathaus
96047 Bamberg

Sehr geehrter Herr Oberbürgermeister,
wie Ihnen wohl bekannt sein dürfte (Sie sind ja doch Oberbürgermeister), weist die von Ihnen repräsentierte Stadt, gegen die ich sonst nichts habe, außer dem deutschen Reiter auf den Flußauen ein Denkmal für den Hund Berganza und seinen Erfinder E.T.A. Hoffmann auf. Letzteres aber kann so nicht bleiben. Beiliegende Arbeit wird Ihnen die Augen öffnen und deutlich machen, daß Ber-

ganza nicht einfach für einen Hund und E.T.A. Hoffmann nicht für einen unbescholtenen deutschen Dichter steht (was ohnehin ein Oxymoron wäre). Ich vertraue darauf, daß Sie die nötigen und richtigen Konsequenzen ziehen, und freue mich darauf, bei meinem nächsten Besuch in Bamberg das entfernte Denkmal besichtigen zu können. Hochachtungsvoll! H.J.K.

Mittwoch, 3. Juli
Die NZZ hat dieser Tage gemeldet, J.P.R. habe auf der Suche nach antisemitischen Klischees im *Tod eines Kritikers* die Nase von Ehrl-König mit der von Hans Lach verwechselt (so der Kritiker Martin Ebel). Ja, das kann leicht passieren! Die Physiognomik ist ein verfängliches Geschäft! Siehe Lichtenbergs *Fragment von den Schwänzen*.

Sonntag, 7. Juli
Diskussionsrunde der *Literarischen Gesellschaft Palais Boisserée* im *Grünen Salon* des Max-Weber-Hauses über den *Tod eines Kritikers*. Überfülltes Haus. Tische mußten aus dem Salon geräumt werden, daß noch ein paar mehr Leute Platz finden konnten. Zwei Vorträge: Heribert Vogt von der RNZ über die Behandlung von Walsers Roman durch Presse und Nachrichtenagenturen, dann – geradezu befreiend – Horst-Jürgen Gerigk ... Danach Diskussion: engagiert, offen, kontrovers. – Zum Kuratorium der Gesellschaft gehören Marcel Reich-Ranicki, Siegfried Unseld, Martin Walser ...

Montag, 15. Juli
Laut F.A.Z. führt der *Tod eines Kritikers* »seit seinem Erscheinen vor knapp drei Wochen die Bestsellerlisten an«. Dann wird über eine Debatte im Münchner Literaturhaus

berichtet, wo Meller und Schindel noch einmal darlegten, daß der Roman einen »Schutt der Judenfeindschaft« zurücklasse und zugleich »antisemitischen Stimmungen die Tür« öffne. Die Veranstaltung sei aber »erstaunlich dünn besucht« gewesen. Merkwürdig! Warum finden sich die vielen Leser nicht ein, um gegen dieses Schutt- und Türöffner-Buch zu protestieren. Entweder merken sie nicht, was sie da lesen, oder ... oder ..., aber das ist ja unausdenkbar. Erstaunlich aber auch, wie dünn der Strom, nein: das Rinnsal der Leserbriefe in der F.A.Z. ist. Wie schwach auch. Und auffällig, daß die Germanistik schweigt. Auch von jenen Kollegen, die nach der Paulskirchenrede über Walser herfielen, hört man nichts. Nur mein Freund und Nachbar J.H.!

Mittwoch, 17. Juli
Seit Wochen meldet meine Zeitung fast täglich, daß der oder jener sich gegen Walser erklärt oder den *Tod eines Kritikers* kritisiert habe. Am Montag meldete die RNZ, daß Günter Grass in der *Osnabrücker Zeitung* Walser verteidigt habe. Zitat: »Die Stellen, die antisemitisch sein sollen, sind es nicht. Ich halte es für eine bloße Behauptung und nicht für einen Nachweis.« Warum erfahre ich davon bis heute nichts aus meiner Zeitung, aus der Zeitung, die ich täglich lese und bezahle und die ich bisher für ein umsichtig und seriös informierendes Blatt gehalten habe? Oder hält man Günter Grass in Frankfurt für einen Osnabrücker Lokaldichter, dessen Meinung eine Meldung nicht wert sei? Doch abbestellen?

Montag, 2. September, La Turballe
Wieder einmal, zur Vorbereitung auf das kommende Hauptseminar, Büchner. *Dantons Tod*, III/7: Camille:

»Die Welt ist der ewige Jude, [...].« Und die Herausgeber und Kommentatoren schweigen dazu oder haben noch nicht einmal bemerkt, daß hier einer der »prominentesten Mythen des christlichen Antisemitismus« zitiert wird!

Mittwoch, 4. September
Noch einmal Büchner, *Lenz*: »Doch mit mir ist's aus! Ich bin abgefallen, verdammt in Ewigkeit, ich bin der ewige Jude.«!!

Freitag, 6. September
Und noch einmal Büchner, *Woyzeck*, Lesefassung, Szene 15: Woyzeck und ein »Jud«, jiddisch redend, bei dem Woyzeck das Messer kaufen muß, als ob es nicht auch einen deutschen Messerhändler gegeben hätte: »Wollt Ihr Euch den Hals mit abschneide? Nu, was is es? Ich geb's Euch so wohlfeil wie ein andern, Ihr sollt Euern Tod wohlfeil habe, aber doch nit umsonst. Was is es? Er soll en ökonomische Tod habe. [...] Der Hund.«

Frau
Ines Troch
Germanistisches Seminar
Hauptstraße 207-209
D-69117 Heidelberg

La Turballe, den 7. September 2002

Liebe Frau Troch,
bitte hängen Sie das beiliegende Blatt doch am Schwarzen Brett mit den Ankündigungen der Lehrveranstaltungen unter »Änderungen« aus.
Ich freue mich, Sie bald wiederzusehen, und bin mit herzlichen Grüßen
Ihr H. K.

Änderung
Bei der Vorbereitung auf das Büchner-Seminar hat es sich gezeigt, daß einige Teile seines Werks noch einer Erhellung bedürfen, bevor ein verantwortetes Hauptseminar angeboten werden kann. Das Hauptseminar *Georg Büchner* wird deswegen durch ein Hauptseminar *Franz Kafka* ersetzt. Ich bitte um Verständnis.
gez. Prof. Kiesel

Donnerstag, 12. September
»treb. FRANKFURT, 12. September. Von Walsers schändlichem *Tod eines Kritikers* sind in den zweieinhalb Monaten seit Erscheinen trotz aller Warnungen nahezu 200.000 Exemplare verkauft worden. Verlag und Autor freuen sich über das Geschäft und wiegen sich in dem Gefühl, daß die Feststellung antisemitischer Tendenzen wirkungslos verpufft sei. Das ist aber eine Täuschung. Für den 3. Oktober, den Tag der deutschen Einheit, ist ein Massenprotest der anständigen Leser geplant. Entlang der A5, A8 und A81 soll eine Menschenkette gebildet werden, die von Frankfurt bis nach Nußdorf am Bodensee reicht, wo Walser wohnt. Diese Menschenkette, die als die längste in das *Guinness-Buch der Rekorde* eingehen wird, soll ein Zeichen dafür sei, daß es keinen Rückzug an die Peripherie und kein Abkoppeln von der Verantwortung gibt. Die logistischen Schwierigkeiten sind immens: Parkplätze müssen aufgetan werden, DIXIs müssen aufgestellt werden, Feldküchen und Ambulanzen müssen bereitstehen usw. Die Sicherheitsbehörden der Länder Hessen, Rheinland-Pfalz und Baden-Württemberg haben ein Verbot der Demonstration erwogen, weil sie ein Verkehrschaos und sowohl beträchtliche Personen- als auch Flurschäden befürchten. Das drohende

Verbot konnte jedoch abgewendet werden, da J.P.R., der eine überzeugende Kritik des *Todes eines Kritikers* vorgelegt hat, erklärte, daß sein *Institut für angewandte Sozialforschung* die logistische Planung und praktische Koordination übernehmen werde. Die notwendigen Kompetenzen hat sich das Institut durch militärgeschichtliche Forschungen erworben.«

Samstag, 26. Oktober, Heidelberg
Gestern abend Marcel Reich-Ranicki in der Großen Aula der Universität zur Vorstellung seines Roman-Kanons, eine Veranstaltung des *Germanistischen Seminars* und der *Literarischen Gesellschaft Palais Boisserée*. Rund 1.000 Hörer. Lang anhaltender Applaus gleich zur Begrüßung. Prägnanter, lehrreicher und unterhaltsamer Vortrag von M.R.-R., ohne Manuskript mit bewundernswürdiger Präsenz, danach Podiumsdiskussion unter meiner Leitung. M.R.-R. souverän und witzig. Mein Freund und Kollege J.H. sagt, M.R.-R. habe mit seinem Roman-Kanon den bestehenden Kanon nicht ein bißchen verrückt, worauf der sagt, er wolle auch keinen verrückten Kanon. Dann aber wird er von J.H., der in Walsers Roman drei antisemitische Klischees einwandfrei ausgemacht haben will (siehe FR vom 27. Juni), unversehens scharf angegriffen: »literarischer Stalinismus« und so weiter. Mir stockt der Atem, aber J.H. erhält Beifall. M.R.-R. einen Moment irritiert, reagiert dann aber ruhig und höflich. Beifall auch für ihn. Und lange anhaltender Beifall zum Schluß.

Montag, 13. Januar 2003
Martin Walser im Studium Generale. Generalthema: *Sind wir noch das Volk der Dichter und Denker?* Thema von

Walsers Vortrag: *Vokabular und Sprache*. Vor der Großen Aula verteilt eine antifaschistische Initiativgruppe Flugblätter, auf denen das Publikum über M.W. aufgeklärt wird. Die Große Aula wie bei M.R.-R. wieder ganz voll, und wie bei M.R.-R. ein sehr junges Publikum, also mehrheitlich Studentinnen und Studenten, was bei Veranstaltungen in diesem Rahmen nicht immer der Fall ist. Gespannte, konzentrierte Aufmerksamkeit im Saal während des ganzen Vortrags. Lange anhaltender Beifall. Anschließend Saaldiskussion. Fragen, die sich auf den Vortrag beziehen. Fast hätte man meinen können, die Leute hätten nicht gewußt, wen sie da vor sich haben: einen »unverantwortlich den Haß schürenden Autor«; den Verfasser eines Buches, das »in einer stinkenden Farbe schillert«! Oder war die Aufregung über den *Tod eines Kritikers* nur eine Medieninszenierung, die mit den wirklichen Personen gar nichts zu tun hatte? Oder habe ich das alles nur geträumt?

Prof. Dr. Helmuth Kiesel lehrt Neuere deutsche Literatur an der Universität Heidelberg.

DIETER BORCHMEYER

Martin Walsers *Tod eines Kritikers*:
der komische Roman als Inszenierung seiner Wirkungsgeschichte

1. Präludium:
Händedruck mit Gespenstern?

Ein Gespenst geht um in Deutschland – das Gespenst des Antisemitismus. Und ausgerechnet einer der berühmtesten deutschen Gegenwartsautoren soll von ihm befallen sein, ein Schriftsteller, der seinerzeit wochenlang Augenzeuge der Auschwitz-Prozesse war und aufgrund dieser Erfahrung die Essays *Unser Auschwitz* (1965) und *Auschwitz und kein Ende* (1979) verfaßte. Der provozierende Titel *Unser Auschwitz* ist eine Parallelbildung zu Thomas Manns *Bruder Hitler* und insistiert darauf, daß jeder von uns an Auschwitz seinen Anteil hat. Wenn, so Walser, »Volk und Staat überhaupt noch sinnvolle Bezeichnungen sind für ein Politisches, für ein Kollektiv also, das in der Geschichte auftritt, in dessen Namen Recht gesprochen oder gebrochen wird, dann ist alles, was geschieht, durch dieses Kollektiv bedingt, dann ist in diesem Kollektiv die Ursache für alles zu suchen. [...] Dann gehört jeder zu irgendeinem Teil zu der Ursache von Auschwitz. Dann wäre es eines jeden Sache, diesen Anteil aufzufinden.«

Und die Rede *Auschwitz und kein Ende* beginnt mit dem denkwürdigen Satz: »Seit Auschwitz ist noch kein

Tag vergangen.« Auch hier zählt Walser sich und »uns« der »Volksgemeinschaft der Täter« zu, wehrt er sich gegen den Wahn, »uns durch Strafverfolgung [...] entlasten zu können«, den Versuch, die »Schuld« an Auschwitz »auf eine Handvoll Schergen« zu delegieren. »Diese Schuld ist unter den Bedingungen unserer Geschichte entstanden. Wir haben die ganze Geschichte geerbt. Nicht nur die Patentämter und die Staatsgalerien. Wir sind die Fortsetzung. Auch der Bedingungen, die zu Auschwitz führten.«

Nicht zu vergessen ist die Tatsache, daß Walser es war, der 1989 in der Sächsischen Landesbibliothek von Dresden auf die Tagebücher des jüdischen Romanisten Victor Klemperer stieß und deren Publikation nachdrücklich beförderte. Sein Münchener Vortrag von 1995 über diese Tagebücher, die zu den wirkungsmächtigsten Erscheinungen des deutschen Buchmarkts der jüngsten Zeit gehören, ist ein Bekenntnis der Liebe zu der deutsch-jüdischen Vergangenheit und der Hoffnung, daß diese Vergangenheit trotz und über Auschwitz hinweg wieder eine Gegenwart und eine Zukunft haben möge. Walser überläßt sich dem »nachträglichen Wunschdenken«, das jüdisch-deutsche Zusammenleben hätte nicht zur schlimmsten Katastrophe der Geschichte geführt, ja, er weigert sich, anzuerkennen, das deutsch-jüdische Verhältnis sei »eine Schicksalskatastrophe unter gar allen Umständen«, denn dann gäbe es »kein deutsch-jüdisches Gedeihen in Gegenwart und Zukunft«, wie er es ersehnt. Man mag diese Hoffnung wie Walsers einstige Regensburger Studienfreundin Ruth Klüger, die selber Auschwitz gerade noch überlebt hat, für den Ausdruck eines »sentimentalen« und »altbackenen« Geschichtsverständnisses halten, aber ist es möglich, daß derselbe Martin Walser nun auf einmal zum Antisemiten geworden ist, wie unterstellt wird?

Schon nach seiner Friedenspreis-Rede in der Frankfurter Paulskirche 1998 hat man Walser des Antisemitismus verdächtigt. Die Tatsache, daß er gegen die nach seiner Ansicht inflationäre Ausstrahlung von Filmen und Photos aus den Vernichtungslagern aufbegehrte, wurde als Bereitschaft zum »Wegschauen« und als Absicht interpretiert, einen Schlußstrich unter die Vergangenheit zu ziehen. Doch Walser sprach nicht als Gegner, sondern als Anwalt der Erinnerung, wehrte sich in ihrem Namen dagegen, daß die Medien das wachsende Bewußtsein der nationalsozialistischen Greuel – zu denen immerhin Walser selber durch sein essayistisches Werk nicht wenig beigetragen hat – publizistisch durch ein Überangebot der Bilder aus den Konzentrationslagern abstumpfen könnten. Aus dem dadurch bedingten Wegschauen vom Unerträglichen läßt sich aber gewiß nicht auf mangelnde Bereitschaft schließen, sich mit den durch diese Bilder dokumentierten Verbrechen auseinanderzusetzen.

Wie immer man jedoch zu Walsers Thesen steht, gerade ihn des Antisemitismus zu bezichtigen, ist in hohem Maße ungerecht. Doch leider ist der Antisemitismus-Vorwurf zumal in der politischen Sphäre zur gängigen Münze geworden, zur roten Karte, die man dem Gegner zeigt, um ihn wirkungsvoll aus dem Machtspiel zu werfen. Die semantische Entwertung des Begriffs birgt in sich die Gefahr, daß Antisemitismus nicht mehr erkannt wird, wenn er wirklich auftaucht. Man sollte und dürfte von ihm nur dann reden, wenn in Bezug auf Menschen jüdischer Herkunft bestimmte Verhaltensweisen – gleichgültig ob mit rassischer, biologischer, religiöser oder sonstiger Begründung – aus unveränderlichen negativen Merkmalen des

»Judentums« abgeleitet werden. Gewiß wird sich heute, da der Antisemit glücklicherweise gesellschaftlich disqualifiziert ist, niemand mehr offen zu dieser Haltung bekennen, er wird sich tarnen und den antisemitischen Wolf im möglichst philosemitischen Schafspelz verstecken, aber gerade deshalb – weil Antisemiten heute so schwer erkennbar sind – gilt es, mit diesem Begriff so präzise wie möglich umzugehen, wenn man die Geister scheiden will.

2. Perspektivismus und Simulation

Kaum war der Streit um Walsers Friedenspreisrede Literaturgeschichte geworden, erregte ein neues Werk von ihm die Gemüter. Dem noch unveröffentlichten Roman *Tod eines Kritikers* unterstellte Frank Schirrmacher, Herausgeber der *Frankfurter Allgemeinen Zeitung*, in seinem offenen Brief an Walser vom 29. Mai 2002, in dem er den Vorabdruck des Romans in der F.A.Z. ablehnte, er habe sich hier des »Repertoires antisemitischer Klischees« bedient, ein »Dokument des Hasses« präsentiert, das sich in der Gestalt des Kritikers Ehrl-König gegen keinen anderen als Marcel Reich-Ranicki richte. Schirrmacher fährt das schwerste Argumentationsgeschütz auf, das man in Deutschland überhaupt auffahren kann: »Ihr Buch ist nichts anderes als eine Mordphantasie«, bei der es »nicht um die Ermordung des Kritikers als Kritiker«, sondern »um den Mord an einem Juden« gehe. Die Ermordung, der Reich-Ranicki seinerzeit im Warschauer Ghetto im letztmöglichen Moment entgangen ist, werde nun – damit spiele der Roman – »fiktiv nachgeholt«. Ein ungeheurer, ja fast justiziabler Vorwurf.

Wer Schirrmacher Glauben schenkt – Marcel Reich-

Ranicki selber hat sich sein Urteil in verschiedenen Äußerungen zu eigen gemacht –, wird sich fragen, ob einem Werk solch mörderischer Schlüsselliteratur nicht der Prozeß gemacht werden müßte – mit weit mehr Recht als seinerzeit dem *Mephisto* von Klaus Mann, der wegen Verunglimpfung von Gustav Gründgens verboten wurde. Die Historikerin und Winifred-Wagner-Biographin Brigitte Hamann hat einer Pressemitteilung zufolge tatsächlich einen Prozeß gegen Martin Walser gefordert. Lassen sich die Vorwürfe Frank Schirrmachers indessen nicht erhärten, müßte man nicht umgekehrt folgern, daß er selber wegen Rufmords gerichtlich zu belangen wäre? Überschreitet es nicht die Grenzen der Meinungsfreiheit auf justiziable Weise, wenn man einem Autor unterstellt, er wolle die Ermordung eines verhaßten Juden, die den Nazis nicht gelungen ist, nun in der Weise der Fiktion nachholen?

Bietet Walsers Roman auch nur den geringsten Anlaß für eine solche Unterstellung? Wer imstande ist, »literarisches Reden vom nichtliterarischen zu unterscheiden« – Frank Schirrmacher nimmt das in seinem offenen Brief an Walser für sich in Anspruch, um durch die Art seiner Argumentation eher das Gegenteil zu beweisen –, wird bald merken, daß es sich im *Tod eines Kritikers* nur sehr bedingt um Schlüsselliteratur handelt, weit mehr um eine Literatursatire und Literaturkomödie, deren Personen und Handlungen zwar dem wirklichen Leben abgelauscht, aber nicht mit ihnen identisch sind. Walsers Figuren haben immer einen Überschuß über die Wirklichkeit, und nur dieser Überschuß kommt als Literatur in Betracht.

Ehrl-König ist der Held der Literaturkomödie, der mit der Medienwelt, die ihn emporgetragen hat, schaltet und waltet, wie er mag. Was geschieht in diesem Roman? Der Starkritiker ist verschwunden, sein Statussymbol: ein gelber Cashmere-Pullover wird blutverschmiert aufgefunden. Und sofort beginnt sich das Medienkarussell zu drehen. Die *Frankfurter Allgemeine* berichtet, der Schriftsteller Hans Lach, dessen jüngstes Buch von Ehrl-König in seiner Fernseh-Show »Sprechstunde« verrissen wurde, habe auf einer Party zum Entsetzen der Gäste im Nazi-Jargon ausgerufen: »Herr Ehrl-König möge sich vorsehen. Ab heute nacht Null Uhr wird zurückgeschlagen.« Diesen Satz »konnte man jetzt jeden Tag überall lesen und abends aus allen Kanälen hören«. Hans Lach wird deshalb von der Justiz des Mordes verdächtigt und verhaftet. Doch daß jenes ominöse Wort gefallen ist, bleibt unverbürgt. Der auf der Party in nächster Nähe stehende Augenzeuge Professor Silberfuchs hat diese »Hitler-Variation« jedenfalls »nicht gehört«.

Die Medien also – und zwar ausgerechnet die »Frankfurter Allgemeine« als erste – setzen das Gerücht in Umlauf, das zur Verdächtigung und Verhaftung Hans Lachs führt, alle Zeitungen fallen nun über ihn her und behaupten gar, Hans Lach habe Ehrl-König nicht nur als Kritiker, sondern als Juden ermorden wollen – obwohl nach Ansicht einer Romanfigur »nicht einmal sicher« ist, ob der totgeglaubte Ehrl-König »Jude gewesen sei«. Die »Herkunftsdebatten« sind Bestandteil des alles dominierenden ›Geredes‹, dessen wahrer Kern sich kaum mehr enthüllen läßt. Am Ende entpuppen sich die Ermordung des Kritikers und deren antisemitische Hintergründe als das, was sie sind: als pure Simulation der Medien. Ehrl-König selber führt sie an der Nase herum und kehrt – in meisterhaft-fernsehgerechter Inszenierung – quicklebendig nach Hause zurück.

Der Tod eines Kritikers und seine antisemitische Motivation sind also nichts als ein Medienkonstrukt. Das Gespenstische an der durch das bloße Gerücht von Walsers Roman ausgelösten Debatte ist nun aber die Tatsache, daß sie den Romantext gleichsam fortgeschrieben, aus der Literatur in die Wirklichkeit verlängert hat. Walser hat das Szenario dieser Debatte in seinem *Tod eines Kritikers* geradezu vorinszeniert, denn was die Medien hier mit Hans Lach anrichten, genau das sollte in der Folgezeit mit seinem Erfinder geschehen: die gleichen Verdächtigungsmechanismen wurden in Gang gesetzt; dieselbe Zeitung, die in Walsers Roman den Mordverdacht auf Hans Lach richtet, lastete in der Wirklichkeit Martin Walser selber den »fiktiv nachgeholten Mord« an Marcel Reich-Ranicki an, und andere Zeitungen fielen nun wie im Roman über den angeschuldigten Autor her. Ja, es ist derselbe Satz – jene »Hitler-Variation« – welche die fiktive wie die wirkliche *Frankfurter Allgemeine* als Skandalon ansehen und gegen Hans Lach dort, Martin Walser hier ins Feld führen. Hier wie da wird dem Mordgelüst eine antisemitische Motivation angedichtet, hier wie da werden die Bücher des inkriminierten Autors auf Stellen abgesucht, die den Mord- oder Antisemitismusverdacht bestätigen sollen. Ist nicht Hans Lachs vorletztes Buch »Der Wunsch, Verbrecher zu sein«, so fragt man sich im Roman, schon ein vorweggenommenes Geständnis? Geständnisse dieser Art glaubte man auch in Walsers früheren Werken und Essays zu finden. Da ist der Essay *Händedruck mit Gespenstern* von 1979, in dem er ja selber zugegeben hat, daß er manche reaktionären Gespenster vor Türen, Fenstern und Ritzen seines Hauses hocken sieht, begierig in dasselbe einzudringen. Da haben wir es. Er sagt es ja selbst. Was bedürfen wir weiterer Zeugen? Die Rabulistik antisemitischer Spurensuche – Elke Schmitter beispielsweise ist im *Spiegel* noch entschieden weiter gegangen als Schirrmacher – gemahnt bisweilen (wohlbemerkt: formal) an die k.k. Hofzensur im alten Wien, die in den vermeintlich unverfänglichsten Formulierungen etwa in Stücken eines Nestroy staatszersetzende Hintergedanken argwöhnte, oder an jene ›Literaturwissenschaftler‹ à la Adolf Bartels, welche seinerzeit aus bestimmten Stileigentümlichkeiten und inhaltlichen Details ideologisch verdächtigter Werke ›Jüdisches‹ herauswitterten.

Ein Musterbeispiel dafür findet sich in Schirrmachers offenem Brief an Walser: die Bemerkung von »Madame«, der Frau des Kritikers, »Umgebracht zu werden paßt doch nicht zu André Ehrl-König«, erinnere an den Mythos vom Ewigen Juden! Daß diese Bemerkung einen ganz anderen Hintergrund hat, ist Schirrmacher nicht in den Sinn gekommen: Ehrl-König ist eine Variation der ewigen komischen Figur – heiße sie Harlekin, Kasperl oder Clown –, die nicht umkommen kann, was auch immer ihr widerfährt. (Darauf werden wir zurückkommen.) Ein anderes bedenkliches Zeugnis für eine Fixierung auf antijüdische Stereotypen in Schirrmachers Brief ist dessen Bewertung von Äußerungen zweier verschiedener Figuren des Romans, die (übrigens keineswegs herabsetzend) von der »Herabsetzungslust« und »Verneinungskraft« des Kritikers reden. Auch dahinter – obwohl es sich eindeutig um perspektivisch gebundene Äußerungen von Einzelfiguren handelt, die weder dem Ich-Erzähler noch dem Autor zuzuschreiben sind – wittert Schirrmacher judenfeindliche Absicht. Doch wer jene Begriffe, die im Roman nirgends als Bezeichnungen jüdischer Eigenschaften ausgegeben werden, als antisemitisch denunziert, macht sie erst dadurch zu den Klischees, die er bekämpfen will.

Das gilt auch im Falle der Verwechslung des Sprachfehlers des Kritiker-Helden, die auf eine »Mundunpäßlichkeit« zurückzuführen ist, mit einer »Verballhornung des Jiddischen«, mit dem jener Sprachfehler nicht das Geringste zu tun hat, wie ein Experte: der Literaturwissenschaftler Jens Malte Fischer in einem – leider ungedruckt gebliebenen – Leserbrief an die F.A.Z. demonstriert hat. Auch der Sprachfehler und die Karikatur phonetischer, dialektaler und sonstiger sprachlicher Eigentümlichkeiten gehören zum uralten Repertoire komischer Literatur von der Antike bis ins 20. Jahrhundert. Schirrmacher aber glaubt, in der Redeweise Ehrl-Königs solle parodistisch demonstriert werden, daß der Kritiker-Jude »nicht richtig Deutsch« könne – so wie man es einst Heinrich Heine vorgehalten hat. (Die lyrische Inversion des Verses »Ich weiß nicht, was soll es bedeuten«, so befand einst ein Kritiker, sei die typisch jüdische Verdrehung der richtigen Wortfolge: ein wahrhaft deutscher Dichter hätte gedichtet: »Ich weiß nicht, was es bedeuten soll«.)

Die Pressereaktionen auf den *Tod eines Kritikers* könnten der von Martin Walser selber geschriebene zweite Teil seines Romans sein. Dieser ist eine Satire auf Befangenheit und Gefangensein des Literaturbetriebs im »Mediengewebe«, das alles authentische Denken, Reden und Handeln mit seinen Simulationen überzieht: »Du wirst beatmet. Das heißt informiert. Du selber mußt nicht mehr leben.« Dagegen begehrt der Ich-Erzähler auf, der sich Michael Landolf nennt und als Spezialisten für Mystik und Geheimwissenschaften ausgibt – ehe er seine Identität mit Hans Lach verrät, der sich anders als der weltabgewandte Mystiker Landolf ganz und gar im Zeitdienst aufreibt: »Er immer mitten im schrillen Schreibgeschehen, vom nichts auslassenden Roman bis zum atemlosen Statement, ich immer im funkelndsten Abseits der Welt.« Und doch: Landolf und Lach sind ein und dieselbe Person – wie der Mystiker und Zeitdiener in Martin Walser selber. Er bietet hier ein subtiles und selbstironisches Porträt seiner eigenen durchaus gespaltenen Künstlerpersönlichkeit.

Ihm steht das Porträt des mediengewandten Großkritikers gegenüber, der durch das Fernsehen »förmlich zu sich selbst gebracht« wird. Differenzierte Urteile kommen nicht über den Bildschirm. Deshalb gilt nur die »schwertscharfe Einteilung« in »Gut oder Schlecht«, das »Entweder-Oder«, »Ja oder Nein«, die »ästhetisch getünchte Katechismusmoral«, bei der man »nichts mehr beweisen« muß. Gewiß, das sind Formulierungen, die durch die fiktive Gestalt Ehrl-Königs hindurch den wirklichen Reich-Ranicki treffen sollen. Indessen: Walsers Roman ist ein Gebilde aus zahllosen Redens-Arten und lebt wohl weitgehend von dem, was in der »Szene« an Gerüchten kursiert. Daher das den Leser bisweilen auf die Folter spannende Vorherrschen der indirekten Rede, des Konjunktivs mit seiner Evokation der puren Möglichkeit, des bloßen Hörensagens (man »wollte gehört haben«). Wirkliche Gehässigkeiten über den Großkritiker kommen nur aus dem Munde anderer, die sich verbal für irgendeine ihnen widerfahrene Unbill rächen wollen, aber kaum über die Lippen des Ich-Erzählers. Und es gibt auch kontrastierende Stimmen, die von Ehrl-Königs »Gesprächszärtlichkeit« reden, von seiner unzweifelhaften »Genialität«, und einer seiner schärfsten Kritiker »fand auch immer wieder zurück zu einer Bewunderung für den, gegen den er da redete«.

Walsers Roman ist ein vielstimmiges Erzählwerk. In einer Welt des Geredes und Gerüchts kommen hundert

Zungen zu Wort und fallen sich ins Wort – und wer recht hat, wo die Wahrheit liegt, bleibt immer wieder ungewiß, denn in der simulatorischen Welt des Medienzeitalters scheint es nur noch »Versionen«, keine »Tatsachen« mehr zu geben, wie es einmal heißt. Die Wirkung von Walsers Roman – schon vor seiner Veröffentlichung – bestätigt das. Sie läßt das Gerüchtekarussell, das er vorführt und ad absurdum führt, weiter kreisen. Oscar Wilde hat in seinem Essay *The Decay of Lying* die provozierende These aufgestellt, nicht die Kunst ahme das Leben, sondern das Leben ahme die Kunst nach, nicht diese, sondern die Realität sei Simulation: »Literature always anticipates life.« Tatsächlich hat Walser die Debatte um seinen Roman in diesem Roman selber so brillant vorinszeniert, daß man die Wirklichkeit für ein Plagiat der Literatur halten könnte. Wenn sie nicht wahr wäre, hätte diese Debatte gut erfunden sein können – von Martin Walser selber.

3. Vom Gesetz des Komischen

Der *Tod eines Kritikers* ist mithin eine Literaturkomödie, die nicht nur Gegenwärtiges spiegelt, sondern Zukünftiges – ihre eigene Wirkungsgeschichte – vorwegnimmt, ja initiiert. Was aber macht diesen Roman zur Komödie? Aristoteles bezeichnet im fünften Kapitel seiner *Poetik* die Komödie als »Nachahmung von schlechteren Menschen« – im Unterschied zur »edlen Handlung« der Tragödie. Freilich gilt das nicht für jede Art von Schlechtigkeit, betont er, sondern nur, insofern das Lächerliche am sinnlich wahrnehmbaren Schlechten: am Häßlichen Anteil hat. Die Theorie des Komischen, wenn wir das Lächerliche mit ihm gleichsetzen dürfen, ist bei Aristoteles also eine Art *Ästhetik des Häßlichen* (der Titel eines Werks, das erst der Hegelianer Karl Rosenkranz schreiben sollte). »Das Lächerliche«, so definiert er, »ist nämlich ein mit Häßlichkeit verbundener Fehler, der indes weder Schmerz noch Verderben bringt, wie ja auch die lächerliche Maske [welche die Schauspieler in der Komödie tragen] häßlich und verzerrt ist, aber ohne Ausdruck von Schmerz.«

Aristoteles grenzt hier die Komödie indirekt von der Tragödie ab: der mit Häßlichkeit verbundene Fehler der Komödie kontrastiert deutlich mit der tragischen *hamartía*, der katastrophalen, Furcht und Mitleid erregenden Fehlleistung des Helden in der Tragödie. Und wenn er alles Verletzende vom *hamártema* der komischen Figur ferngehalten wissen will, so geschieht das im Unterschied zum Leid (*páthos*) der Tragödie, das eben ein schmerzliches und verderbliches Geschehen ist, wie Aristoteles am Ende des elften Kapitels ausführt. Ist in diesem Sinne der *Tod eines Kritikers* eine Komödie? Zur Hälfte (zur Kritiker-, nicht zur Dichter-Hälfte nämlich) durchaus! Er wäre freilich keine Komödie, wenn der Titel des Buches ernst zu nehmen – und nicht vielmehr eine Finte wäre. Denn der Tod ist aus der Komödie als Komödie ausgeschlossen; der komischen Figur darf es nie wirklich schlecht gehen. Sie bezieht vielleicht einmal Prügel, aber sie darf nicht ernsthaft physisch gefährdet werden. Das hat schon Aristoteles gewußt. Komisch ist der Tod nur als Scheintod. Der Scheintod aber ist das Komische schlechthin. Dieses entsteht ja immer aus dem Kontrast, aus dem Unerwarteten: wenn wir etwas Bestimmtes erwarten und etwas anderes eintritt (so schon Cicero in *De oratore*). Und jenes im wahrsten Sinne unsterbliche komische Motiv, daß jemand für tot gehalten wird, aber plötzlich wiederauftaucht, macht sich Martin Walsers hälftig-komischer Roman zu eigen und zunutze.

In der wohl brillantesten Analyse des Lachens: in Henri Bergsons Essay *Le rire* (1900) wird der aus dem Schein des Nichtmehrexistierens immer wieder auf(er)stehende Springteufel – je tiefer er ins Nichtsein gestoßen wird, desto vitaler springt er wieder ins Sein zurück – geradezu als Grundfigur des Komischen gedeutet. »Man drückt ihn platt, er schnellt wieder hoch. Man stößt ihn tiefer hinunter, und er springt höher wieder hinauf. Man quetscht ihn unter seinen Deckel, und oft hüpft er auch dann noch mit dem Kasten in die Höhe.« Ähnlich die komische Figur auf dem Theater. Ihre Grundgegebenheit: sie ist nicht umzubringen. »Mit dem Kasperle müssen wir anfangen. Sowie sich der Gendarm auf die Bühne wagt, erhält er, als müßte das so sein, einen Hieb mit dem Knüttel, der ihn zu Boden schlägt. Er richtet sich auf, ein zweiter Hieb haut ihn hin. Wieder auf, wieder Prügel. In dem gleichförmigen Rhythmus einer Feder, die sich spannt und entspannt, erhebt sich der Gendarm und fällt um, während das Lachen der Zuschauer immer lauter wird.« Es wird um so lauter, je toter die komische Figur zu sein *scheint*. Das Gelächter bricht aus, sobald der Schein des Todes durch das Sein des Lebens besiegt wird. Stellte sich heraus, daß der vermeintlich Tote wirklich tot ist, würde das Lachen sofort ersticken.

Die komische Erfahrung, so der amerikanische Soziologe Peter L. Berger, bedeutet eine Neutralisierung der schmerzlichen Realitäten des Lebens. »Das läßt sich schlaglichtartig mit der Figur des Clowns illustrieren, der verprügelt wird, niedergeschlagen, mit Füßen getreten und überhaupt gequält. Und doch geht man davon aus, daß er diese Schmerzen nicht wirklich fühlt.« Daß er aus ihnen immer wieder schadlos hervorgeht. Die komische Figur ist nicht ernsthaft zu beschädigen. Dem Tod folgt stets die Auferstehung. Peter L. Berger erinnert an das Kinderlachen beim Kuckuck-Spiel. Die Mutter verschwindet für eine Weile, das Kind ängstigt sich. *Kuckuck!* rufend erscheint die Mutter wieder, das Kind lacht erlöst. Das Mittelalter kannte das sogenannte Osterlachen, den *risus paschalis*: als Ausdruck der Freude über die Auferstehung des am Kreuz gestorbenen Heilands. Lachen über den Schein-Tod des Erlösers! Peter L. Berger hat unter Rekurs auf dieses Osterlachen sein Buch über das erlösende Lachen geschrieben: *Redeeming Laughter* (1997).

Walser hat dieses komische Schema seinem Roman zugrunde gelegt. In welchem Maße sein Ehrl-König als komische Figur gezeichnet ist, braucht hier nur angedeutet zu werden: von den sprachkomischen Elementen war schon die Rede, die karikaturistische Schilderung seiner Mimik und Gestik kommt hinzu, überhaupt die komödienhaft-körperbezogene Darstellung, gipfelnd in der drastischen Sexualkomik, und die Rollenhaftigkeit der Figur. Zur komischen Figur gehört nach Bergson ein »Automatismus«, vor allem ein solcher der eigenen Profession: »Berufsautomatismus«. Der Kritiker ist immer nur der Kritiker, wie der Pedant immer nur der Pedant, der Geizige immer nur der Geizige. In der Tragödie, so Henri Bergson, dominieren *Individuen* – die meisten Tragödien haben Personennamen im Titel –, in der Komödie hingegen Typen und *Gattungen*: auch das kommt im Titel zum Ausdruck: *Der Menschenfeind, Der Geizige, Der Zerstreute* – Gattungsnamen! Und wenn es ein Personenname ist, ist er oft *sprechend*, wie eben auch Ehrl-König, in dem nicht nur die Titelfigur von Goethes Ballade nachwirkt (welche gleichsam die Literatur als totes Kind im

Arm ihres Vaters zurückläßt), sondern durch das hinzugefügte -h- ein neuer semantischer Bezug: zu ›Ehre‹ auftaucht, die freilich durch das diminutive süddeutsche -l- gleich verkleinert wird (König der kleinen Ehre?). Wie dem auch sei: die komischen Facetten der Figur sind nicht zu verkennen.

Gegenüber der komischen Figur gibt es verschiedene Publikumshaltungen. Man kann über sie mit sehr unterschiedlicher Einstellung lachen. Es gibt das eine Identifikation verweigernde *Verlachen* oder *Auslachen*, das seinen Gegenstand *herabsetzt*, ihn von oben herab betrachtet, sich ihm überlegen fühlt – so verlachen wir Molières Geizigen oder Eingebildeten Kranken – oder das sympathisierende *Lachen über*, das seinen Gegenstand zwar ebenfalls nicht ganz ernst nimmt, aber das an ihm Belachenswerte mit der Haltung des *Humors* als Zeichen allgemeinmenschlicher, auch der eigenen Schwäche betrachtet – so verhalten wir uns gegenüber Molières Menschenfeind oder Lessings Major von Tellheim –, und es gibt schließlich drittens das identifikatorische *Mitlachen*, das Lachen nicht von oben herab, sondern gewissermaßen von unten herauf: das quasi anarchische Lachen über die Streiche, die da jemand einer Übermacht spielt: so lachen wir und freuen uns wahrhaft diebisch über die »Diebskomödie« von Hauptmanns Mutter Wolffen. In jedem Falle impliziert das Lachen eine gewisse »Anästhesie des Herzens«, wie Bergson das nennt, es kümmert sich nur wenig um die Befindlichkeit der betroffenen Person. Wem das nicht behagt – und das ist bei dem zartbesaiteten deutschen Literaturpublikum von jeher der Fall gewesen, weshalb die Komödie es in Deutschland auch so schwer hat –, sollte lieber zu einer anderen poetischen Gattung greifen, bei der das Herz empfindsamer schlagen darf.

Mit welcher jener komischen Einstellungen treten wir aber Walsers Ehrl-König gegenüber? Ganz gewiß nicht mit der Haltung des Verlachens oder Auslachens. Der eigene Witz des Kritikers unterläuft eine solche Haltung ständig, und er kommt ja auch nie zu Fall, wie es für die Verlachkomödie konstitutiv ist, so daß wir abschätzig über ihn lachen könnten. Er triumphiert vielmehr auf der ganzen Linie, so daß unser Gelächter ständig aus *Lachen über* und *Mitlachen* gemischt ist. Er triumphiert sogar über den Tod, dessen Medien- und Justizgerücht er durch seine Abwesenheit absichtlich nährt, an dem er sich weidet, das er eskalieren läßt, um schließlich auf seinem Kulminationspunkt unter dem Ostergelächter des Medienpublikums seine eigene ›Auferstehung‹ vor laufenden Kameras in Szene zu setzen. Das Grab ist leer, der Held erwacht, der Medienheiland ist erstanden!

In einer Zukunftsvision, einer negativen Utopie, die Orwells *1984* um genau ein Jahrhundert nach vorne schiebt (»2084. Eine Notiz aus der Überlieferung des Zukünftigen«), wird schließlich eine geradezu apokalyptische Medienlandschaft beschworen: in einer total genmanipulierten Menschheit erleben wir da ein aberwitzig technologisiertes Literarisches Quartett (die »Großen Vier«), in dem die Kritik, die »Kritoren«, wie sie nun genannt werden, die totale Herrschaft über die Literatur behaupten. Diese ist nunmehr nur noch für die Kritik da – nicht mehr die Kritik für die Literatur. Auf diesen Seiten seines Buchs erreicht Walser wirklich das Niveau der englischen Satire à la Swift, inklusive ihrer Drastik und gattungsspezifischen ›Geschmacklosigkeit‹.

Ehrl-König ist niemals das ›Opfer‹ unseres Lachens, denn er ist sich seiner komischen Wirkungen bewußt. Mag er auch durch die Medien zum Schaden seines Charakters manipuliert sein, er manipuliert doch auch die Medien, spielt auf ihrem präparierten Klavier, aber so, als habe er es selbst präpariert. Wahrhaft ein Eulenspiegel der Medienwelt! »Der Eulenspiegel, der Harlekin hat ein leises Bewußtsein seiner Verkehrtheit«, hat Friedrich Theodor Vischer in seinem Traktat *Über das Erhabene und Komische* (1837) geschrieben. »Er ist nicht einfacher Tor, er ist zugleich Schalk. Er eludiert fremde Zwecke und macht doch selbst Dummheiten, damit andere über ihn lachen, wobei er aber herzlich mitlacht. Dadurch nähert er sich einem wesentlichen Merkmale des Humors, nämlich der Selbstpersiflage.« Das ist geradezu eine Interpretation von Martin Walsers Kritikerroman *avant la lettre*.

Mehr als deutlich zeigt sich, daß nicht der geringste Anlaß besteht, diesen Kritiker-Eulenspiegel als Herabsetzung seines wirklichen Modells zu empfinden. Es wird – vom Autor – nicht mit dem Tod des Kritikers gespielt, sondern der Kritiker spielt mit dem Tod. Auf ihn richtet sich keine Mordphantasie, sondern im Gegenteil eine Überlebensphantasie. Wirklich gestorben wird in der anderen, der tragischen Hälfte des Romans: die geistige Physiognomie seines Ich-Erzählers trägt Züge der Krankheit zum Tode, sein *alter ego* Mani Mani begeht Selbstmord, der Verleger Pilgrim stirbt – der unverwüstliche Kritiker aber lebt. Nicht weil er der ewige Jude ist – ein ganz und gar aus dem Bedeutungsfeld des Romans herausfallender Mythos –, sondern weil er ein Gott ist, ein Medien-Zeus, mit dessen »Symbolen« – Adler und Blitz – er in seiner Fernseh-Show beziehungsreich präsentiert wird. Sein wirkliches Modell brauchte sich wahrhaft nicht über sein vermeintliches Abbild aufzuregen; im Hinblick auf ihre *conditio comica* besteht zwischen ihnen kaum Ähnlichkeit: Humor, zu dem die Fähigkeit der

Selbstrelativierung, des Über-sich-selbst-Lachens gehört, gar Selbstpersiflage sind unserem wirklichen Kritiker ja so fremd wie nichts auf dieser Welt.

Als sich der Roman in der anschließenden Debatte in die Wirklichkeit übersetzte, verhielten sich beinahe alle so, wie sie der Roman geschildert hatte: die Medien mit ihrer Gerüchteküche und Unterstellungspraxis, die F.A.Z. mit des Kritikers »Chorknaben« – nur die Hauptperson tanzte aus der Reihe, fiel aus der Rolle, und anstatt das Medienspiel so eulenspiegelhaft souverän zu dirigieren wie im Roman, rastete sie aufgrund ihrer narzißtischen Kränkung aus, schlug wild um sich – wie in der alles Maß verlierenden Ehrendoktoratsrede in der Münchener Universität, die der altehrwürdigen Institution, mit Nietzsche zu reden, zur schmerzlichen Scham wurde – und warf all die Requisiten und Kulissen um, die der Romanautor ihr so schön aufgestellt hatte. Nein, Reich-Ranicki ist nicht Ehrl-König. Mag er auch Vorbild für ihn gewesen sei – als sein wirkliches Nachbild fällt er weit hinter ihn zurück.

4. Vom Lächerlichen zum Erhabenen – nur ein Schritt

Ehrl-König ist der Held der Komödie vom Schein-Tod des Kritikers. Dem Schein-Tod aber steht der wirkliche Tod Mani Manis gegenüber. Kontrapunktisch zur *Auferstehung* Ehrl-Königs – der, typisch für einen Gott, eine neue Epiphanie erlebt, aus seiner vermeintlichen Todesabwesenheit, aus dem *status absconditus* an die Stätte der Medienpräsenz zurückkehrt, in den *status manifestus* –, stürzt Mani Mani sich von der Großhesseloher Brücke *hinab*. Und damit begeben wir uns auf die andere Seite der Handlung, die tragische. Der Ich-Erzähler vermittelt zwischen diesen beiden Hälften des Walserschen Romans. Wie dieser gespalten ist in eine tragische und eine komische Provinz, so der Erzähler in zwei Personen: Michael Landolf und Hans Lach. Der Ich-Erzähler Landolf arbeitet an einem Buch »Von Seuse zu Nietzsche«, das die Tradition authentischen Sprechens, des Ichsagens in der deutschen Literatur von den Mystikern bis zu Nietzsche verfolgt. Authentisches Sprechen, Übereinstimmung mit sich selbst, abseits von den mediengesteuerten Schablonen, die sich in allen Köpfen festsetzen, das ist sein Schreib- und Lebensziel. Unverfügbare *Sprache* ist dieses Ziel, in Opposition gegen das *Vokabular*, die »gestanzten Wörter«, mit denen man Einfluß in jeder Beziehung und Herrschaft ausübt – um an eine Unterscheidung anzuknüpfen, die Walser jüngst, am 13. Januar 2003, in einem Heidelberger Vortrag getroffen hat (abgedruckt in der *Zeit* vom 16.1.2003). Darum der Rückgriff auf die mystische Sprache, die das Geheimnis Gottes durch Negation, durch das, was er *nicht* ist, ausdrückt und es nicht in verwertbaren Vokabeln dingfest macht: *Theologia negativa*. Darum die Berufung auf Nietzsche, den so oft Vereinnahmten und doch nicht zu Vereinnahmenden – mit denen, die ihn in »weltanschaulichen Dienst« nehmen wollen, »hat er nämlich soviel zu tun wie der Blitz mit der Pfütze, in der er sich spiegelt« –, für den nichts mehr gültig ist, als was er »im Selbstversuch getestet« hat, der aus der »Routine der kulturüblichen Selbsttäuschung« ausbricht. Er hätte einen Satz sagen können, der aber – auf seinem Niveau – vom Erzähler Walsers stammt und dessen schriftstellerische Lebensmaxime artikuliert: »Wir leben von nichts als von der Schönheit des sich selbst erlebenden Denkens.«

Michael Landolfs Grundsatz scheint zu sein: *totaliter aliter*. Nichts wie gewohnt! Nicht die etablierten akademischen Wissenschaften, sondern die hermetischen, alternativen: Mystik, Alchemie – Kabbala gar! (Die Faszination der Kabbala, der jüdischen Geheimlehre und Mystik, die das ganze Buch durchzieht, zeugt nicht eben von Antisemitismus.) Bezeichnenderweise stammt das Motto des Romans »Quod est superius est sicut inferius« (was oben ist, ist wie das, was unten ist) aus dem *Corpus Hermeticum*. Und nicht die herrschenden, olympischen Götter sind es, denen in diesem Buch – auf seiner tragischen Seite – geopfert wird, nicht Zeus, als dessen Medienäquivalent Ehrl-König in seinem imperialen Empire-Sessel (Imitat!) thront, sondern den alten Göttern, dem gestürzten Saturn, den Titanen – Prometheus, dessen Goetheschen Protestgestus (»Ich kenne nichts Ärmeres / Unter der Sonne als euch, Götter!«) Hans Lach sich zu eigen macht. Nicht olympische Heiterkeit ist die Welt Michael Landolfs, Hans Lachs – und Martin Walsers, sondern saturnische Melancholie. Ist doch Kronos-Saturn (siehe das berühmte Buch *Saturn and Melancholy* von Klibansky, Panofsky und Saxl) der Planet der Melancholiker, der versternte Gegengott zum Sanguinikergestirn Zeus-Jupiter. Melancholie aber ist von jeher die spezifische Gemütslage des Dichters, Saturn sein Gestirn und sein Gott. »Die neuen Götter haben den Herrlichen vom hohen Thron der Wissenschaft hinabgestürzt. In das heilige Dunkel der Phantasie ist er zurückgewichen, da lebt und haust er nun mit den andern Titanen in ehrwürdiger Verbannung. Haltet ihn hier! Im Gesang der Musen schmelze seine Erinnerung an die alte Herrschaft in eine leise Sehnsucht«, heißt es in Friedrich Schlegels *Gespräch über die Poesie*. Saturn, lesen wir im *Tod eines*

Kritikers, »ist zwar in jeden Schmutz und Abgrund gestoßen, aber er bleibt in jedem Dreck, in den er geworfen wird, der Großvater Apolls. Saturn ist die Zeit vor der Zeit. Und nach ihr.« Vielleicht ist das eine Anspielung auf Hölderlins Ode *Natur und Kunst oder Saturn und Jupiter.* (Keinen Autor kennt Martin Walser besser als Hölderlin!) Auch da erscheint Saturn als Gott vor der Zeit. Jupiter hingegen ist »wie wir, ein Sohn der Zeit«. Als Gott »der heiligen Dämmerung« ist Saturn besonders dem Dichter nahe. Und dieser ist es nun, der Jupiter anklagt, daß er Saturn in den Tartaros hinabgestürzt hat. Wie Walser Apoll, so erinnert Hölderlin Jupiter daran, daß er von Saturn abstammt, was er ihm zu danken hat: »Herab denn oder schäme des Danks dich nicht! / Und willst du bleiben, diene dem Älteren, / Und gönn es ihm, daß ihn vor allen, / Göttern und Menschen, der Sänger nenne!«

Der *Jupitersymphonie* um Ehrl-König läßt Martin Walser in seinem Roman die *Tragische Symphonie* um Michael Landolf, Hans Lach und Mani Mani entgegenklingen. »Saturnische Kunst« ist das Faszinosum für Michael Landolf alias Hans Lach. Die Welt Ehrl-Königs aber ist »das Antisaturnische schlechthin« – Literaturkritik als Unterhaltungsindustrie. »Vom Erhabenen zum Lächerlichen ist nur ein Schritt«, sagte Napoleon. Es gilt auch das Umgekehrte – in diesem Roman, der ständig zwischen Tragik und Komik, zwischen Scherz, Satire und meta-komischer Bedeutung changiert. Friedrich Theodor Vischer hat in seinem erwähnten Traktat das ständige – für einen Hegelianer natürlich dialektische – wechselseitige Umschlagen des Erhabenen und Lächerlichen eingehend analysiert. Das Komische entstehe durch »Paralysierung« des Erhabenen. Die wahrhaft großen Dichter des Komischen seien auch die des Erhabenen gewesen und umgekehrt, wie sich an den Beispielen Shakespeares und Cervantes' zeige, bei denen beides sich in ein und demselben Werke verbinde. Auch in dieser Hinsicht gilt das Motto von Walsers Roman: »Quod est superius est sicut inferius.«

Postludium in eigener Sache

Der vorliegende Aufsatz ist – erheblich erweitert und verändert – aus zwei Artikeln über Martin Walsers *Tod eines Kritikers* hervorgegangen, die am 28.6.2002 in *Financial Times Deutschland* und am 1.7.2002 im *Focus* erschienen. Der letzte Artikel – eine Rezension, die sich um eine Versachlichung der überhitzten Debatte über den schon vor seinem Erscheinen befehdeten Roman bemühte, wobei sie sich von Frank Schirrmachers offenem Brief an Martin Walser vom 29.5.2002 entschieden distanzierte, polemische Töne jedoch betont vermied – hatte eine für das herrschende intellektuelle Klima bezeichnende Wirkung. Die Feuilleton- und Literatur-Redaktion der F.A.Z. kündigte mir einige Wochen später in zwei Briefen die seit fast einem Vierteljahrhundert bestehende Mitarbeit auf und lehnte es überdies ab, eine Reihe von vertraglich vereinbarten und abgelieferten Artikeln von mir – einer davon noch nach dem Erscheinen des *Focus*-Artikels in Auftrag gegeben – zu drucken. (Sie sind inzwischen sämtlich von führenden philosophischen, literatur- und musikwissenschaftlichen Fachzeitschriften übernommen worden.) Statt dessen wurde ich mit einem dürftigen »Ausfallhonorar« abgespeist, das üblich ist, wenn ein Artikel aus zwingenden redaktionellen Gründen nicht gedruckt werden kann, aber nicht zur rückwirkenden Maßregelung eines zur *persona non grata* erklärten Mitarbeiters gedacht ist. Briefe von mir an die Redaktion und an die fünf Herausgeber, in denen ich mein Verhalten im ›Fall Walser‹ zu rechtfertigen suchte und die F.A.Z. meiner Mitarbeiter-Loyalität versicherte, wurden nicht beantwortet.

Prof. Dr. Dieter Borchmeyer lehrt Neuere deutsche Literatur und Theaterwissenschaft an der Universität Heidelberg.

HORST-JÜRGEN GERIGK

Von der Anstößigkeit eines Walser-Traums
Notizen zum *Tod eines Kritikers*

Gustav Radbruch hat einmal darauf aufmerksam gemacht, daß jede Wissenschaft ihren Ernstfall hat. Der Ernstfall in der Rechtswissenschaft ist die Rechtsprechung im einzelnen Fall: das Urteil des Richters. Der Ernstfall in der medizinischen Wissenschaft ist die Heilung des Kranken: die Heilung dieses einen Patienten – hier und jetzt. Über die Literaturwissenschaft hat sich Gustav Radbruch nicht geäußert. Deshalb müssen wir nun fragen: Worin besteht der Ernstfall in der Literaturwissenschaft? Antwort: In der Interpretation eines einzelnen Textes: hier und jetzt. Ich denke, diese Antwort wird niemand in Zweifel ziehen. Nur: Was heißt Interpretation?

Sieht man sich die bisherigen Presse-Echos an, die Martin Walsers Roman *Tod eines Kritikers* ausgelöst hat, so mag sich auf den ersten Blick der Eindruck einstellen, als habe jeder, der sich in dieser Sache äußert, seinen eigenen Begriff von Interpretation, ja, als sei Interpretation nichts anderes als die Sammelbezeichnung für die Verbalisierung dessen, was jemandem beim Stichwort »Tod eines Kritikers« durch den Kopf geht.

So betont ein Rezensent, noch bevor er Stellung nimmt, daß er sowohl Martin Walser als auch Marcel Reich-Ranicki duze. Ein anderer Kritiker pocht darauf, Martin

Walser habe bereits als junges Mitglied der Gruppe 47 einen latenten Antisemitismus bekundet, indem er sich den Anliegen Marcel Reich-Ranickis, der seit 1958 als Kritiker zu den Tagungen der Gruppe eingeladen war, programmatisch widersetzte. Wieder ein anderer besteht darauf, Martin Walser könne gar kein Antisemit sein, denn er habe ja 1989 die Tagebücher des jüdischen Romanisten Victor Klemperer in der Sächsischen Landesbibliothek in Dresden aufgespürt und zudem 1995 in seinem Münchener Vortrag über diese Tagebücher ein »deutsch-jüdisches Gedeihen in Gegenwart und Zukunft« ersehnt. Noch ein anderer schreibt, Martin Walsers bisheriges Werk sei nicht von antisemitischen Topoi geprägt, sein neuestes Produkt aber sei dennoch ein antisemitisches Buch. Literaturwissenschaftliche Einschätzungen des Romans sind bislang selten, kommen, so möchte ich sagen, nicht richtig zu Atem, weil sie sich von vornherein in das Parallelogramm der polemischen Kräfte im Aufruhr um Martin Walser verspannt sehen. Der immanente Zwang zur Replik hat offenbar die poetologische Besinnung angesichts des *Todes eines Kritikers* gedrosselt. Zudem ist festzustellen: Wo Martin Walser als moralische Person in Zweifel gezogen wird, ist die Bereitschaft da, seinen Roman ästhetisch abzuwerten. Ästhetisch anerkennende Worte wiederum finden sich nur da, wo zuvor die moralische Integrität Martin Walsers zweifelsfrei beurkundet wurde.

Es zeigt sich nun etwas Überraschendes. So verschieden die Stellungnahmen zu Martin Walsers neuem Roman aussehen, sie haben alle ein gemeinsames Kennzeichen. Immer wird die Person des Autors ins Spiel gebracht, sein Leben und seine Ansichten, das Leben dieses Martin Walser, der am 24. März 1927 in Wasserburg am Bodensee geboren wurde, 1946 bis 1951 Literatur, Philosophie und Geschichte in Tübingen studierte *et cetera, et cetera*. Durchgehend wird auf sein Leben zurückgegriffen, um zu einer richtigen Einschätzung des *Todes eines Kritikers* zu gelangen – und dies, um dem Autor nicht Intentionen anzudichten, die er gar nicht gehabt hatte, oder um Intentionen aufzudecken, die er tatsächlich hatte.

Das ist, methodisch gesehen, das hermeneutische Prinzip Friedrich Schleiermachers – nämlich psychologisches Interpretieren. Nach Schleiermacher muß das einzelne Werk, um verstanden zu werden, als »Tat seines Urhebers« begriffen werden. Als solche Tat bildet es mit dessen anderen Taten das »Ganze seines Lebens«. Um dem Autor nicht »Intentionen anzudichten, die ihm nicht in den Sinn gekommen sind«, muß alle adäquate Deutung das Wissen von den Lebensumständen der Autoren zum Fundament haben, um, so Schleiermacher wörtlich, »durch die eigentümliche Art, wie sich ihr Gemüt ausbildete, auch ihre Werke zu erleuchten«. Das einzelne Werk trage immer die Perspektive eines bestimmten Lebensmomentes seines Verfassers in sich. Es kann zum Beispiel »nur durch besondere Umstände veranlaßt« sein oder in den »ganzen Gang der geistigen Tätigkeit seines Urhebers« gehören oder »aus einem aufgeregten Verhältnis als Streitschrift hervorgegangen sein«. Die Fremdheit des anderen Ich soll im Nachvollzug seines Lebens und seines Werks so weit wie möglich überwunden werden. Angemessener Zugang zum einzelnen Text ist also nur durch einfühlsame Erschließung der Individualität seines Verfassers zu gewinnen.

Das scheint plausibel und ist offensichtlich die am meisten verbreitete Art von Werkinterpretation überhaupt.

Und doch hat Hans-Georg Gadamer in *Wahrheit und Methode* (1960) das Prinzip der psychologischen Interpretation Friedrich Schleiermachers rigoros zurückgewiesen. Mit der Begründung nämlich: die psychologische Interpretation eines Textes relativiere dessen Wahrheitsanspruch, weil sie das, was der Text sagt, aus der Lebenssituation des Verfassers »erklärt«. Konkret gesprochen: Martin Walser hat die Gestalt des Kritikers André Ehrl-König nur deshalb so negativ gezeichnet, weil er sich an Marcel Reich-Ranicki rächen wollte, der ihm die Gabe der »poetischen Imagination« abgesprochen hat und dies mit immer wieder neuen Worten wiederholt. Also ist *Tod eines Kritikers* nichts anderes als Rache – deshalb erklärbar und verständlich, ob entschuldbar oder nicht, bleibt sich gleich. Wesentlich nur, daß wir genug wissen, um Walsers Reaktion nachfühlen zu können. Das, was »dasteht«, wird auf diese Weise »psychologisiert«, d. h. verstanden in Relation auf jemanden, der sich geärgert hat.

Um jedoch den Roman in seinem Wahrheitsanspruch nicht zu »relativieren«, ist eine vollkommen andere Einstellung nötig. Es geht jetzt darum, die gestaltete Sache von der Person des Autors, der sich abreagiert, vollständig zu lösen. Die Künstlerpersönlichkeit ist völlig beiseite zu lassen, damit die Eigentümlichkeit der gestalteten Sache in ihrem Wahrheitsanspruch zur Geltung kommt. »Nicht das *N. N. fecit* soll bekanntgegeben, sondern das einfache *factum est* soll im Werk ins Offene gehalten werden«, – so Martin Heidegger in seinen Ausführungen über den *Ursprung des Kunstwerkes*. Ja, in äußerster Provokation traditioneller Hermeneutik kann Heidegger sagen: »Dort, wo der Künstler und der Vorgang und die Umstände der Entstehung des Werkes unbekannt bleiben, tritt dieser Stoß, dieses ›Daß‹ des Geschaffenseins am reinsten aus dem Werk hervor.«

Und damit komme ich zur Sache, nämlich zur gestalteten Sache im Roman *Tod eines Kritikers*. Der Name des Autors bezeichnet jetzt nicht mehr jenen Martin Walser, der 1927 in Wasserburg am Bodensee geboren wurde, sondern die künstlerische Intelligenz, die eine zu gestaltende Sache ins Werk gesetzt und damit der Eigentümlichkeit dieser Sache gehorcht hat.

Tod eines Kritikers ist eine Ich-Erzählung, wobei dieser Begriff formal und substantiell zu hören ist, denn allumfassendes Thema ist das Ich des Erzählers, über das dieser in der Ich-Form erzählt. »Jeder Roman ist die Geschichte eines Selbstbewußtseins. Jeder Roman erzählt, wie zu der Zeit, als der Autor diesen Roman schrieb, Selbstbewußtsein erkämpft oder verteidigt oder fingiert werden mußte« – so lautet Martin Walsers Selbstcharakteristik als künstlerische Intelligenz in seinen Frankfurter Vorlesungen von 1982. Im *Tod eines Kritikers* schreibt der Ich-Erzähler Michael Landolf an einem Buch »Von Seuse zu Nietzsche«. Damit wird der Rahmen abgesteckt, innerhalb dessen die Reflexionen über die anthropologische Prämisse der Welt des Romans stattfinden. Heinrich Seuse, geboren 1295 (?) in Konstanz (oder Überlingen), starb 1366 in Ulm. Friedrich Nietzsche, geboren 1844 in Röcken bei Lützen, starb 1900 in Weimar. Beide Autoren sind mit längeren Zitaten im *Tod eines Kritikers* präsent. Seuse unter anderem mit einer Predigt, aus der der Ich-Erzähler »ein Stück in heutiger Sprache« nachschreibt. Diese Predigt gibt das Zwiegespräch eines Menschen mit sich selber wieder. Er tadelt sich selbst: »[...] was dir nicht paßt, erschreckt dich; begegnest du einem, der gegen dich ist, wirst du leichenblaß; sollst du eingreifen, haust du ab; sollst du dich zeigen als der, der du bist, verheimlichst du dich; lobt man dich, lachst du; gescholten, wirst du traurig. Also wirklich, dir fehlt es an der rechten Bildung.« Und er fragt sich: »Wann endlich werde ich einmal ein gelassener Mensch sein.«

Man beachte, daß gleich auf der ersten Seite der Ich-Erzähler sein »Themengelände« benennt: »Mystik, Kabbala, Alchemie, Rosenkreuzertum«. Und dann heißt es, in die deutsche Sprache sei der »persönliche Ton nicht erst durch Goethe« gekommen, von dem Nietzsche gierig profitiert habe, sondern »schon durch Seuse, Eckart und Böhme«. Ja, die Mystiker hatten ihre »Ichwichtigkeit« schon so deftig erlebt wie »Goethe und nach ihm Nietzsche«. Nur seien sie, die Mystiker, »glücklich und unglücklich« nicht mit »Mädchen, Männern und Frauen« gewesen: sondern »mit Gott«. Dem soeben von mir verkürzt eingebrachten Seuse-Zitat entspricht ein Nietzsche-Zitat aus dessen Schrift *Morgenröte*, das dem letzten Kapitel des Romans als Motto vorangestellt ist: »Diese meinen, die Wirklichkeit sei häßlich: aber daran denken sie nicht, daß die Erkenntnis auch der häßlichsten Wirklichkeit schön ist« (*Morgenröte*, 5. Buch, Aphorismus 550). In diesem letzten Kapitel stellt der Ich-Erzähler Überlegungen zu seinem in Entstehung begriffenen Buch »Von Seuse zu Nietzsche« an, das, wie er vermerkt, die »Ich-Strecke« von Seuse zu Nietzsche beschreiben solle. Mit Nietzsche sei zum ersten Mal das an sich selber denkende Ich im Selbstgespräch, d.h. im Zwiegespräch mit sich selbst, zu seinem Recht gekommen. Wörtlich über Nietzsche: »Was am meisten Herrschaft beanspruchte, wurde am gründlichsten außer Kraft gesetzt: Gott«. Nietzsche habe, »was er zu wissen kriegte [...], auf sich angewendet. Getestet im Selbstversuch. [...] Keine einzige Einzelheit aus den geschichtlichen Zulieferungen überlebte diesen Test unbeschädigt. [...] Was mir nicht hilft, erkenne ich nicht an«. So Walsers Ich-Erzähler über Nietzsche. Man beachte diese Rückkehr des letzten Kapitels zu den Überlegungen des ersten Kapitels. Und dieser Rahmen des Ganzen, man könnte auch sagen: die Folie des Ganzen, die »Ich-Strecke von Seuse zu Nietzsche« erhält nun durch das Motto, das dem Roman vorangestellt wird, ein ganz spezifisches Licht. Das Motto lautet: »Quod est / superius/ est sicut / inferius«. Zu deutsch: was oben ist, ist wie das, was unten ist. Solcher Spruch kann auf das menschliche Streben bezogen werden, auf den sozialen Ort, den sich ein Mensch erringen mag. Ebensogut aber kann der Spruch textualiter verstanden werden, und dann bedeutet er: der Literalsinn (was oben ist), d. h. die buchstäbliche Bedeutung des Textes, ist identisch mit der übertragenen Bedeutung des Textes, dem Subtext, der Allegorie. Das Motto hat durch sein Arrangement etwas von einem magischen Quadrat, von einer Alchemie der Wörter. Es stammt aus der *Tabula smaragdina* des Hermes Trismegistus. Vielleicht besagt es auch: Was oben gesagt wurde, ist wie das, was weiter unten gesagt wird ...

Es dürfte jetzt schon deutlich sein, daß *Tod eines Kritikers* von einem *poeta doctus* verfaßt wurde. Zum Anspielungshorizont gehören neben den bereits genannten Autoren Heinrich Seuse, Meister Eckart, Jakob Böhme, Goethe und Nietzsche des weiteren: Dostojewski, Tolstoi, Turgenjew, Tschechow, Solschenizyn, William Blake, Philip Roth, Norman Mailer, Flaubert, Fontane, Shakespeare, Cervantes, Dario Fo, Hans Magnus Enzensberger, Lessing, Hölderlin, Heinrich Heine, Thomas Mann, Kafka, Rolf Hochhuth, Else Lasker-Schüler, Stefan George – und an

Komponisten: Händel, Mozart, Schumann, Richard Wagner, Bartók, Richard Strauss, Chatschaturian, Dallapiccola. Die Aufzählung mag genügen. Sie ist nicht komplett. All diese auratischen Namen werden in unterschiedlicher Funktion eingesetzt. Die Säulen der Konstruktion sind Heinrich Seuse und Friedrich Nietzsche.

Jetzt ein Beispiel zur Erläuterung der anthropologischen Prämisse aus dem letzten Kapitel des Zweiten Teils: »Ich spazierte durch das Viertel, das der Föhn inzwischen ganz getrocknet hatte. Ich bog in die Böcklin ein. Frau Lach übte Bartók. Offenbar konnte sie nicht zugeben, daß diese beiden Elegien für sie unerreichbar bleiben konnten. Aber wer kann schon zugeben, daß er, was ihm lebenswichtig ist, nicht erreichen kann? Es gab immer wieder Takte vollkommenen Ausdrucks. Dann blieb wieder die linke Hand hängen. Wurde wiederholt. Blieb wieder hängen. Wurde ohne die Rechte geübt. Das durfte eigentlich gar nicht sein. [...] Ein-, zweimal hatte ich ihr Arpeggieren am liebsten mit Händeklatschen gefeiert. Verlangt wird von uns *ad libitum*. Poco a poco più grave«. In diesem Absatz ist die Sinnbewegung des Romans in ihrer Makrostruktur wie in ihren Mikrostrukturen enthalten: das Bemühen des Menschen um Vollkommenheit in der Ausübung dessen, was ihm lebenswichtig ist, und die Unfähigkeit, diese Vollkommenheit zu erreichen. Es handelt sich hier um die zwei Elegien für Klavier von Bartók, op. 8 B, entstanden 1908 und 1909, erschienen 1910.

Und noch ein Textbeispiel, um die Variation des Grundschemas deutlich zu machen. Wir befinden uns in der Haar-Klinik in Bayern, genau gesagt: im Irrenhaus. Einer der Patienten hat folgendes auf Tonband gesprochen; er ist ein fünfzigjähriges Kind, unerwachsen bis zum Tod. Seine Innenwelt will Gegenwelt sein zur agonalen Außenwelt der anderen Personen. »Die Psychose blüht und blüht und klingt nicht ab. Er leidet und er weigert sich, sich helfen zu lassen«. Hier ein Ausschnitt aus seinem unendlichen Monolog: »Dostojewski, schoß es mir durch den Kopf. Außer Dostojewski ist alles Mist. Sogar Tolstoi ist nur einer, der vierspännig fährt und alle Tricks beherrscht. Dostojewski beherrscht nichts. Wenn Dostojewski mein Psychiater wäre, wäre ich sofort gesund. Verließe Haar mit Dostojewski: Per S-Bahn. Und wir setzten uns in den Augustiner-Garten dicht am Haus, mit Blick über alle Tische und Bänke und Leute, äßen Weißwürste. Jeder zwei Paar. Mit süßem Senf. Und Brezeln. Dostojewski liebt nichts so sehr wie süßen Senf mit Weißwürsten und Brezeln. Plus Bier aus den riesigen Gläsern. Wir würden fröhlich hinschauen über all die Trinkenden, Schmausenden, Brüderlichschwesterlichen. Fröhlich aber stumm. Bloß nichts sagen jetzt. Dostojewski nickt. Meiden die Sprache, die Verführerin schlechthin. Wenn ich wieder lese, heißt das, ich setze die Dostojewski-Lektüre fort. *Der Idiot.* Myschkin will mein Bruder sein.« Dieser Geisteskranke, der von einem »stellvertretenden Selbstmord« träumt, kommt vom agonalen Prinzip nicht los, deshalb hat er die Wunschvorstellung »Myschkin will mein Bruder sein«, denn Dostojewskis »Idiot« hat das agonale Prinzip überwunden. Der Geisteskranke tut den paradoxen Ausspruch: »Ich bin nicht zu sprechen für mich. Aber für jeden anderen schon«.

Auf dem Hintergrund des Zwiegesprächs des Menschen mit sich selber, das Walser ja für Seuse und Nietzsche geltend macht, bekommt diese paradoxe Äußerung aber einen eindeutigen Sinn: als Kennzeichnung des Zustands wesentlicher Störung. Die psychiatrische Forschung weiß, daß die Unfähigkeit eines Menschen zum Dialog mit sich selber einen Seelenschaden bedeutet.

Mit dem soeben vorgeführten Zitat stoßen wir gleichzeitig auf die unabweisliche Komik des Romans. Sie steckt nicht nur in den Details, sondern ja auch und gerade in der Hauptlinie der Handlung. Wir haben es mit einer Mordgeschichte ohne Leiche zu tun. Die gespannte Erwartung des Lesers löst sich am Ende in nichts auf. Der Tod des Kritikers André Ehrl-König hat nicht stattgefunden. Damit erfüllt die Hauptlinie der Handlung Immanuel Kants klassische Definition des Lachens: »Das Lachen ist ein Affekt aus der plötzlichen Verwandlung einer gespannten Erwartung in nichts« (*Kritik der Urteilskraft*, § 54, Anmerkung). *Tod eines Kritikers* ist ein komischer Roman eigener Art. »Eigener Art« – weil die literarische Entwicklung des 20. Jahrhunderts den empirischen Menschen im Unterschied zum intelligiblen Menschen zur Herrschaft bringt und die Tragödie im klassischen Sinne unmöglich werden läßt. Man denke an Joyces *Ulysses* und an das Bühnenwerk Samuel Becketts. Wenn es im *Tod eines Kritikers* heißt, die roten Ränder an Cosi von Syrgensteins Nase seien nicht vom Nasenbohren rot, sondern von den »knetenden Fingern« des Meisters Ehrl-König, so ist das komisch. Und es gehört seit eh und je zur Komödie, den empiririschen Menschen vors Auge zu rücken: bis ins Degoutante – einen Ehrl-König, der beim Sprechen mit seinem Speichel ejakuliert und Lessing wie Kaugummi im Munde führt. Lachen verboten? Gewiß nicht. »Ehrl-König ist der Held der Komödie«, vermerkt Dieter Borchmeyer und trifft damit den Kern der Sache: dieser Großkritiker ist in der Tat eine »Eulenspiegel-Gestalt, die ewige komische Figur, die nicht umzubringen ist, was auch immer ihr widerfährt« (*Financial Times Deutschland*, 28.6.2002).

Die Feuilletonisten der *Frankfurter Allgemeinen* aber sind zweifellos die anständigsten Menschen der Welt – humorlos wie Kirchenväter. Ja, verglichen mit Frank Schirrmacher und Jan Philipp Reemtsma, ist Mutter Teresa die reinste Lolita. Norbert Groeben hat in seinen Schriften zur Literaturpsychologie darauf hingewiesen, daß es den Typus des lesenden Analphabeten tatsächlich gibt. Und wenn heute die Zeichen nicht trügen, so wird von diesen lesenden Analphabeten alsbald ein Immoralismus-Prozeß gegen die Literatur unserer Gegenwart in Gang gesetzt, wie ihn Klaus Heitmann in seiner Monographie über Baudelaire und Flaubert auf der Anklagebank im Detail beschrieben hat.

Doch ich will mich nicht ablenken lassen. Was ist denn überhaupt der dargestellte Gegenstand im *Tod eines Kritikers*? Antwort: das literarische Feld im Sinne des unlängst verstorbenen französischen Soziologen Pierre Bourdieu (*Le Champ littéraire*, 1991). Produzieren und Konsumieren von Literatur werden von Bourdieu als gesellschaftliches Handeln zu einer Soziologie des literarischen Felds zusammengeführt, das wiederum in das Feld der Macht eingelagert ist. Das Feld der Macht hat seine Realität in ökonomischen und politischen Kräften. Das literarische Feld wird zwar versuchen, seine Selbständigkeit gegenüber dem Feld der Macht zu wahren, kann dies aber grundsätzlich nicht. Der literarische Text wird im literarischen Feld, das in das Feld der Macht eingelagert ist, zum Symptom von Interessenlagen. Der literarische Wert eines Textes spielt keine Rolle, nur sein Kurswert. Bourdieu wörtlich: »Der Versuch, eine unmittelbare Beziehung zwischen dem Werk und der Gruppe festzustellen, die den Produzenten hervorgebracht hat oder seine Produkte konsumiert, ist vergeblich.« Der »Feldeffekt«

bestehe vielmehr darin, daß zwischen den Produzenten und den Konsumenten von Literatur eine »ganze soziale Welt« entstehe, die »die Bedeutung von Zwängen und Anforderungen neu festlegt«, d. h. den Kurswert eines literarischen Textes bestimmt.

Tod eines Kritikers gestaltet in seinem Zentrum das literarische Feld, eingelagert ins Feld der Macht. Bourdieus Überlegungen sind, wie mir scheint, äußerst hilfreich, um die präzise und treffsichere Entfaltung der Eigentümlichkeit der zu gestaltenden Sache zu erkennen. Der Roman macht die Evokation des literarischen Felds an der Konfrontation des Literaturkritikers mit dem von diesem negativ rezensierten Autor fest. André Ehrl-König ist im wörtlichsten Sinne die Inkarnation der Schaltstelle zwischen dem Produzenten und dem Konsumenten von Literatur. Und, zeitgemäß, ist diese Schaltstelle eine regelmäßige Fernsehsendung: sie heißt im Roman »Die Sprechstunde«, denn es wird ja, wie in einer ärztlichen Sprechstunde über Wohl und Wehe des Patienten, über Wohl und Wehe des Autors entschieden. Die Entscheidungen dieser Sprechstunden entscheiden über den psychosomatischen Zustand des Autors, was der Roman in seiner Hauptsache veranschaulicht.

Bezeichnend ist folgende Feststellung über das Fernsehen und André Ehrl-König: »Das Fernsehen verfälscht alles. Außer Ehrl-König. Den hat das Fernsehen förmlich zu sich selbst gebracht.« Das heißt: Der Erfolg dieses Kritikers besteht darin, daß er nur noch das ist, was die Schaltstelle im literarischen Feld aus ihm macht: eine »Fernseh-Larve«, eine »Marionette der Egomanie«. Er ist mit einem Wort der »Großkasper« – »halb Heiliger Franziskus, halb Dracula«. Eine Substanz des Individuums ist nicht da. Er hat kein Privatleben. Das Private ist seine Sache nicht. Als er einst aus Frankreich nach Deutschland kam, war er »Monsieur Nichts« aus Lothringen. Jetzt ist er der Herr der Öffentlichkeit des literarischen Felds. Das aber um den Preis seiner Seele. In Abwandlung eines Faßbinder-Zitats könnte man sagen: Fernsehen essen Seele auf.

Im Grundsätzlichen heißt das: Wer sich dem Moloch »Öffentlichkeit« ausliefert, konkret gesprochen: dem literarischen Feld, wird, wenn er Erfolg hat, in die totale Selbstentfremdung getrieben. Wenn er aber keinen Erfolg hat, landet er im Ressentiment. Dieser Typus tritt uns in der Gestalt des Schriftstellers Hans Lach entgegen. Er heißt Lach, weil er nichts zu lachen hat, und das ist komisch. Von der Schaltstelle des literarischen Felds wird er ähnlich wie Bernt Streiff zum »Mißerfolgreichen« abgestempelt (eine der zahlreichen suggestiven Prägungen Walsers). Resultat: Mordphantasien.

Friedrich Nietzsche hat der Genese des Ressentiments bekanntlich seine ganz besondere Aufmerksamkeit gewidmet. Er vermerkt, das Ressentiment, d. h. der geheime Groll, werde in solchen Wesen schöpferisch, »denen die eigentliche Reaktion, die der Tat, versagt ist, die sich durch eine imaginäre Rache schadlos halten«. Dem »Braukessel ungesättigten Hasses« entsteigt das »Giftauge« des Ressentiments.

Die antisemitischen Klischees, mit denen der »Großkasper« André Ehrl-König charakterisiert wird, werden im Text selber als Resultate einer antiquierten Ideologie gekennzeichnet. An der Spitze der angebliche Ausspruch des verrissenen Schriftstellers Hans Lach »Ab heute nacht Null Uhr wird zurückgeschlagen«, der explizit als »Hitler-Variation« bezeichnet wird. Allerdings wird lediglich berichtet, der Schriftsteller habe diesen Satz gegenüber seinem Kritiker als Drohung geäußert. Ein Augenzeuge sagt, er habe diesen Satz nicht gehört. Es darf also nicht übersehen werden, daß Walser in diesem Roman gezielt mit dem von E.T.A. Hoffmann, Dostojewski und Faulkner oftmals praktizierten Verfahren arbeitet, eine, wie ich sagen möchte, »Wirklichkeit auf Widerruf« herzustellen. Das Medium der Kommunikation im literarischen Feld ist ja schließlich das Gerede. Als Tatsache bleibt lediglich übrig, daß der Schriftsteller zu Unrecht wegen Ermordung seines Kritikers verhaftet wird, sich aber im Zwiegespräch mit sich selber zu dem ihm unterstellten Mord bekennt, ja sogar ein Geständnis ablegt, mit dem er diesen Mord gleichsam adoptiert, solche Adoption aber nicht aushält und deswegen ein derart sonderbares Verhalten an den Tag legt, daß er »als psychotischer Psychiatriepatient in der forensischen Abteilung in Haar untergebracht« wird. Dort widerruft er schließlich das Geständnis, seinen Kritiker ermordet zu haben.

Der Ich-Erzähler zeichnet die Sicht des Schriftstellers nach, in dessen Ressentiment er sich nicht nur einfühlt. Ja, er identifiziert sich zum Schluß mit ihm, behauptet sogar, er sei Hans Lach. Deutlicher kann der Autor Walser gar nicht werden, um den gesamten Roman als Darstellung von Subjektivität zu kennzeichnen. Nirgends eine auktoriale Äußerung. Anders ausgedrückt: Der Roman *Tod eines Kritikers* ist nicht nur kein antisemitisches Buch, er demonstriert im Gegenteil die Geburt antisemitischer Klischees aus dem Geist des Ressentiments. Die Presse als »Meinungsbörse« nutzt dies wiederum auf ihre Weise. In solcher Kritik an der Waffenschmiede des literarischen Felds hat aber der Roman gar nicht sein letztes Ziel, sondern vielmehr in der Kritik am gegenwärtigen Weltzustand, der sich dem Moloch des öffentlichen Erfolgs verschrieben hat und das Zwiegespräch des Menschen mit sich selber gefährdet oder sogar ganz unmöglich macht. Mit der Darstellung des »Giftauges« des Ressentiments, d. h. mit der Darstellung des Blicks des Verlierers Hans Lach auf den ewigen Sieger André Ehrl-König übt der Roman seine tiefste Faszination auf den Leser aus. Ein Walser-Traum vom Wunsch des Erfolglosen, ein Verbrecher zu sein, geträumt *pro domo* für alle, die den Schriftsteller-Beruf ausüben. Deshalb lautet die Widmung: »Für die, die meine Kollegen sind«. Für die gestaltete Sache ist es vollkommen unerheblich, daß es einen Marcel Reich-Ranicki jemals gegeben hat. Seine empirische Existenz kann höchstens für die hier zu beobachtende Psychologie des literarischen Schaffens von Interesse sein. Diese Überlegung gilt auch für die Verarbeitung aller anderen empirischen Vorgaben in diesem Roman.

Der letzte Satz des Romans ist identisch mit dem ersten Satz des Romans: »Da man von mir, was zu schreiben ich mich jetzt veranlaßt fühle, nicht erwartet, muß ich wohl mitteilen, warum ich mich einmische in ein Geschehen, das auch ohne meine Einmischung schon öffentlich genug geworden zu sein scheint«. Das heißt nichts anderes, als daß sich der Leser animiert sieht, den Roman nicht nur einmal zu lesen. Und das ist auch erforderlich, denn das Erzählte ist so komplex, daß es, um erfaßt zu werden, eine intensive Analyse nötig macht. Soweit ich sehe, haben Vladimir Nabokovs Doppelgängergeschichte *Verzweiflung* wie auch Friedrich Dürrenmatts Kriminalroman *Justiz* Walser zur Ausrichtung des eigenen Vorgehens gedient. Aber das bleibt typologische Vermutung. Es geht jedoch nicht an, Verfahren zu benennen, um eine Summe von Kunstgriffen zu inventarisieren. Das wäre reiner Formalismus. Es geht darum, die Erzählverfahren in ihrer Funktion hier und jetzt für das Gemeinte zu erfassen.

So setzt Walser seinen Ich-Erzähler zwar als Chronisten des Geschehens ein, das auf konventionelle Weise chronologisch dargeboten wird; aber dieser Chronist läßt immer wieder andere Erzähler zu Wort kommen: der Roman wimmelt von solchen Einlegearbeiten. Immer wieder wird aus Hans Lachs Roman »Der Wunsch, Verbrecher zu sein« zitiert sowie aus dessen Notizen, ja sogar aus dessen Tonband-Monologen im Irrenhaus, die der Ich-Erzähler niederschreibt. Das Zitieren der Rede des Anderen ist für diesen Ich-Erzähler das Eintauchen in eine andere, erborgte Identität. Und so müssen auch die Zitate aus den Schriften Heinrich Seuses verstanden werden. Keine Gestalt des Romans kommt in der Identität, die sie in ihrer sozialen Rolle hat, zur Ruhe. Jeder will auch noch ein anderer sein. Jede Begegnung mit dem Anderen, sei es in der Realität, am Telephon, per Tonband oder durch schriftliches Zeugnis aus vergangener Zeit wird als Möglichkeit erfahren, das eigene Ich zu delegieren. Die Beziehung Hans Lachs zu Mani Mani ist dafür besonders typisch. Der Ich-Erzähler wiederum versetzt sich nicht nur in Seuse und Nietzsche, sondern wird schließlich zu Hans Lach: eine Irritation für den Leser, die sich nicht ohne weiteres auflösen läßt, es sei denn, man sieht darin ein emphatisches Bekenntnis zur Identität eines Anderen.

So bringt also das Erzählen dieses Erzählers als Technik der Darbietung das Ungenügen an der eigenen Rollenidentität auf exemplarische Weise zum Ausdruck. Einzige Ausnahme: die Titelfigur André Ehrl-König. Er geht ganz in dem auf, was er tatsächlich ist. Er ist als »Großkasper« ganz bei sich selbst, denn er hat sein Selbst verloren, ist nur noch das, was seine Rolle von ihm verlangt, und wird dadurch zur ewigen »Fernseh-Larve«.

Walsers Ich-Erzähler sieht sich ringsum in Tradition

und Gegenwart von lebendigen Warnungen vor dem Selbstverlust umgeben. Diese Warnungen authentisch einzubringen, ergibt die Technik der Darstellung. Bezeichnend ist, daß der maßgebliche Auftritt des Kritikers in der für Hans Lach schicksalhaften »Sprechstunde« als Beschreibung einer Video-Kopie präsentiert wird: »Ich hatte mir natürlich inzwischen eine Kassette besorgt und die Ehrl-König-Sendung nicht nur einmal, sondern täglich einmal angesehen. Ich habe das Auftritts-Zeremoniell studiert«. Der Kritiker ist nur »gesendet« wahrhaft da: das leere Zentrum des literarischen Feldes.

Für die Wiedergabe wörtlicher Rede entwickelt Walser eine besondere Technik, die ganz offensichtlich an Kleists Anekdoten geschult ist. Doch genug davon. Über solchen Details darf nicht vergessen werden, daß Martin Walsers Roman eine seit eh und je erprobte Mixtur aktualisiert: Verbrechen, Sexualität, Geisteskrankheit, Religion, Politik und – alles durchdringend – Komik, wobei das Giftauge des Ressentiments die Zentralperspektive beherrscht. Die Rechnung ging auf. Der Bestseller ist da.

Der vorliegende Beitrag geht auf einen Vortrag zurück, den der Verfasser am 7. Juli 2002 vor der *Literarischen Gesellschaft Palais Boisserée* im Max-Weber-Haus zu Heidelberg gehalten hat.

Prof. Dr. Horst-Jürgen Gerigk lehrt Russische Literatur und Allgemeine Literaturwissenschaft an der Universität Heidelberg.

MANFRED FUHRMANN

Können wir noch Satiren ertragen?
Martin Walsers *Tod eines Kritikers*
und ein Blick zurück auf die Personalsatire
von Aristophanes bis Goethe

1.

Kein Geringerer als Sokrates mußte, als er schon ein berühmter Mann war, argen Spott erdulden: in den *Wolken*, einer Komödie des Aristophanes, die im Jahre 423 v. Chr. in Athen aufgeführt wurde. Das Stück stellt ein fiktives Geschehen dar: ein Bauer hat sich durch eine ehrgeizige Heirat übernommen; er wendet sich, um Schulden loszuwerden, an einen Repräsentanten der Sophistik, der neuen Rechtsverdrehungs- und Redekunst. Da er selbst die Lehren, die er dort empfängt, nicht zu begreifen vermag, schickt er seinen Sohn, und der begreift nur allzu gut, worauf es ankommt – er wendet die neue Technik, alles Recht und Herkommen auf den Kopf zu stellen, zuallererst gegen den Vater, indem er ihn verprügelt.

Inmitten dieser von Aristophanes ersonnenen Fabel agiert Sokrates, eine reale Gestalt, ein Zeitgenosse des ursprünglichen Publikums. Doch was für ein Sokrates ist das, wenn man ihn mit dem Wahrheitssucher der platonischen Dialoge vergleicht! Die Komödie stellt ihn als Erzsophisten, als atheistischen und amoralistischen Räsonierer dar, als Ausbund all der rationalistischen Theorien und Theoreme, welche die griechische Aufklärung hervorgebracht hatte. Der Witz und Spott des Dichters macht aus ihm einen Typus, eine Karikatur, ja eine Kunstfigur, und er unterstreicht diese Absicht durch zwei Mittel, die Realität – wie es sich für eine alte attische Komödie gehört – ins Symbolische und Phantastische zu transponieren: durch den Chor der Wolken und zwei Personifikationen. Der Chor der Wolken verkörpert (jedenfalls zunächst) die ›luftige‹ Beschaffenheit der neuen Naturerklärung und Ethik; die Allegorien der *Gerechten* und der *Ungerechten Rede* veranschaulichen die sophistische Advokatentechnik, die schwächere Sache als die stärkere zu erweisen.

Die altattische Komödie griff alles an, was Rang und Namen hatte; sie zog Politiker, Philosophen und Dichter ins Lächerliche und bediente sich hierbei einer unrealistischen, märchenhaften und mitunter absurden Szenerie – mit Flügen in den Himmel und Fahrten in die Unterwelt, mit Utopien und Schlaraffenland-Schilderungen. Die realen Personen, wie Perikles, Euripides oder Sokrates, wurden unverschlüsselt auf die Bühne gestellt; gelegentliche Versuche, Spott und Kritik mit Nennung des Namens zu verbieten, vermochten sich nicht durchzusetzen.

Man lebte ja in einer Demokratie, der ersten der Menschheitsgeschichte, und war stolz darauf. Und zu den demokratischen Grundrechten gehörte die Redefreiheit, die Parrhesia (das »Alles-sagen-dürfen«) – dank ihrer wurde Athen zum Sammelplatz aller frei denkenden Geister und somit zum Zentrum des Fortschritts der Kultur. Erst nach der katastrophalen Niederlage im Peloponnesischen Krieg, ein Vierteljahrhundert nach der Aufführung der *Wolken*, erlitt diese Liberalität eine schwere Einbuße: Sokrates wurde von einem Gerichtshof der verstörten, ihrer Selbstgewißheit beraubten Bürgerschaft zum Tode verurteilt, da er gegen den althergebrachten Götterglauben gefrevelt habe (399 v. Chr.).

Bestand ein Zusammenhang zwischen dem harmlosen Spott der Komödie und dem auf einen Justizmord hinauslaufenden Urteil? Platon hat diese Frage mit Ja beantwortet; denn er läßt Sokrates in der von ihm verfaßten Verteidigungsrede sagen, daß sich die wider ihn erhobene Anklage auf ein Geflecht von Verleumdungen stütze, die man seit Jahrzehnten über ihn verbreite, und in diesem Zusammenhang heißt es deutlich genug (*Apologie des Sokrates* 19 BC): »Was haben meine Verleumder gegen mich vorgebracht? ... ›Sokrates tut Unrecht und befaßt sich mit unnützen Dingen; er forscht nach dem, was unter der Erde und am Himmel ist, macht die schwächere Sache zur stärkeren und unterrichtet auch andere in diesen Dingen‹. So etwa lauten die Verleumdungen, und so habt ihr es selbst in der Komödie des Aristophanes gesehen, wie sich dort ein gewisser Sokrates herumtrieb und behauptete, er könne in der Luft gehen, und noch vielerlei Unsinn redete, von dem ich weder viel noch wenig, von dem ich rein gar nichts verstehe.«

Amicus Plato, sed magis amica veritas: Erst aus der Retrospektive des Prozesses konnte das Stück des Aristophanes ins Zwielicht geraten. Die altattische Komödie, nach heutigen Begriffen eher Kabarett als Theater, nahm ja generell prominente Persönlichkeiten aufs Korn, auf Grund von Klatsch, Skandalen und Halbwahrheiten – eine mögliche Beziehung zwischen den *Wolken* und dem Ende des Sokrates kann allenfalls der Gattung Komödie, ihrer Freiheit des Spottes, nicht aber dem einzelnen Komödiendichter angelastet werden.

Die weitere Entwicklung bestätigt diese Annahme. Die

Frösche des Aristophanes, mit dem berühmten Wettstreit des Aischylos und des Euripides, aufgeführt im Jahre 405 v. Chr., kurz vor der Kapitulation Athens, gelten als die letzte ›Alte‹ Komödie im prägnanten Sinne des Worts. Im Jahre darauf, als unter Flötenspiel die Befestigungen der einstigen Hegemonialmacht geschleift wurden, ging die Welt unter, in der die dreiste Grazie des zeitkritischen Lustspiels sich hatte entfalten können. Die Gattung spiegelte sofort den Kollaps des allgemeinen Selbstbewußtseins: die Attacken auf Politiker und andere herausragende Personen verschwanden, und die Stückeschreiber bevorzugten harmlose Sujets aus dem Mythos oder der Sphäre des bürgerlichen Alltags.

Das Schicksal des Sokrates und der Alten Komödie zeigt mit exemplarischer Deutlichkeit, daß jene heitere Form von Kritik, die durch Übertreibung und Verzerrung realer Gegebenheiten komische Effekte zu erzielen sucht, nur unter bestimmten gesellschaftlichen Bedingungen gedeihen kann. Sie setzt ein seiner selbst gewisses, nicht an einem geschichtlichen Trauma leidendes Publikum voraus – ein Publikum, das den Spaß der Bühne nicht den Maßstäben des bürgerlichen Zusammenlebens unterwirft. In einer Gesellschaft hingegen, in der weder das Publikum noch die eventuell Attackierten diesen Unterschied wahrzunehmen vermögen, ist karnevaleske Poesie nach dem Muster der Alten Komödie von vornherein unmöglich.

2.

In Griechenland blieb es bei den Tatsachen, die der Ausgang des Peloponnesischen Krieges geschaffen hatte. Die spätere Komödie, für die Nachwelt vor allem durch Menander repräsentiert sowie durch die lateinischen Versionen des Plautus und Terenz, begnügte sich mit familiären Konflikten, die in ein *happy ending* mündeten, und gelegentlichen Mythen-Bearbeitungen; Zeitkritik, durch Scherz gemildert, kehrte nicht wieder – oder, vorsichtiger ausgedrückt: blieb wegen Bedeutungslosigkeit nicht erhalten.

In Rom vermochte ein angriffslustiger Komödientyp gar nicht erst Fuß zu fassen; dort regierte ja nicht das Volk, sondern zunächst ein überschaubarer Kreis von Adelsgeschlechtern und dann der Kaiser. Die hohen Herren aber, die nach griechischem Muster szenische Spiele einrichteten und finanzierten, verstanden keinen Spaß: als sich gegen Ende des 3. Jahrhunderts v. Chr. ein gewisser Naevius (von dem außer einigen Zitaten nichts erhalten ist) eine Pointe gegen die illustre Familie der Meteller erlaubte, musste er für seine Kühnheit im Kerker büßen. Er soll im Exil in Nordafrika verstorben sein.

Nun galt auch für Rom, daß man gelegentlicher Entlastung von den Normen des Alltags und deren Hütern, den Mächtigen, bedurfte, daß man sich durch Ventile Erleichterung zu verschaffen suchte, die, von Zeit zu Zeit geöffnet, den Druck minderten. Diesem Zweck dienten unter anderem die regelmäßig am Jahresende gefeierten Saturnalien, ein Fest, an dem alle Hausangehörigen dieselben Speisen und denselben Wein genossen, die Herren ihren Sklaven aufwarten ›mußten‹ und die Schüler ihre Lehrer verulkten. Doch etwas der Alten Komödie Entsprechendes war in diese karnevalesken Freiheiten nicht einbegriffen: spaßhafte Kritik an den Maßgeblichen, und gar öffentliche, blieb in Rom verpönt, vor allem auf der Bühne.

Da bahnte ein genialer Mann auch diesem Drang nach

Katharsis einen Weg, einen literarischen: er erfand die Satire. *Satura quidem tota nostra est,* behauptete der Rhetoriklehrer Quintilian nicht ohne Stolz (*Institiutio oratoria* 10,1,93) – die Satire sei (im Unterschied zu allen anderen Gattungen, die griechischer Import waren) eine spezifisch römische Novität. Wenn dagegen Horaz die Satire von der Alten Komödie der Griechen, von Aristophanes und dessen Zeitgenossen ableitete (*Satire* 1,4), dann hatte er ebenfalls recht: durch Lächerlichmachen öffentlich Kritik zu üben, war von der Alten Komödie exemplarisch vorgeführt worden, doch einem Römer – er hieß Gaius Lucilius und lebte im 2. Jahrhundert v. Chr. – gelang es, diese Thematik von der Bühne herabzuholen und zur Waffe eines einzelnen zu machen. Er durfte sich dies erlauben, weil er als römischer Ritter dem niederen Adel angehörte und sich der Protektion des einflußreichen Scipio, des Eroberers von Karthago, zu erfreuen hatte.

Der Ausdruck *satura* verwies nur zufällig, durch Klangähnlichkeit, auf das griechische Satyrspiel, den üblichen Abschluß einer Tragödientrilogie. Er bedeutete »Allerlei«, »bunte Mischung« und war schon vorher für eine metrisch wie inhaltlich uneinheitliche Gedichtsammlung in Gebrauch. Das Verdienst, die – fast möchte man sagen: für die Weltliteratur bedeutsame – Gründertat des Lucilius bestand darin, daß er den wechselnden Inhalten seiner Gedichte eine einheitliche Sichtweise oder Haltung verlieh: er verband eine pädagogisch-ethische Grundfarbe mit angriffslustiger, übertreibender Kritik, die ihrerseits durch eine scherzhafte Tönung gemildert wurde. Diese Optik führte dazu, daß alle Arten von menschlichen Schwächen und Lastern, von Verkehrtheiten im Denken und Handeln einzelner oder irgendwelcher Kollektive zum wenn nicht einzigen, so doch weitaus wichtigsten Thema der neuen Gattung aufrückten.

Vom Œuvre des Lucilius ist, wie von fast aller römischen Literatur aus seiner Zeit, nur ein Trümmerhaufen von Fragmenten auf uns gekommen. Doch so viel steht fest: der Begründer der Gattung hat die Freiheit gehabt und sich genommen, auch Höchststehende zu attackieren, und dies, wenn es angemessen schien, auch in heftigster Form. Sogar die Phantastik, dieses Erbstück aus der Alten Komödie Athens, fehlte nicht: die Reste von einer Invektive gegen Lupus, den damaligen Wortführer im Senat, lassen eine Götterversammlung erkennen, in der es um die Frage ging, auf welche Weise Rom trotz des Wirkens von Lupus vor dem Untergang bewahrt werden könne. Die Anfänge der römischen Satire beruhten somit auf ähnlichen gesellschaftlichen Voraussetzungen wie die politisch-zeitkritische Komödie im klassischen Athen: die von der Revolution der Gracchen und bösen Korruptionsskandalen erfüllte Epoche war elastisch genug, auch grobes Geschütz des Lächerlichmachens hinzunehmen und zu billigen.

3.

Lucilius begründete eine literarische Gattung, aber keine Institution: er fand erst zwei bis drei Generationen später in der Person des Horaz einen Nachfolger. Als dieser seine Satiren dichtete, in den dreißiger Jahren des 1. Jahrhunderts v. Chr., hatten sich die Verhältnisse in Rom gründlich verändert: durch die Bürgerkriege war das ganze Reich in zwei Lager gespalten, und die Alleinherrschaft des Augustus machte der altehrwürdigen Republik für immer ein Ende. Cicero hatte seine Angriffe auf Antonius, die allerdings durch keinerlei Scherz gemildert waren, mit dem Leben bezahlen müssen; nach den Iden des März war Roms Gesellschaft aufs schwerste traumatisiert, so daß Attacken gegen führende Männer, wie Lucilius sie gewagt hatte, nicht mehr in Betracht kamen.

Horazens Satiren sind denn auch weit harmloser als die seines Vorgängers: sie begnügten sich bei ihren Angriffen mit einer zweiten Garnitur, mit Persönlichkeiten, die sich durch irgendwelche Laster und Verkehrtheiten einen zweifelhaften Ruf zugezogen hatten. Selbst diese Polemik wurde von einem Teil der Leser als zu heftig empfunden:
Sunt quibus in satura videor nimis acer et ultra
legem tendere opus,
heißt es zu Beginn des zweiten Satirenbuches –
Allzu bissig, meint mancher, sei meine Satire, der
Bogen übermäßig gespannt.
Dabei lautete das Motto *ridentem dicere verum*, »lachend die Wahrheit sagen« (*Satire* 1,1,24) – Horaz strebte nicht nur Hohn und Spott, sondern auch Witz an, und seine Pfeile suchten oft weniger bestimmte Individuen als allgemeinmenschliche Schwächen zu treffen.

Das politische Klima der Monarchie ließ Angriffe nach Art des Aristophanes oder des Lucilius nie mehr zu. Juvenal, Roms letzter und größter Satiriker, war sich der Grenzen bewußt, die die Verhältnisse ihm auferlegten – er werde sich, erklärt er am Ende des ersten, programmatischen Stücks, wegen der Gefährlichkeit, Lebenden zuzusetzen, mit denen begnügen, deren Asche von den Gräbern längs der großen Straßen bedeckt sei. Indes, diese Schranken hinderten ihn nicht, eine grandiose satirische Kunstwelt zu konstruieren – schien es ihm doch schwierig, *keine* Satire zu verfassen (*difficile est saturam non scribere*: Satire 1,30), und gab er sich gar überzeugt, daß seine Entrüstung ihm die Verse diktieren werde, die sein Talent ihm versage (*si natura negat, facit indignatio versum*: ebendort, 79).

Zwar geißelt Juvenal, wie sein Vorgänger Horaz, verbreitete Mißstände und allgemeinmenschliche Schwächen, z. B. sexuelle Perversionen oder Schwelgerei. Doch vom Horazischen *ridentem dicere verum* ist bei ihm so gut wie nichts übriggeblieben: die von ihm angestrebte Wirkung läßt sich kaum mehr als ›Lachen‹ bezeichnen, und noch weniger geht es ihm bei den angeprangerten Übelständen um die ›Wahrheit‹. Hier wird auch nicht mehr übertrieben oder karikiert; hier tut sich eine von jeglicher Realität weit entfernte, groteske Gegenwelt auf. Alle Laster haben ihren Gipfel erreicht, so daß die Nachfahren nichts Ärgeres mehr ersinnen können: nach dieser Devise entwirft Juvenals Ingrimm ein extremes Panorama der Sittenlosigkeit. Gegebenheiten der Wirklichkeit haben nur noch auslösende Funktion; sie werden ins Ungeheuerliche übersteigert, dann verallgemeinert und schließlich gehäuft und aufeinandergestapelt. Juvenals raffinierte Kunst ist für ein biederes, in geordneten Verhältnissen lebendes Publikum kalkuliert, das nach Skandalen und Sensationen giert. Dieses Bedürfnis wird durch unterhaltsamen Stoff für Kopfschütteln und Staunen reichlich befriedigt, und hierbei tun die Phantasie und Kühnheit der sprachlichen Mittel ein übriges – Juvenal ist ein Meister des unverbrauchten, treffenden Ausdrucks und des kräftig aufleuchtenden überraschenden Bildes.

4.

Wie einst Sokrates, so mußte auch Christoph Martin Wieland, als er – zumal durch seine Romane *Agathon* und *Der Goldne Spiegel* – schon ein berühmter Mann war, argen Spott erdulden: in dem Theaterstück *Götter, Helden und Wieland*, einer Farce, die Goethe im Jahre 1773 verfaßt hatte. Die beiden Dichter waren einander damals noch nicht begegnet: der vierundzwanzigjährige Goethe betätigte sich in Frankfurt als Advokat; Wieland, damals vierzigjährig, war kurz zuvor von der Herzogin Anna Amalia zum Prinzenerzieher nach Weimar berufen worden.

Der Schwank Goethes hat eine phantastische Szenerie; er spielt in der Unterwelt, im griechischen Hades. Das Vorbild hierfür waren offensichtlich die *Totengespräche* von Lukian, insbesondere das 10. Stück, das ebenfalls mit einem Dialog zwischen Charon, dem Fährmann über den Unterweltsfluß, und dem Seelengeleiter Merkur beginnt. Bei Goethe dreht sich das Gespräch um den *Teutschen Merkur*, die unlängst von Wieland gegründete Literatur-Zeitschrift, und vor allem um dessen Singspiel *Alceste*, das – mit der Musik von Anton Schweitzer – soeben mit großem Erfolg in Weimar uraufgeführt worden war. Die *Alceste* erregte nicht zuletzt deshalb einiges Aufsehen, weil sie als eine der ersten ernsten Opern auf einem Libretto in deutscher Sprache beruhte.

Wieland griff mit seinem Singspieltext einen mythischen Stoff auf, den Euripides im Jahre 438 v. Chr. auf die Bühne gebracht hatte. Zwei verbreitete Märchenmotive sind hierin zu einem Ganzen verbunden: die liebende Frau, die durch das Opfer ihres Lebens ihren Gatten vom Tode loskauft, und der starke Held, der dem Tode seine

Beute wieder abringt. Über Admetos, den König von Thessalien, ist verhängt, daß er im besten Alter sterben soll, wenn sich nicht jemand findet, der statt seiner den Tod auf sich nimmt. Hierzu aber ist niemand bereit, auch die alten Eltern nicht; lediglich Alkestis, Admets Gemahlin, verzichtet auf ihre blühende Jugend und ihr Familienglück. In der Todesstunde findet sich Herkules ein, Admet einen Besuch abzustatten; er wird trotz der bedrückenden Umstände gastlich aufgenommen. Zum Dank holt er die Verstorbene aus dem Hades zurück; das Stück endet mit der Übergabe der Verschleierten an den Gatten.

Während sich der euripideische Admet den Vorwurf gefallen lassen muß, daß er ein Feigling sei, lehnt er in der Version Wielands das Opfer der Frau ab – dort erfährt er erst, nachdem er von einer Krankheit genesen ist, daß Alkestis das Opfer in aller Stille vollzogen hat. Auch Herkules, der bei Euripides zunächst als Kontrastfigur, als fröhlicher Zecher, auftritt, nimmt in dem modernen Singspiel durch seinen Edelmut Züge des »verteufelt humanen« Dramas der Weimarer Klassik vorweg. Wieland ließ es sich nicht nehmen, die Abweichungen, die er der antiken Vorlage zuteil werden ließ, in der ersten Nummer der von ihm gegründeten Zeitschrift ausführlich zu begründen; hierbei stellte er die angeblichen Schwächen des euripideischen Stücks den von ihm angebrachten ›Verbesserungen‹ gegenüber.

Die *Alceste* wird in der Farce Goethes gründlich zerzaust. Merkur, von Charon über den Fluß gebracht, bekommt von Euripides, Alkestis und Admet heftige Vorwürfe zu hören: er habe seinen Namen nicht dazu hergeben dürfen (gemeint ist der *Teutsche Merkur*), daß Wieland auf Kosten der griechischen *Alkestis* seine *Alce-*

ste herausstreiche – die beiden Hauptfiguren seien bei ihm »abgeschmackte, gezierte, hagre, blasse Püppgens, die ... voreinander sterben wollten«.

Merkur hat von Wieland noch nichts gehört; er zitiert den Schlafenden, mit seiner Nachtmütze Bekleideten herbei: wie er dazu komme, fragt er ihn, seinen – Merkurs – Namen zu prostituieren. Darauf Wieland: »Unsere Religion verbietet uns, irgendeine Wahrheit, Größe, Güte, Schönheit anzuerkennen und anzubeten außer ihr. Daher sind eure Namen wie eure Bildsäulen zerstümmelt und preisgegeben«.

Als nächster meldet sich Euripides zu Wort. »Fünf Briefe zu schreiben um euer Drama«, rückt er Wieland vor, »das so mittelmäßig ist, daß ich als kompromittierter Nebenbuhler fast darüber eingeschlafen bin«. Und Admet sekundiert ihm, indem er zu bedenken gibt, daß jemand, der mit Sokrates befreundet war und dessen Stücke sein Jahrhundert beeindruckten, wohl eher die Schatten von Alkestis und ihm selber habe herbeibeschwören können als Wieland. Die Figuren des modernen Stücks, bemerkt wiederum Euripides (womit er präzise dessen größte Schwäche trifft), »sehn einander ähnlich wie die Eier ... zum unbedeutenden Breie zusammengerührt. Da ist eine Frau, die für ihren Mann sterben will, ein Mann, der für seine Frau sterben will, ein Held, der für sie beide sterben will ...« Die Kritik des antiken Tragikers gipfelt in den Worten, Wielands Fassung des Stoffes bekunde nichts als die Fähigkeit, Natur und Wahrheit nach Sitten und Theaterkonventionen zu verschneiden und einzugleichen.

Schließlich tritt Herkules auf, als kraftstrotzende Sturm-und-Drang-Figur, und die Posse steigert sich zum Ulk. Der Held will von Wielands Tugend nichts wissen und verhöhnt die Parabel vom Scheideweg – auch sie war damals von Wieland zu einem Singspiel hergerichtet worden. Zu der Art und Weise aber, wie er die *Alceste* domestiziert hatte, bemerkt der Heros herablassend: »Hättest du nicht zu lang unter der Knechtschaft deiner Religion und Sittenlehre geseufzt, es hätte noch was aus dir werden können. Denn jetzt hängen dir immer noch die scheelen Ideale an. Kannst nicht verdauen, daß ein Halbgott sich betrinkt und ein Flegel ist seiner Gottheit ohnbeschadet.«

Goethe hatte nicht die Absicht, die übermütige Attacke, die er, wie er in *Dichtung und Wahrheit* behauptet, an einem Sonntagnachmittag bei einer Flasche Burgunder niedergeschrieben hatte, zu veröffentlichen; wohl aber versandte er Abschriften an einige Freunde. So gelangte das Pasquill in die Hände von Reinhold Lenz, der damals in Straßburg lebte, und der wiederum ließ es alsbald mit dem fiktiven Erscheinungsort Leipzig drucken.

Wieland sah sich damals einer Sturmflut von Kritiken ausgesetzt – er mußte, wie sein Biograph Friedrich Sengle feststellt, nicht nur für seine eigenen Entgleisungen und Schwächen, sondern für die Sünden einer ganzen Epoche büßen (*Wieland*. Stuttgart 1949, S. 306). Doch er, der Repräsentant der schwindenden Rokokokultur, tat nicht, was man erwartete: er zeterte nicht, er entzweite sich nicht mit Goethe. Im Gegenteil: er pries (wenn auch mit manchen ästhetischen Vorbehalten) in seiner Zeitschrift Goethes Werke, den *Götz von Berlichingen*, *Die Leiden des jungen Werthers* und sogar die Posse, die seinen Namen im Titel trug, indem er sie ein Meisterwerk der Persiflage und des sophistischen Witzes nannte. Er, der Neidlose, der von Mißgunst Freie, beugte sich vor dem

Jüngeren, ihm Überlegenen. »Er hat dadurch«, bemerkt Sengle, »viel zur Veredelung des literarkritischen Umgangstones in Deutschland beigetragen und Goethe tief beschämt.«

5.

Der Held von Martin Walsers Roman *Tod eines Kritikers* heißt André Ehrl-König; er ist der Literaturkritiker, der angeblich einem Mord zum Opfer fiel. Er bewegt sich in einer durch und durch literarischen Sphäre. Er betätigt sich nebenberuflich selber als Autor; seine Frau hat Lyrik produziert, und ein gut Teil der übrigen fiktiven Personen hat geschrieben und schreibt noch stets – die von ihnen verfertigten oder bei ihnen in Arbeit befindlichen Werke pflegen seltsame Titel zu tragen. Und schließlich sind über den ganzen Roman zahlreiche illustre Namen verstreut, Namen von Dichtern und Schriftstellern teils der Vergangenheit, teils der Gegenwart; die meisten von ihnen werden nur einmal erwähnt, und nur einige wenige, wie Goethe, Nietzsche oder Lasker-Schüler, wiederholt.

Die im Münchener Literaturbetrieb angesiedelte Handlung wird aus der Perspektive eines Ich-Erzählers namens Michael Landolf geschildert; dieser sucht seinen der Tat verdächtigten und inhaftierten Freund, einen gewissen Hans Lach, zu entlasten – er läßt sich daher nach Art eines Privatdetektivs der Reihe nach von Zeugen berichten, was sich vor dem ›Mord‹ in der Nähe des Tatorts, in der Villa des eine Party gebenden Verlegers Pilgrim, ereignet hat. Hierbei ist reichlich Gelegenheit, das ›Opfer‹ Ehrl-König sowohl direkt als auch indirekt zu charakterisieren; dies geschieht jedoch stets in der Brechung durch die Sicht der verschiedenen Party-Teilnehmer, d. h. ein unmittelbares Rencontre von Ich-Erzähler und Hauptfigur findet nicht statt.

Mit dem Gerüst der Fakten wird der Leser sofort vertraut gemacht: Ehrl-König hat in seiner berühmten Fernseh-Show »Sprechstunde« ein neues Buch von Lach scharf kritisiert; er ist nach Verlassen der daran sich anschließenden Pilgrim-Party, zu der Lach sich ungeladen Zugang verschafft hatte, verschwunden. Im 4. Kapitel folgt die Entfaltung der hiermit in nuce angelegten Doppelszene: des Auftritts im Fernsehen und der Präsenz in der Pilgrim-Villa.

Die erste Szene beginnt, wie es ausdrücklich heißt, mit dem »Auftritts-Zeremoniell«. Ehrl-König begibt sich auf die Bühne und von dort aus auf den erhöht stehenden »Thronsessel«, wobei ihn sorgfältig kalkulierte Beleuchtungseffekte begleiten. Der Thronsessel veranschaulicht mit den Zeus-Symbolen Adler und Blitz und den in Löwentatzen auslaufenden Füßen Ehrl-Königs unumschränkte Macht – daß es sich bei ihm um ein literarisches Imperium handelt, verdeutlichen Büchersockel unter den Thronsesselfüßen: sie weisen Goethe, Fontane, Thomas Mann und Döblin als dessen Bewohner oder richtiger Untertanen aus. So geht es fort: Barockmusik, der auf einen Barhocker plazierte »Überraschungsgast«, das durch die Ich-Form usurpierte Schiller-Zitat »Spät komm ich, doch ich komme«, und schließlich die durch Arroganz und Grobheit hervorstechenden Urteile Ehrl-Königs mitsamt dem pflichtschuldigen Gelächter des Publikums: alles ist nicht nur auf Machvollkommenheit, sondern auch auf Selbstherrlichkeit angelegt.

Die zweite Szene, die Party bei Pilgrim, steigert die künstliche Präsentationswelt des Fernsehens; spätestens hier spottet die Schilderung jeglicher Realität. Die ineinander übergehenden Räume der Villa legen durch unterschiedliche Niveaus eine Hierarchie der Bedeutsamkeiten fest: Ehrl-König, mit Hilfe eines Aufzugs auf dem höchsten, der Kommandobrücke eines Schiffes ähnelnden Niveau erscheinend, schreitet von Ebene zu Ebene abwärts, wobei er lächelnd die *standing ovation* der zahlreichen Gäste entgegennimmt – bis hin zur »Polsterlandschaft« ganz unten, wo die meisten sich aufhalten.

Der Kritiker ist nicht nur Richter über Literatur; er ist zugleich der Märtyrer all dessen, was er verurteilt. »Schließlich bedauert Rezensent jeden Leser so wie sich, der sich durch dieses Machwerk durcharbeiten mußte«, heißt es bereits im *Leben Fibels* von Jean Paul. Die weitere Schilderung der Pilgrim-Party übernimmt das Leidensmotiv und treibt es bis zur *imitatio Christi* empor: der Kritiker, dem die Lektüre schlechter Bücher auferlegt ist, glaubt nicht nur erbärmlicher dazustehen als Putzfrauen und Müllmänner – er sieht sich gar »in der Nachfolge des Nazareners«, als Büßer »für die Sünden der Menschheit«.

Die folgenden Ehrl-König-Charakteristiken bestätigen, ergänzen und überbieten das bisherige Bild vom egomanischen Literaturtyrannen. Ehrl-König beklagt sich darüber, daß er keine Ehrungen empfange; er geht besonders perfide vor, wenn er unter Stöhnen das Buch eines ›Freundes‹ verreißt; das Vokabular seines Kritikeramts beschränkt sich auf die Alternative gut-schlecht. Und mit alledem rühmt er sich im Dienste der Aufklärung zu stehen; in deren Namen hat er auch mit dem Pseudo-Tiefsinn eines Hölderlin aufgeräumt.

Die Entfaltung der Ehrl-König-Figur ist das satirische Glanzstück des Romans; mit ihr knüpft Walser an eine

Kunst des Übertreibens, ja Abhebens von der Wirklichkeit an, die sich nicht treffender bezeichnen läßt als mit Namen wie Aristophanes oder Juvenal. Der hoch oben auf der ›Kommandobrücke‹ erscheinende Kritiker erinnert an den ›Luftwandler‹ Sokrates, und wer nach skurril-grotesken Gegenbildern zum Protagonisten der Pilgrim-Party sucht, der findet sie bei dem römischen Satiriker, z. B. in dessen viertem Stück, vom Kronrat am Hofe Dormitians, der über die Zubereitung eines ungewöhnlich großen Steinbutts zu befinden hat. Was von Juvenal behauptet wurde, gilt auch von Walser: sein Roman zeigt eine von der Realität weit entfernte Gegenwelt, mit einer Gipfelleistung der Egozentrik und Eitelkeit, wie sie nur die konstruierende Imagination eines Schriftstellers zustande bringt.

Die Alte Komödie der Griechen stellte die Anlässe ihres Spottes unverhüllt auf die Bühne. Walsers *Tod eines Kritikers* hingegen trägt Züge eines Schlüsselromans: hinter André Ehrl-König steht der Literaturkritiker Marcel Reich-Ranicki. Gewisse Ähnlichkeiten im Bau der beiden Namen deuten darauf, daß der Leser diese Gleichsetzung nicht vermeiden soll – so wie in Klaus Manns *Mephisto* der Name Hendrik Höfgen in durchsichtiger Weise auf Gustav Gründgens zielte. Im Unterschied zum *Mephisto*, den ein Gerichtsurteil nicht ohne Grund als »Schmähschrift in Romanform« bezeichnet hat, ist die Handlung im *Tod eines Kritikers* indessen von Anfang bis Ende und in allen ihren überraschenden Wendungen derart unwahrscheinlich und ist ihr Protagonist trotz mancher Züge, die man auf die genannte reale Person beziehen kann, in solchem Maße ein Artefakt, ein schillerndes, schaumiges Phantasieprodukt, daß man sie nicht als realistische Wiedergabe tatsächlicher Verhältnisse und auch nicht als eine Karikatur davon auffassen darf, daß man ihr vielmehr einen Eigenwert zubilligen muß, dessen Verhältnis zur Wirklichkeit sich allenfalls mit Begriffen wie ›Modell‹ oder ›Symbol‹ angemessen ausdrücken läßt. Schließlich ist auch die von Walser gezeichnete Hauptfigur keineswegs einmalig: »Der Kritiker wird zum Übermenschen, zum schöpferischen Genie, zum ›Dichter des Dichters‹«, heißt es in einer umfassenden Darstellung des Rezensionswesens über Alfred Kerr (Anni Carlsson: *Die deutsche Buchkritik von der Reformation bis zur Gegenwart*. Bern–München 1969, S. 219).

Ein Rest des Unbehagens kann selbst dann bleiben, wenn die Umsetzung des Rohstoffs ins Künstlerische und Lächerliche so meisterlich gelingt wie im *Tod eines Kritikers*. Die Satire trägt zwar – anders als die Invektive, das Schmähgedicht – kaum Angriffe vor, die nicht durch Komik und karikierende Zuspitzung gemildert sind. Sie ist gleichwohl, wie ihre Geschichte deutlich zeigt, eine heikle Gattung. Selbst im liberalen Athen des Perikles hat man, wie erwähnt, gelegentlich versucht, Spott über namentlich genannte Personen zu unterbinden, und wie die Beispiele des Aristophanes und des Lucilius zeigen, setzten zeitkritische Komödien und Satiren einigermaßen ausgewogene, nicht von schweren kollektiven Traumata belastete Befindlichkeiten voraus, während umgekehrt der unglückliche Ausgang des Peloponnesischen Krieges und der Untergang der römischen Republik nur noch zahmen Spöttereien Raum gaben. Die Satire bedarf somit nicht nur einer freiheitlichen Staatsordnung (das versteht sich von selbst), sondern auch einigermaßen beruhigter gesellschaftlicher Zustände.

Wenn diese Bedingungen gegeben waren, wie zur Zeit des jungen Goethe im deutschen Kaiserreich, dann fragte sich immer noch, wie das Publikum und zumal der ›Betroffene‹ auf die satirische Attacke reagieren würden. Im Falle der Farce *Götter, Helden und Wieland* ging die Sache gut aus – dank günstiger Umstände und vor allem dank des souveränen Verhaltens von Wieland. Wer eine Satire verfaßt, läßt sich auf ein Risiko ein; andererseits müssen alle, die eine herausragende Stellung in der Gesellschaft innehaben, mehr als gewöhnliche Sterbliche mit satirischen Attacken rechnen.

Dies gilt in besonderem Maße dort, wo ein festes Brauchtum karnevalesken Spott über prominente Leute gestattet, ja vorschreibt. Bei diesem Spott kommt es auf ›Wahrheit‹ wenig an – wenn er nur witzig ist und ordentlich Gelegenheit zum Lachen gibt. In der Gegend, in der Walser lebt, kennt man das Risiko, das die sogenannten Narrenkonzerte, d. h. allerlei theatralische Darbietungen der Fastnachtszeit, zumal den Politikern auferlegen. Die Politiker aber, die Bürgermeister, Landräte usw., sind in der Regel so klug, gute Miene zu einem Spiel zu machen, das zwar selten ›böse‹ ist, das aber doch auf ihre Kosten geht, und vielleicht wissen sie manchmal auch, daß paradoxerweise das Ausmaß, in dem man sich über sie lustig macht, ein geheimer Gradmesser ihrer Popularität ist.

Prof. Dr. Manfred Fuhrmann ist Emeritus
für Lateinische Philologie an der
Universität Konstanz

NORBERT GREINER

Tod und Wiedergeburt
so manch *eines Kritikers* aus
dem Geiste der Satire

1.

Etwa zwei Monate, nachdem Frank Schirrmachers öffentliche Zurückweisung des zum Vorabdruck angebotenen Romans *Tod eines Kritikers* in der F.A.Z. erschienen war, wurden auch die englischen Leser in zwei ausführlichen Rezensionen mit Martin Walsers Roman bekannt gemacht, wobei die Darstellung der mittlerweile heftigen Debatte um diesen Text einen mindestens ebenso großen Raum einnahm wie die Besprechung des Romans selber. Mit dem *Times Literary Supplement* (Michael Butler, 19. Juli 2002) und dem *London Review of Books* (David Midgley, 8. August 2002) nahmen die beiden renommiertesten englischen Literaturzeitschriften, die in Deutschland ihresgleichen suchen, zu den Vorgängen Stellung. Damit hatte die deutsche Literaturszene, die sich verständlicherweise in der Beurteilung vermuteter antisemitischer Tendenzen im eigenen Land schwerer tut als der unvoreingenommene Beobachter von außen, ergänzende Urteile an die Hand bekommen, die bei der Diskussion hätten herangezogen werden können. Soweit ich es überblicke, hat man darauf verzichtet.

Um das Ergebnis der englischen Rezensenten vorwegzunehmen: Beide Kritiker, die sich mit wiederholten Bezügen auf andere Werke Walsers als gute Kenner von dessen Gesamtwerk ausweisen, beurteilen diesen Text zurückhaltend, aber nicht etwa aus den Gründen, die in Deutschland zu der unversöhnlichen Debatte geführt hatten. Beide sind sich einig darin, daß die gegen Walser erhobenen Vorwürfe, er greife bei der Darstellung des Protagonisten Ehrl-König bewußt oder unbewußt auf antisemitische Klischees zurück, unangebracht, ja geradezu abwegig seien. Midgley vergleicht Textpassagen aus Walsers Roman mit Beispielen antisemitischer Literatur des frühen 20. Jahrhunderts und kommt zu dem Ergebnis, daß die Lesart des vermeintlichen Kritikertodes als ›antisemitisch‹ im Roman gewissermaßen als *self-fulfilling prophecy* antizipiert wird, also ein »Konstrukt journalistischer Einbildungskraft« sei. Butler wird deutlicher. Jedem Leser, der mit Martin Walsers Werk vertraut sei, müsse der Vorwurf des Antisemitismus »absurd« erscheinen: *What the book is not is anti-semitic.*

Diese Außenperspektive ist erfrischend, zumal die Hinweise beider Rezensenten auf derzeit in Europa weit verbreitete Formen des Rechtspopulismus eine Sensibilität für solche Fragen nicht nur erkennen lassen, sondern auch ihrer klaren Abgrenzung des Romans zu solchen Tendenzen eine besondere Überzeugungskraft verleihen. Vielmehr entdecken sie im Text eine provozierende Ironie, die gerade mit der deutschen Anfälligkeit zur Selbstbezichtigung spiele und testen wolle, wie weit in der deutschen Öffentlichkeit die Toleranz gegenüber einem Verhalten gehe, das von dem als politisch korrekt definierten Denken scheinbar abweicht. Diese Ironie sei von den deutschen Kritikern des Romans weder erkannt noch überhaupt gewollt; jeder, der sich nicht an das Konzept biederer ideologischer Rechtschaffenheit anschmiege, werde »bereitwillig mißverstanden«, so der Tenor beider – ansonsten mit ganz unterschiedlicher Zielrichtung argumentierender – Besprechungen. Insofern sei die fiktive Darstellung der Pressereaktion auf den vermuteten Mord eine geradezu beunruhigend klarsichtige Antizipation der tatsächlichen Pressereaktion auf den Roman, die den »antisemitischen« Ton in den Text hineinliest, weil sie ihn dort finden möchte. Und eben dieser Vorgang, geboren aus dem Geist der politisch-journalistischen Korrektheit, verrät – so die Argumentation Butlers – einen spießigen Provinzialismus (*a considerable parochialism*) der deutschen Literaturszene. Statt als das gelesen zu werden, was er ist, nämlich eine erfrischende Verspottung des Literatur- und Medienbetriebs, avancierte der Roman zu einem ganz und gar mißverstandenen (und überbewerteten) Text, der allerdings die Gefühle jener Leser in Wallung bringe, die sich darin wiederfinden und sich insgesamt ein wenig zu ernst nehmen.

In diesem Zusammenhang weist Butler auf einen Umstand hin, der unsere genauere Aufmerksamkeit verdient, ist er doch für die unterschiedlichen Horizonte deutscher und englischer Leser (und Kritiker) aufschlußreich. Lange, so sein Gedanke, habe sich das bürgerliche und kulturelle Selbstverständnis der Deutschen durch eine sich selbst verneinende Langeweile (*self-effacing dullness*) ausgezeichnet. Nach einigen inhaltlichen Hinweisen auf Walsers Roman kommt er dann zu der entscheidenden Einschätzung: Englische Leser, deren satirische Lektüreerfahrung durch Jonathan Swift und Evelyn Waugh geprägt sei, könnten in Walsers satirischem Versuch einen vergleichsweise dünnen Aufguß erblicken, dem einiges an Würze fehle.

Wie also? Während sich in Deutschland die Wogen der Empörung nicht nur wegen der unterstellten antisemitischen Beiklänge überschlagen, trifft man andernorts allenthalben auf ein verständnisloses Achselzucken ob dieser Aufregung, auf einen klareren Blick für die Strategien dieses Textes und auf ein Verständnis für dessen Tendenz. Und dieser Unterschied wird aus den verschiedenen literarischen Kulturen abgeleitet, in denen die jeweiligen Leser stehen. Diesem Gedanken lohnt es sich nachzugehen. Es wäre also genauer nach jenen Traditionen zu fragen, die eine so unterschiedliche Wahrnehmung und Einschätzung eines Textes hervorrufen.

2.

Es stellt sich bei der Reaktion auf Martin Walsers Roman *Tod eines Kritikers* allerdings ein doppeltes Problem. Nicht nur ist der Kriegsschauplatz der Satire (wir wählen bewußt diese Metapher) in Deutschland ungewohnt und unbeliebt, auch die Stoßrichtung des »Angriffs« kam überraschend: Wer sich (wie jüngst ein führender Philosoph in der F.A.Z. bekundete) als rechtgläubiges Bollwerk gegen die »konservative Kulturkritik der Feinsinnigen« versteht und nicht zögert, seine Heerscharen gegen die falsche Gesinnung zu mobilisieren, wird gewiß zur Zornesröte getrieben, wenn er feststellen muß, daß die Feder des Satirikers gegen eben jene politische Rechtschaffenheit, mit der man die schmerzlich vermißte Öffentlichkeit nun Jahrhunderte verspätet einzurichten versucht und die man dieser Öffentlichkeit zugleich zum alleinigen Maßstab aufoktroyieren will, gerichtet ist und sie – zugegebenermaßen mit der Maßlosigkeit des Satirikers – auf ihre Motivation befragt. Und da nicht sein kann, was nicht sein darf, da – mit anderen Worten – die Stoßrichtung der satirischen Attacke die falsche zu sein schien (zumindest in den Augen derer, die glauben, stets in die richtige Richtung zu blicken), wurde sie flugs zur politisch bedrohlichen Impertinenz uminterpretiert.

Das weltliterarische Schlachtfeld der Satire trifft indes keinen Unterschied zwischen den Parteien, zwischen Alten und Modernen, zwischen politisch Konservativen und Revolutionären, wenn es um die Verteilung der Munition und die Heftigkeit der Gefechte geht. Ausmaß und Heftigkeit, Witz und Ernst, Brillanz und Grobheit halten sich auf beiden Seiten die Waage. Der Blick des Unbetroffenen nimmt die Ausfälle des konservativen anglikanischen Geistlichen Jonathan Swift ebenso genüßlich zur Kenntnis wie die Angriffe des sozialistischen Dramatikers und Flugblattautors George Bernard Shaw gegen die Philisterwelt des Spätviktorianismus.

In dieser Tradition muß man allerdings zu Hause sein, man muß die Spielregeln der Gattung kennen, um die fiktiven Ereignisse im rechten Licht zu würdigen. Könnte es also sein, so fragt sich der anglistische Beobachter der Debatte um Walsers *Tod eines Kritikers*, daß das Unverständnis und das empfindsame Zurückschrecken eines Teils des deutschen Feuilletons aus der relativen Unerfahrenheit der deutschen Leser und Kritiker im Umgang mit der Satire herrührt, wäre damit das Unverständnis erklärt, mit dem die zitierten englischen Kommentatoren wiederum auf das Unverständnis der deutschen Kritiker reagieren?

Wenn es um das Selbstverständnis der deutschen Gelehrten- und Künstlerkultur geht, wird gern auf Schillers Xenion *Das Deutsche Reich* verwiesen: »Deutschland?

aber wo liegt es? Ich weiß das Land nicht zu finden./ Wo das gelehrte beginnt, hört das politische auf.« Die deutsche Kultur als eine Kultur der Innerlichkeit hatte schon immer den unüberbrückbar scheinenden Gegensatz von Außenwelt und Innenwelt hervorgebracht, der den deutschen Sonderweg im kulturellen Vergleich zu seinen Nachbarn beschrieb. Es war ein Weg, der die Konvergenz des Politischen und Literarischen, des öffentlichen und privaten Lebens nicht nachvollziehen konnte und wollte und die Hans Mayer unter Berufung auf Thomas Mann dazu veranlaßte, nicht nur von einer unglücklichen *Geschichte* der Deutschen, sondern einer »unglücklichen *Literaturgeschichte*« zu sprechen (*Das unglückliche Bewußtsein. Zur deutschen Literaturgeschichte von Lessing bis Heine*. Frankfurt/M. 1989).

Robert Minder, auf den auch Mayer sich bezieht, sieht diese Verhältnisse aus der Außenperspektive klarer. Sein Vortrag über *Das Bild des Pfarrhauses in der deutschen Literatur* ist für unseren Zusammenhang aufschlußreich. Dort heißt es: »Schon Pascal ist nicht nur [...] der Mathematiker und absolute christliche Denker: er ist auch der glänzende Gesellschaftskritiker, der scharfzielende [!] Entlarver der Jesuiten, dessen satirisches Meisterwerk, die ›Provinciales‹, bis heute Schullektüre geblieben sind [sic!], genau wie ihr dramatisches Gegenstück, der ›Tartuffe‹« (*Kultur und Literatur in Deutschland und Frankreich*. Frankfurt/M. 1962). Man beachte die martialisch-metaphorische Umschreibung, derer Minder sich zur Kennzeichnung der Pascalschen Satire bedient! Es rückt mithin ein Gegensatz zwischen der europäischen Literatur auf der einen Seite und der deutschen Literatur auf der anderen Seite in den Blick, der die – ja durchaus bekannten – Unterschiede in der *Struktur* der literarischen Öffentlichkeit erklärt und möglicherweise die auffälligen Mißverhältnisse bei der Rezeptionsbereitschaft gegenüber satirischen Texten verstehen hilft. Wesentliche Teile der englischen Literatur stehen in der Tradition einer bürgerlichen Kampfliteratur, die neben politischen Flugschriften die großen Gesellschaftsromane und politischen Utopien und immer wieder auch die Satire – als Verssatire und satirischer Gesellschaftsroman, als Spottgedicht oder als allgemeine Stilhaltung – hervorgebracht hat. Das ermöglicht eine Literatur, die streitbar ist bis zur polemischen Verunglimpfung, die aber auch einer Streitkultur den Weg bereitete, in der der literarische Tod so manch eines Literaten, Gelehrten oder Kritikers zum fiktiven Alltag gehört und eben deshalb nicht mißverstanden wird, weil der derart geschulte Kunstgeschmack einer ausgebildeten und gebildeten literarischen Öffentlichkeit zwischen den Grundsätzen des zivilen Zusammenlebens und denen der literarischen Phantasie zu trennen weiß.

In Deutschland entwickelten sich die literarische Öffentlichkeit, der literarische Geschmack und auch die Maßstäbe, nach denen über Literatur geurteilt und gestritten wurde, anders. Die verschiedenen Wege drücken sich nicht nur in Art und Qualität der Literatur aus – die Unterschiede zwischen Empfindsamkeit und *sentimentality*, zwischen Romantik und *romanticism*, zwischen bürgerlichem Trauerspiel und *domestic tragedy*, zwischen Bildungsroman und Gesellschaftsroman, zwischen Regionalliteratur und Hauptstadtliteratur sind bekannt –, sie reichen weit in die Präferenz oder Ablehnung bestimmter literarischer Gattungen hinein. Auch darauf hat Hans Mayer hingewiesen. Das 18. Jahrhundert in Deutschland kennt nur wenige Staatsromane von Rang und noch weniger nennenswerte Utopien, und es hat vor Thomas Mann kaum ein über die Grenzen Deutschlands hinauswirkendes literarisches Gesellschaftspanorama gegeben, das den Romanen etwa eines Balzac, Dickens oder Tolstoi entsprechen würde. Von allen denkbaren Modellen aus dem Bereich der englischen Literatur wählte man in Deutschland im Grunde nur Samuel Richardson und Laurence Sterne. Vor allem aber fehlt es in Deutschland an den großen Literatur- und Sozialsatiren eines Dryden, Swift, Pope und Gay. Und damit fehlt es auch an einer literarischen Streitkultur und an der Gelassenheit, mit der man sich auf dem Spielfeld dieses satirischen Kampfes zu bewegen hat.

3.

Was aber sind die Grundsätze, die Spielregeln dieses Kampfes, und worin liegt die Faszination, die von ihm auf den Leser ausgeht? Ein Blick auf ein oder zwei ausgewählte Werke der englischen Literatur mag hier weiterhelfen. Beginnen wir mit dem thematisch und motivgeschichtlich einschlägigen Jonathan Swift. Dessen *Battle of the Books* nimmt den Streit auf, der durch den Vortrag von Perraults Gedicht *Le Siècle de Louis le Grand* vor der Académie Française ausgelöst wurde und der unter dem Begriff der *Querelle des Anciens et des Modernes* in die Literaturgeschichte einging. In England war dieser Debatte eine Kontroverse um die neue wissenschaftliche Methodik von Francis Bacon vorausgegangen. Als Swift mit seiner 1704 veröffentlichten Satire in die Debatte eingriff, waren die Positionen längst abgesteckt. Doch anders als in Frankreich, wo mit Boileau und Perrault kurz vor dem Ende des Jahrhunderts die Wortführer der Partei der Modernen und der Partei der Alten eine Annäherung gesucht hatten, blieben die Fronten in England verhärtet.

In Swifts Satire weitet sich der Streit zu einer veritablen Schlacht aus. Den Rahmen dafür gibt die königliche Bibliothek ab, in der sich die Alten und die Modernen um die bevorzugten Plätze auf den Regalen streiten. Verschiedene Umstände führen schließlich dazu »that they resolved it should come to a Battel«. Die Schlachtreihen werden aufgestellt, unter den Modernen ist die Führung über die einzelnen Truppenteile umstritten, die Alten haben sich längst arrangiert: Homer führt die Kavallerie, Pindar die leichte Kavallerie, Euklid ist ihr Chefingenieur, Plato und Aristoteles teilen sich die Führung der Bogenschützen usw. Momos, der Schutzpatron der Modernen, ersucht eine Gleichgesinnte um Hilfe, eine »bösartige Göttin«, die Kritik. Diese liegt träge vor einem Haufen von Essensresten, »the Spoils of numberless Volumes half devoured«, und leidet unter Verdauungsproblemen. Ihre engsten Verwandten leisten ihr Beistand oder ziehen Nutzen aus ihrer Nähe: Zur Rechten sitzt ihr altersblinder Vater und Gatte, die »Dummheit« (*Ignorance*), zur Linken ihre Mutter, der »Stolz« (*Pride*). Die »Meinung« (*Opinion*), leichtfüßig, wankelmütig und unzuverlässig, steht ihr als Schwester bei. Ihre größeren Kinder lärmen um sie herum: »Lärm« (*Noise*), »Frechheit« (*Impudence*), »Dummheit« (*Dullness*), »Eitelkeit« (*Vanity*), »Rechthaberei« (*Positiveness*), »Kleinlichkeit« (*Pedantry*) und »Ungezogenheit« (*Ill-Manners*); ihre kleineren Kinder (*a Crew of ugly Monsters*), saugen gierig an den Zitzen ihrer Milz, die stets mehr Boshaftigkeit produziert, als die Kleinen absaugen können. Ihr Äußeres will also alles andere als gefällig anmuten: Mit den Krallen einer Katze, Kopf, Ohren und Stimme eines Esels, einem zahnlosen Mund und der durch außergewöhnliche Protuberanz auffallenden Milz ist *Criticism* für jedweden allegorischen Krieg trefflich ausgestattet: »'Tis I (said she) who give Wisdom to Infants and Idiots; By Me Children grow wiser than their Parents. By Me, Beaux become Politicians; and School-boys Judges of Philosophy. [...] and Coffee-house Wits instinct by Me can correct an Author's Style, and display his minutest Errors without understanding a Syllable of his Matter or his Language. [...] 'Tis I, who have deposed Wit and Knowledge from their Empire over Poetry, and advanced my self in their stead.« Auch sie, stets belligerent, schwingt sich auf, um am Kampf teilzuhaben. Und es wird ein Kampf, der einer Satire würdig ist.

Swift, ein wahrer Meister seines Faches, gibt sich mit dem Tod nur eines Kritikers längst nicht zufrieden! Zunächst kann Galen den Speer des Paracelsus mit seinem Schild noch abwehren, aber bald wird es ernst. Aristoteles spannt, sobald er Bacon in den gegnerischen Reihen erblickt, den Bogen; doch sein Pfeil trifft nicht Bacon, sondern Descartes: Die Metallspitze des aristotelischen Pfeiles durchbohrt dessen Lederhelm und dessen rechtes Auge. Von Schmerz gequält, dreht er sich mehrmals um die eigene Achse »till Death, like a Star of superior Influence, drew him into his own Vortex.« (In welch ironischem Kontrast zu diesem aristotelischen Pfeil, der eines großen Gegners würdig ist, steht dagegen der harmlose Pfeil Cupidos, der Ehrl-König trifft, dessen Geliebte uns allerdings auch nicht gerade als Psyche erscheinen will.) Für Swift ist es damit nicht genug. Kaum haben die philosophischen Bogenschützen ihren Kampf auf Distanz ausgetragen, messen sich die epischen Dichter. Allen voran Homer, dessen furchterregendes Pferd bereits die Gegner in Angst und Schrecken versetzt. Auf unvergleichliche Weise ahmt der große Epiker sein Epos nach. Er kennt keine zivile Zurückhaltung: »He rode among the Enemies Ranks, and bore down all before him.« Kein Wunder, hatte er die Menschennatur doch gut beobachtet, als sie sich ihm vor den Toren Trojas darbot. Bald muß Denham, »a stout Modern«, Staub fressen (»He fell, and bit the Earth«). Dann darf sein Kampfroß mit einem Huftritt Wesley niederstrecken; und als ihm mit Perrault jener Verursacher des Streites zwischen den Alten und den Modernen leibhaftig begegnet, hebt er ihn aus dem Sattel und schleudert ihn gegen Fontenelle, um so zwei mit einem Streich niederzustrecken. Mittlerweile ist auch Vergil auf der linken Flanke der Kavallerie in den Kampf eingetreten. Er trifft auf Dryden, dessen Eminenz als Kritiker man unschwer mit der Wirkkraft eines deutschen Kritikers in der zweiten Hälfte des 20. Jahrhunderts vergleichen kann. Dryden wirft sich Vergil entgegen, »But his Speed was less than his Noise; for his Horse, old and lean, spent the Dregs of his Strength in a high Trot, which tho' it made slow advances, yet caused a loud Clashing of his Armor, terrible to hear.«

Mit einem allegorischen Nebensinn, der die Bezeichnung der Subtilität gewiß nicht verdient, treffen literarische Größe und kritische Besserwisserei aufeinander. Doch zunächst zeigt Vergil sich leicht verwirrt – voller Überraschung und Enttäuschung muß er feststellen, daß die glänzende Rüstung und die darin verborgene Substanz in einem grotesken Mißverhältnis zueinander stehen. Allein der Helm »was nine times too large for the Head, [...] And the Voice was suited to the Visage, sounding weak and remote.« Der gebildete Dryden grüßt Vergil in gebührender Weise und schlägt den Tausch von Pferd und Waffen vor. Vergil willigt ein, doch es zeigt sich, daß Dryden das Vergilische Pferd gar nicht besteigen kann, weil es zu groß für ihn ist. Eine Lücke im Manuskript läßt den Leser im Dunkeln über dessen weiteres Schicksal, doch ist es unschwer zu erraten. Als nächster reitet Lucan auf den Plan: »he made a mighty Slaughter among the Enemies horse«. Auch Pindar zeichnet sich nicht gerade durch Zurückhaltung aus: »he made a terrible Slaughter among the Enemies Light-Horse« . Und nach zahllosen Opfern stellt sich ihm Cowley in den Weg. Diesen jedoch verlassen Mut und Orientierung, dreimal versucht er zu fliehen, dreimal wird er gestellt, vergeblich fleht er um sein Leben, bietet Pferd, Waffen und Lösegeld an, doch Pindar zeigt sich unerbittlich: »with a mighty Stroak, cleft the wretched Modern in twain, the Sword pursuing the Blow; and one half lay panting on the Ground, to be trod in pieces by the Horses Feet, the other half was born by the frighted Speed thro' the Field«.

Swifts Satire endet mit den Worten *Desunt caetera*. Der literarische *Tod* scheint also als Schicksal der angegriffenen Satireobjekte geradezu zu den gattungspoetischen Gesetzen zu gehören. Und wir sehen: Mit dem Tod nur *eines* Kritikers gibt Swift sich nicht zufrieden. Bei ihm müssen alle Kritiker daran glauben, und sie sterben – *quod erat demonstrandum* – eines qualvollen und zum Teil durchaus nicht ehrenvollen Todes. Manch ein anderer wäre zu ergänzen. Nicht zuletzt wäre zu erinnern an die erbarmungslosen Jamben, die die ungetreue Verlobte des Archilochos in den Selbstmord und einen treulosen Freund ins Exil getrieben haben. Ehrl-König darf nicht sterben! Denn er würde in dem ehrwürdigen Kreis der Satire-Opfer einen Platz der Unsterblichkeit eingeräumt bekommen, dessen er sich erst noch würdig erweisen muß. Der Pfeil Cupidos muß vorerst ausreichen. Dessen Wirkung führt zur raschen Wiederbelebung. Eros, der Muse des Kritikers, sei's gedankt.

4.

Wer sich dieser Tradition bewußt ist, wird literarische »Morde« in der Satire gelassener beurteilen, kennt er doch deren Zweck und deren literarisches Instrumentarium. Keine Motivation ist sadistisch genug für die Suche nach den Deformationen des Gegners, keine Karikatur aggressiv und keine Darstellung tendenziös genug bei der Zeichnung von dessen Schwächen – Disproportionalität ist das Gesetz der Gattung. Objektivität und Ausgewogenheit sind unbrauchbare Fremdkriterien für die Satire als einer offensiven Beeinflussungsliteratur. Nicht zufällig fallen bei Swift die didaktischen Interessen des Predigers und des Satirikers zusammen. Beiden wird die homiletische Gegenüberstellung von Ideal und menschlicher Unzulänglichkeit, von individuellem Anspruch und mißlungener Verwirklichung zum eigentlichen Anliegen, nur dem Satiriker freilich die deflatorische Zurechtweisung zum Mittel.

Gewiß ist die Grenze zur Polemik und Invektive nicht leicht zu ziehen. Die gezielte Schmähung in bewußter Einseitigkeit gehört zu den gemeinsamen Zügen. Der Unterschied, so schwer er im einzelnen Fall auch auszumachen sein mag, liegt in der Motivation und im Ziel. Die Invektive benennt die bekämpfte Person und meint allein diese, die Satire versteht sie – in aller Regel – als stellvertretend für irgendetwas: für eine politische Haltung, eine Gesinnung oder aber den Zustand etwa des Kulturbetriebs. Die Satire entspringt einem Gefühl der Verletztheit und der Wut, einer als moralisch gerechtfertigt empfundenen Empörung, die zum rhetorischen *ethos* des Satirikers gehört und die jene *saeva indignatio* legitimiert, mit der »zurückgeschossen« wird. »In der Satire wird die Wirklichkeit als Mangel dem Ideal als der höchsten Realität gegenübergestellt«, befand Schiller in seinem Traktat *Über naive und sentimentalische Dichtung*. »Die Wirklichkeit ist also hier ein notwendiges Objekt der Abneigung, aber [...] diese Abneigung selbst muß wieder notwendig aus dem entgegenstehenden Ideale entspringen«.

Daraus ergeben sich die literarischen Mittel und die wirkungsästhetischen Konsequenzen. Worin aber liegt das Vergnügen beim Lesen der Satire, worin ihr ästhetischer Reiz? Die Schadenfreude am gemeinen Untergang des uns im Leben Überlegenen allein kann es nicht sein, zumindest dürften wir uns zu ihr nicht öffentlich bekennen. Allein Swift bekannte, daß auch der Spaß zum Lohn des Satirikers gehören könne: Da die von ihm verspotteten Höflinge, Politiker und Parlamentarier mit Pensionsansprüchen, Titeln und Macht überhäuft werden, dürfe er als Lohn doch wenigstens erwarten, mit ein paar Freunden herzhaft zu lachen. Die Ästhetisierung der literarischen Schmähmittel legt also offenbar jene uralte Kraft des *komos* frei, welche das Bloß-Stellen wörtlich und übertragen meint, das deflatorische Bloßstellen der verborgenen, nun aber nackten Wahrheit. Die Kraft des *komos* verbindet die rituell-strafende Funktion des Satirikers mit der rituell-affektreinigenden Funktion des ästhetischen Erlebnisses. Das Lachen ist Waffe, und als solche begriff Jonathan Swift die Satire: »Like the everlaughing sage,/ In a jest I spent my Rage:/ (Tho' it must be understood, / I would hang them if I cou'd).« Satire verletzt und will verletzen. Angespornt von der *saeva indignatio* des kritischen Beobachters, tut sie dies mit der überzeichnenden Spottgeste, die den Gegner zu einem bedrohlichen Status erhebt, um ihn dann um so tiefer fallen zu lassen.

Ein derartiges Vorgehen kennt weder Rücksicht noch »guten Geschmack« im geläufigen Sinn. Auch der Vorwurf der Geschmacklosigkeit blieb Walser nicht erspart, und ihn greift Butler im *TLS* auf. Der Makel des Romans, urteilt er, sei nicht etwa die geschmacklose Darstellung des Protagonisten und seiner amourösen Vorlieben, sondern gerade der Umstand, daß der Roman *nicht geschmacklos genug* sei. *A tasteful satire is a contradiction in terms*. Ein solches Urteil fällt nur der, dessen Geschmack an Rabelais, Swift oder Alexander Pope geschult ist. Hierzu ein letztes Beispiel. Auch in Alexander Popes *Dunciad* tauchen übrigens Kritiker – im wörtlichen Sinn – ab und werden für tot gehalten, um später überraschend wieder aufzutauchen.

Der Rahmen dieser Vorgänge sei kurz geschildert. Die Welt der *Dunciad* ist die Londoner Intellektuellen- und Literatenwelt des frühen 18. Jahrhunderts. Unter *dunces* – abgeleitet aus dem Namen des Scholastikers Johannes Duns Scotus – haben wir dumme, langweilige Gecken zu verstehen, aufgeblasene Pedanten und eitle Rechthaber, hier also Repräsentanten der Schriftsteller, Verleger, Kritiker und Professoren jener Zeit. Das Reich der *dunces* steht unter dem Regiment der Göttin *Dullness* (Langeweile, Stumpfheit), die als Statthalter einen Narrenkönig eingesetzt hat, der dem Treiben der *letterati* und *virtuosi* die Richtung weist. Das zweite Buch dieser Verssatire berichtet davon, daß der Narrenkönig zu Ehren der »Dummheit« für seine Untertanen einen Festzug durch London organisiert, der durch mancherlei Wettkämpfe unterbrochen wird. Da gibt es zunächst den Wettlauf der Buchhändler und Verleger um einen von der Dummheit als »Dichter« ausstaffierten Popanz. In dessen Verlauf fällt einer nach dem anderen in die Pfützen, die ihre Gattinnen während der Morgentoilette auf der Straße hinterlassen haben. Das Treiben wird fortgesetzt mit einem veritablen Urinierwettbewerb der Kritiker, in dem sich besonders hervortut, »Wer künstlich seinen Brunn / Hochströmend in die Luft zu senden weiß«, wobei es zu wahrhaft einfallsreichen Ergüssen der dichterischen Einbildungskraft kommt. Das Fest strebt seinem Höhepunkt zu, wenn die Kritiker mit jener Materie konfrontiert werden, in der sie recht eigentlich zu Hause sind:

Wo Fleetditch durch den Mund verschlammter
   Ströme
Der Thems den Zins von toten Hunden bringt,
Der Pfützen Fürst! Kein Sumpf von Koth besudelt
Die Silberflut mit einem tiefern Schwarz.
»Hier, meine Kinder, zieht die Kleider aus.« ...
»Wer schlägt durch dick und duennes sich am
   besten,«
»Und wer bezeugt zum Koth am meisten Liebe,«
»Am meisten Fähigkeit darinn zu wuehlen?«
»Wer sich am dapfersten im Unrath tummelt,«
»Wer seinen Strohm am weitesten besudelt,«
»Der nehme die Journale zum Gewinne,«
»Die London wöchentlich zum Vorschein bringet;«
(*Alexander Popens Duncias*, übers. J. D. Oberek,
   Zürich, 1747).

Der Meister des Unrats als Herr der Medien! Mit diesem Ziel kann sich so manch einer identifizieren. »Der große Denys«, der sich im Alter von sechzig Jahren nicht mit dem materiellen Schicksal abfinden mag, daß »zwey und zwey nur viere machen«, stürzt sich »Wo es am dicksten war, senkrecht hinunter«. Und dann passiert es, daß der berühmteste von ihnen dabei verlorengeht. Smedley will Dennis nacheifern, »der Pful erzittert, / Manch runder Ring tanzt langsam drüber hin, / Dann schloß er sich, und schloß sich nicht mehr auf. / Ihm sehen alle zu; es seufzen alle; / Und jedermann ruft dem Verlornen nach.« Man wähnt Smedley für immer verloren. Spät erst, als niemand mehr an seine Auferstehung aus der Dunkelheit der kritischen Materie glaubt, kehrt er ins Leben zurück – und berichtet von mancherlei Schlamm-Nymphen, die ihn am Auftauchen zu hindern versuchten. Auf wieviel mehr Nachsicht trifft im Vergleich dazu doch unser Ehrl-König, der weder vom Stahl eines martialischen Schriftstellers niedergestreckt wird, noch sich aus der feuchtwarmen Umarmung einer Schlamm-Nymphe befreien muß. Er darf aus den Armen einer vermutlich sehr viel ansehnlicheren Bewunderin zurück ins Leben treten, und ein Schuft sei, wer Böses dabei denkt. Nicht einmal geschmacklos ist Walsers Werk, und das läßt unsere englischen Kollegen einigermaßen enttäuscht zurück.

Doch fühlen sich vielleicht andere getroffen? Wer findet hierzulande kein Vergnügen an der liebevollen Darstellung des gebildeten Geschwisterpaares Rainer Heiner Henkel und Ilse-Frauke von Ziethau, »in zwei völlig gleichen, sich zu Bayern bekennenden Mänteln«; wer nicht an jenem Aphorismus über die schlechthinnige Verkörperung des Guten, »der inzwischen ja deutlich Kreuzschmerzen hat vor lauter aufrechtem Gang«? Der perfide

Reiz der satirischen Waffen liegt ja eben darin, daß sie immer siegen und immer unangreiflich sind. Pope hat das genau gesehen. Im Vorwort zu seinen Satiren weist er Vorwürfe zurück, welche die Bloßgestellten gegen ihn erheben könnten: Diejenigen, die er angreife, finden nichts dabei, wenn sie in ihren Verrissen die namentlich Bezeichneten vernichten, während seine fiktiven Figuren stets verschlüsselt blieben (was nur eingeschränkt zutrifft) und reale Bezüge allenfalls durch die Wahrheit und Ähnlichkeit (*by its truth and likeness*) entstehen. Wer aber will schon gegen die Wahrheit etwas einwenden? Entweder wird die Gleichung x = y geleugnet; dann hat niemand etwas zu beklagen. Oder die Gleichung geht auf; dann sollte y besser schweigen. – Oder sich bedanken. Pope hat gegen Ende seiner Karriere einmal festgestellt, er habe wohl sein Ziel verfehlt. Dadurch, daß er seine Gegner satirisch vernichtet habe, habe er sie zugleich »auf seinen Armen in die ganze lange Ewigkeit getragen« (Obereks Vorwort zur *Duncias*).

5.

Damit wären wir aber doch mit Nachdruck an den ästhetischen Charakter der Satire erinnert. Auch hier ist die satirische *persona* als vermittelnde Instanz wie der Erzähler im Roman nicht mit dem Autor gleichzusetzen. Im Fall Walsers wird die Perspektivität des konstruierten Erzählers insofern noch problematischer, als hier nicht nur zwischen dem Autor und der satirischen *persona* zu trennen ist, sondern die *persona* ihrerseits ein kompliziertes Doppelleben zwischen Hans Lach und Ich-Erzähler Michael Landolf führt. Von solchen Fragen war in den deutschen Rezensionen wenig oder gar nichts zu lesen. Die ideologische Detektivarbeit überlastete die hermeneutische Auseinandersetzung mit dem Text vielmehr mit solch tiefsinnigen Fragen, ob die Beschreibung einer nicht-jüdischen Nase nicht gerade deshalb als antisemitisch zu gelten habe, weil sie im Kontext sonstiger Merkmale angeblich jüdischer Physiognomie verfremdend wirke und um so deutlicher als stilistisch markiert hervortrete. Diese Geistesakrobatik ist fast so belustigend wie die Tatsache, daß schließlich dem vermeintlichen Mordopfer von einem deutschen Rezensenten noch ein »jüdisches« Kinn angedichtet wurde, obwohl dieses Kinn – jüdisch oder nicht – das des Täters war. An einem solchen kritischen Tun hätte Jonathan Swift seine helle Freude gehabt.

Denjenigen Vorgang aber, der sich einer satirischen Darstellung am würdigsten erweist, haben Gegner und Befürworter des Romans *Tod eines Kritikers* noch gar nicht richtig wahrgenommen: daß man in Deutschland tage- oder wochenlang öffentlich über ein Buch streitet, das es gar nicht gibt! Eine so wundervolle Vorlage für eine Satire bot sich keinem Satiriker zuvor – von des Kaisers neuen Kleidern einmal abgesehen. Deutlicher konnten die beteiligten Medien und Personen nicht zeigen, welche Bedeutung sie dem Leser zubilligen. Nicht dessen Urteil wurde eingeholt (er sollte zunächst einmal gar nicht die Möglichkeit zu einem eigenen Urteil bekommen), sondern allein das einiger ausgewählter Kritiker. In einer Zeit, in der Kostensenkung und Zeitmanagement zu den höchsten Gütern zählen, liegt der Vorschlag nahe, Romane zukünftig nur noch von einem Dutzend Kritikern lesen zu lassen, welche dann dem Lesepublikum im Internet eine kurze Zusammenfassung mit abschließendem

Urteil bieten. Damit würde man die derzeit geläufigen Kriterien für »Bildung« (zu wissen, was drinsteht) allemal erfüllen und hätte den Kanon leichter abgearbeitet. Gewiß fänden sich dann auch bald Kritiker, die bei ihren Zusammenfassungen auf Romane ganz verzichten und sich mit der Ankündigung dessen, was jemand zu schreiben vorhabe, begnügen würden. Dieses Verfahren hätte den Vorteil, daß »Geschmacklosigkeiten« im Filter kluger und weitsichtiger Rezensenten hängenblieben.

Walsers Satire hat hohe Wellen geschlagen. Die Reaktion auf seinen Text hat aufschlußreiche Einblicke in den Zustand des deutschen Literaturbetriebs erlaubt. Schon damit ist der Zweck der Satire erfüllt. Bei aller Erregung und Differenz im kritischen Urteil sollten wir die Gattungsgesetze der Satire nicht aus dem Blick verlieren. Vor allem aber sollten wir Swifts Ermahnung an seine Leser nicht leichtfertig in den Wind schlagen: Zorn und Wut stärken die Glieder, aber schwächen den Verstand.

Prof. Dr. Norbert Greiner lehrt Englische Literatur an der Universität Hamburg.

HARTMUT REINHARDT

Tassos Zorn
Martin Walser und sein Kritiker

Der *Tod eines Kritikers* ist nicht der einzige literarische Text, der den Kritiker aus der Außenposition in seine Figurenkonstellation hineinzieht, um ihn für eine Rachephantasie belangbar zu machen. Beinahe zeitgleich ist Bodo Kirchhoffs *Schundroman* erschienen, der den »Tod eines Kritikers« als Mosaikstein einer Gangstergeschichte einsetzt, die mafiose Strukturen des Literaturbetriebs aufdecken will und diese bereits im Titel qualifiziert. Für den Louis Freytag bei Kirchhoff wie für den André Ehrl-König bei Walser hat ein realer Großkritiker Pate gestanden: Marcel Reich-Ranicki, je nach Blickpunkt bewundert, gefürchtet oder gehaßt, eine Machtinstanz jenes Literaturbetriebs, dem die Autoren angehören. Schon vor Jahren hatte Peter Handke in der *Lehre der Saint-Victoire* (1980) Reich-Ranicki, deutlich erkennbar, in das böse Bild eines bissigen Wachhundes gebannt, ohne daß in offenen Briefen ein Antisemitismus-Vorwurf erhoben worden wäre. Erwähnen wir am Rande, daß in John Updikes neuestem Roman *Seek My Face*, befaßt mit der New Yorker Kunstszene der fünfziger und sechziger Jahre, ein Schriftsteller einen verhaßten Kritiker dem Vernehmen nach vor die U-Bahn stößt.

Martin Walser hat bei früherer Gelegenheit vermerkt,

eine literarische Figur sei ein »Schatten«, der seinen »Werfer« verloren habe. Für André Ehrl-König gilt das wohl kaum. Der Leser des Kritiker-Romans wird recht bald darauf gestoßen, daß der hier auftretende und in eine Kriminalgeschichte verwickelte Großkritiker, der in seiner Fernseh-»Sprechstunde« herrisch das Schlechte vom Guten scheidet, mit einigen Verfremdungen Reich-Ranicki nachmodelliert ist. Jeder halbwegs Kundige kann sich die gestischen und sprachlichen Manierismen entsprechend zusammenreimen – und jene axiomatischen Verkündigungen wiedererkennen, mit denen Reich-Ranicki bis zur Selbstparodie Literatur zu bewerten pflegt: »Was mich nicht unterhält, ist schlecht.« Der Autor zahlt dem prominenten Kritiker etwas heim, indem er ihn kenntlich macht und einfach nur zitiert.

Dieser Rollentausch zwischen Autor und Kritiker wird psychologisch verstehbar, wenn wir die lange Geschichte zwischen Walser und Reich-Ranicki kurz rekapitulieren – für beide wohl eine Leidensgeschichte, wenngleich mit sehr unterschiedlichem Leidensgrad auf beiden Seiten. Reich-Ranicki begleitet Walsers Werk seit über vierzig Jahren mit einer kritischen Melodie, die meist auf polemische Verrisse gestimmt ist. Zum anderen aber betont er kontrapunktisch immer wieder die große literarische Begabung des Autors, seine Fabulierfähigkeit und Formulierungskraft. So äußerte der Kritiker 1963 über *Halbzeit* (1960), den ersten Teil der Anselm-Kristlein-Trilogie: »Vielleicht hat noch nie ein so schlechtes Buch eine so große Begabung erwiesen.« Den massivsten Schlag führte er 1976 gegen den Roman *Jenseits der Liebe*: »Ein belangloser, ein schlechter, ein miserabler Roman. Es lohnt sich nicht, auch nur ein Kapitel, auch nur eine einzige Seite dieses Buches zu lesen. [...] Die Sprache verweigert sich ihm [Walser], seine Diktion ist jetzt saft- und kraftlos: In dieser Asche gibt es keinen Funken mehr.« Reich-Ranicki zieht so kräftig vom Leder, daß man sich fragen muß, wie denn eigentlich die Konzession plausibel werden kann, der von einem »Fehlschlag« zum nächsten »Mißerfolg« taumelnde Walser sei dennoch einer »der originellsten Schreiber seiner Generation«. Nur einmal hat der Dauerkritiker in ein anderes Register gegriffen: Walsers Novelle *Ein fliehendes Pferd* – in der Tat formstreng, geradezu schulmäßig am Gattungsschema mit ›Wendepunkt‹ und ›Falken‹ orientiert – jubelte er 1978 zu einem »Glanzstück deutscher Prosa« hoch. Und im Fernsehen ließ er wissen, daß er, seinerzeit noch in Polen, Walsers erstem Roman *Ehen in Philippsburg* (1957) seine Anerkennung durchaus nicht versagt habe.

Walser mußte sich durch Reich-Ranicki geschmäht und als Schriftsteller herabgesetzt sehen, ohne daß in seiner Sicht neben der Selbstherrlichkeit des Kritikers klare Kriterien für seine Verdikte ausgewiesen werden. Der Behandlung seiner romanhaften Autobiographie *Ein springender Brunnen* durch das von Reich-Ranicki befehligte *Literarische Quartett* (im *Zweiten Deutschen Fernsehen*) am 14. August 1998 unterstellte er eine »Verdammungs- und Verletzungsabsicht«. Und *ad personam* des Chefkritikers äußerte er in einem Zeitungsgespräch: »Seine Fernsehsendung empfinde ich als Machtausübung. [...] In unserem Verhältnis ist er der Täter, und ich bin das Opfer.« Auf den Machttrieb des Kritikers angesprochen, nochmals verschärfend: »Jeder Autor, den er so behandelt, könnte zu ihm sagen: Herr Reich-Ranicki, in unserem Verhältnis bin ich der Jude« (*Süddeutsche Zeitung*, 19./20.9.1998). Damit kommt eine Spur zu Gesicht, die aufzunehmen sich lohnt, um den Streit nicht bloß auf der

Ebene der persönlichen Animositäten zu verfolgen, sondern in einen weiteren Zusammenhang zu rücken. Wie Walser zum Kritiker-Roman mit Reich-Ranicki als kaum verschlüsseltem Popanz gekommen ist, wie er also nach langen Jahren des Erduldens gerade jetzt das Täter-Opfer-Verhältnis umzukehren versucht, erschließt sich signifikant von der Paulskirchenrede (am 11. Oktober 1998) aus, gehalten bekanntlich bei der Verleihung des Friedenspreises des deutschen Buchhandels, überschrieben mit *Erfahrungen beim Verfassen einer Sonntagsrede* – und heftig umstritten wie kaum ein anderes Kulturereignis der deutschen Nachkriegsgeschichte.

Martin Walser verliest da nicht ein politisches – oder ›vergangenheitspolitisches‹ – Manifest. Er läßt das Publikum in der Paulskirche teilhaben an der Selbstverständigung eines Schriftstellers, der gegen den Konformitätsdruck der Öffentlichkeit, von den Massenmedien verstärkt und zugleich ausgezehrt, auf der persönlichen Prägung des Gewissens besteht. »Ich taste in meinen Bewußtseinszuständen herum, um mich kennenzulernen«, lautet seine spätere Selbstbeschreibung der Frankfurter Rede. Seine letzte Publikation setzt »Sprache« als Ausdruck je persönlicher »Erfahrung« gegen die »Vokabulare« als »adressierte Sprachen«, die auf das Rechthaben (»das [...] Orthodoxietaugliche, das Zentralkomiteehafte«) zielen (*Die Zeit*, 16.1.2003). Demnach wollte der Paulskirchenredner nicht recht haben, sondern auf Prozesse des eigenen Inneren verweisen. Allerdings trägt er in und nach der Rede dem Umstand nicht Rechnung, daß er unter der Konditionierung einer öffentlichen Situation nicht anders als »adressiert« sprechen kann.

Doch soll der Streit um die Paulskirchenrede hier nicht noch einmal aufgerollt werden. Im Zusammenhang betrachtet und auf das redesteuernde Motiv zurückverfolgt, bietet sich Walsers Unterlaufen eines öffentlichen Kommunikationsrituals als ein – begreiflicher, aber kaum das rechte Maß wahrender – Zornesausbruch dar. Das Unheil nahm seinen Ausgang von der schon erwähnten Sendung des *Literarischen Quartetts* im August 1998. Als Referent für Walsers Roman *Ein springender Brunnen* fand der Züricher Kulturjournalist Andreas Isenschmid lobende Worte für Buch und Verfasser (»Erinnerungskünstler ganz ohnegleichen«), schloß dann aber ein Monitum an: »Das Heikelste an der ganzen Sache und das, über was es sicher am meisten zu reden gibt, ist natürlich dies, daß das eine Kindheitsgeschichte im deutschen Faschismus ist, in der das Wort Auschwitz nicht vorkommt, [...] der Schrecken des Faschismus, wie wir ihn kennen, eigentlich beinah ausgeblendet ist.« Was der Kritiker beanstandet, ist bei Walser Erzählkonzept: die Vergegenwärtigung der eigenen Vergangenheit bei abgedunkeltem Erinnerungshorizont. Walser besteht auf einer Unterscheidung, die er schon 1988 in einer Rede in den Münchner Kammerspielen vorgenommen hat: »Das erworbene Wissen über die mordende Diktatur ist eins, meine Erinnerung ist ein anderes.« In den Kreis des Persönlichen qua Authentischen will er sich als Erzähler von drei Zeitstationen der eigenen Jugend einschließen, ungeachtet aller gedächtnistheoretischen Schwierigkeit, neben dem erinnerten Ich das sich erinnernde Ich fernzuhalten. So kommt in Walsers Jugendroman die politische Welt der dreißiger Jahre, sodann der Krieg, in den der junge Johann noch verwickelt wird, nur in der Perspektivierung auf die damaligen persönlichen Erfahrungen vor. Vor allem die Episoden mit dem Halbjuden Wolfgang Landsmann sind (auch im *Literarischen Quartett*) als befremdlich empfunden und kontrovers erörtert worden. Nach Kriegsende trifft Johann den einst Ausgestoßenen wieder, läßt sich sein Schicksal erzählen – und sagt zu alledem nichts. Das in diesem Zusammenhang eingesetzte Wort vom »Wegschauen« hat einen Kritiker veranlaßt, eine Verbindung mit der Paulskirchenrede herzustellen, während Walsers Verteidiger in Johanns Mitleidsverweigerung die kritisch gemeinte Studie über den Typus des »Verdrängers« entdecken wollen – was aber logisch jene Erinnerungsinstanz implizieren müßte, die Walser gerade ausschließen will.

Tatsächlich unterbleibt die Mitleidsfrage, weil sie einen anderen Erzählprozeß stören würde, auf den es Walser vor allem ankommt: die Selbstfindung Johanns als Dichter, als Prosaschreiber. Der *Springende Brunnen* mit der aus dem »Nachtlied« von Nietzsches *Zarathustra* zitierten Titelmetapher will in den Lebenswurzeln die Genese des eigenen Dichtertums aufdecken. Der »Wörterbaum« des Vaters, die ersten eigenen Gedichte – altersgerecht sind es Liebesgedichte –, die prägenden Lektüreerfahrungen (Nietzsche, Stefan George, Stifter, Heine und Faulkner) fügen sich in eine Teleologie, in der die eigene Erfahrung die eigene Sprache findet. Es ist der Abwehrreflex des werdenden Dichters, der Versuch, die eigene und nur ihm eigene »Empfindung« zu hüten und Sprache werden zu lassen, der Johann sprachlos macht für ein angsterfülltes und ängstigendes Fremdschicksal. »Alles, was entsetzlich war, fiel ab an ihm, wie es hergekommen war. Er wollte nicht bestreiten, was rundum als entsetzlich sich auftat. Aber er wollte sich nicht verstellen. Und er hätte sich verstellen müssen, wenn er getan hätte, als erreiche ihn das Entsetzliche. Es erreichte ihn nicht.« Die gleiche Abschirmung, wie sie hier von Musik und Gesang ausgeht, macht Walser als Bedingung für das Auffinden der eigenen literarischen Melodie geltend. Wenn es um das Hineinfinden ins Eigene geht, wenn eigentlich die Sprache spricht und der Autor nur noch ihre Bewegung mitgeht, hat kein, wie es in der Paulskirchenrede heißt, »smarter Intellektueller« à la Isenschmid dreinzureden mit der Forderung, den »Schrecken des Faschismus« gefälligst so darzustellen, »wie wir ihn kennen«.

Man kann sich ausmalen, wie diese Vorhaltung Walser getroffen hat. Er hatte Einblick gewährt in das Innerste und Eigenste seiner Dichter-Existenz – und mußte sich sagen lassen, Auschwitz verleugnet zu haben. Dreimal erwähnt Walser, die Paulskirchenrede mitgezählt, das Auschwitz-Monitum des *Literarischen Quartetts* kurz hintereinander zwischen Fassungslosigkeit und Wut. Hier sehen wir – so Jochen Hieber – die »Initialzündung« der streitbaren Rede. Der hier Auschwitz zur »Moralkeule« erklärt und das »Wegschauen« zu legitimieren versucht, tut dies aus einem gekränkten Dichtergemüt. Ob er will oder nicht: Walser reproduziert das Reaktionsmuster eines Kollegen aus einem klassischen Dichterdrama, aus Goethes *Torquato Tasso*. Im Zurückwerfen des Auschwitz-Monitums bietet er ein Beispiel von »Dichterreizbarkeit« (Fontane) bei mangelhafter Affektkontrolle, das viel zu tun hat mit dem literarischen Muster.

Als Gewährsleute und Eideshelfer nennt Walser in der Paulskirchenrede Heidegger (dessen Sprachdenken für ihn offenbar inzwischen größte Bedeutung erlangt hat), Hegel, Kleist, Thomas Mann – und Goethe. Das Argument, daß im *Wilhelm Meister* (1796) »die Guillotine nicht vorkommt«, soll eine reputierliche Parallele zur eigenen Nichterwähnung von Auschwitz im *Springenden Brunnen* einbringen. Auch den *Torquato Tasso* erwähnt der Redner: einen Monat nach dem Sturm auf die Bastille vollendet, ohne das Epochenereignis der Revolution im mindesten zu notieren. Daß Walser den *Tasso* als Goethes »zärtlich-innigstes Spiegelbildstück« bezeichnet, verrät eher etwas über sein besonderes Verhältnis zum *Springenden Brunnen* und damit über das Ausmaß seiner inneren Verletzung. In Wahrheit bietet Goethe eine Analyse des Dichterproblems von der kältesten Art, eine solche jedenfalls, die einiges Licht auf Walsers regelverletzenden Ausfall in der Paulskirchenrede werfen kann. Wie Tasso von seiner Einbildungskraft, die ihn zu großer Poesie befähigt, zum Verkennen realer Situationen hingerissen wird, so reagiert auch Walser im Wechselspiel zwischen ›Literatur‹ und ›Leben‹ aus gekränkter Dichter-Empfindsamkeit. Man muß ihn nicht auf Tassos gegen den Widersacher Antonio gerichtete Wahnphantasie festlegen wollen: »Es ist Verschwörung, und du bist das Haupt.« Aber er fühlt sich von inadäquaten Kritiker-Vokabularisten verletzt und will es ihnen, voran dem »Haupt«, endlich einmal heimzahlen. Nach seinem Empfinden ist ihm so mitgespielt worden, wie es Goethes Dichter ergangen wäre, hätte ihm die Hofgesellschaft von Ferrara sein Ruhmesepos *Das befreite Jerusalem* vor die Füße geworfen. Daß sich Walser zur Wehr setzt, ist alles andere als unverständlich. Die Art freilich, wie er das als öffentlicher Redner tut, reitet ihn freilich nur um so tiefer in die von Goethe distanziert vorgeführte Dichter-Empfindsamkeit hinein.

Einige Jahre vor diesen Turbulenzen hatte Walser erstmals eine deutlich auf Marcel Reich-Ranicki gemünzte Kritiker-Figur auf seine Erzählbühne gestellt: im Roman *Ohne einander* (1993). Zum thematischen Spektrum dieser Satire auf den Kulturbetrieb, angesiedelt im Milieu der Münchner Gesellschaft, gehört auch der Antisemitismus. Der reiche Fabrikant Ernest Müller-Ernst, Liebhaber der Magazin-Journalistin Ellen, findet im Unterschied zu ihr den Film *Der Hitlerjunge Salomon*, der wieder einmal die nationalsozialistische Schande aufwirbelt, »entsetzlich«. Denn er belege: »Immer noch sind alle Deutschen von damals dummbrutale Naziphrasendrescher, und alle Nichtdeutschen sind rührend-prächtig-herrliche Menschen.« Dahinter stecke nichts anderes als eine »Kalkulation des Auslands«: »Eine nicht enden dürfende Erpressung durch andauernde Vorführung der deutschen Greueltaten in gar allen Medien. Vor Generationen, die mit diesen Greueltaten überhaupt nichts zu tun haben konnten! Die aber Schuldbekenntnisse abliefern sollten! Und nichts ruiniere eine Gesellschaft auf die Dauer gründlicher als eine Moral, die nur auf den Lippen zu Hause sei.« Das ist, wohlgemerkt, Figurenrede, als solche perspektivisch begrenzt, vorgetragen von einem Society-Repräsentanten, den nicht gerade ein großer Nimbus umgibt (und den dann beim Versuch, sich auch an die Tochter der Freundin heranzumachen, ein Nemesis-Schicksal trifft: Tod durch Ertrinken im Starnberger See). Irritierend aber, daß Walser selbst in der Paulskirchenrede solche Töne anstimmt.

Der Kritiker nun, hier noch am Rande plaziert, heißt Willi André König, und porträtiert wird er als »ein begnadeter Selbstinszenierer«, »Plauderer«, Monomane mit starkem Hang zum »Bekanntgebungs- und Verkündigungsstil«. König wird »in der Branche Erlkönig genannt«, weil – Anspielung auf Goethes berühmte Ballade – alles in seiner »Umarmung« (also: in seiner Kritik) »erlöschen« muß. »Erlkönig« will den Roman eines jüdisch-amerikanischen Schriftstellers verreißen, der die Verflechtungen der jüdischen Mafia mit der Hollywood-Filmwelt aufzudecken versucht. Das weckt beim Herausgeber des Magazins Bedenken, weil er den Vorwurf des Antisemitismus heraufziehen sieht. Durch den Hinweis auf seine jüdische Großmutter erzwingt »Erlkönig« jedoch die Publikation seiner Kritik – als Gegengewicht soll eine Betroffenheitsimpression über den schon erwähnten Film ins Blatt. Vom Kritiker und »Medienstar« heißt es: »[...] wenn der Erlkönig dann einmal lobt, ist er noch vernichtender, als wenn er vernichtet.« Kleine Anspielung auf die Eloge über *Ein fliehendes Pferd*? An *Ohne einander* fand Reich-Ranicki jedenfalls nichts zu loben. Er hat den Roman in der *Frankfurter Allgemeinen Zeitung* weidlich heruntergemacht und seine Kritik zum amüsanten Bonmot zugespitzt: »Er plauscht und plaudert unbeirrt, er schwatzt und schwafelt unermüdlich. Das Plappern ist sein Element und sein wichtigstes Ausdrucksmittel. Ja, plappernd hat er, unser lieber Martin Walser, seinen Weg gemacht: Er [...] ist Deutschlands gescheiteste Plaudertasche.« Von Willi André König, genannt »Erlkönig«, nahm Marcel Reich-Ranicki keine Notiz.

Der *Tod eines Kritikers* schließt an den früheren kultursatirischen Roman an. Der Stellvertreter Reich-Ranickis heißt nun, leicht variiert, André Ehrl-König, erhält also einen Doppelnamen, den Walser neuestens immer von einem Degout umspielen läßt. Die Kenntlichkeit dieser Figur – und damit der böse geschärfte Blick des Autors für die signifikanten, zur Imitation verlockenden Züge ihres realen Vorbildes – ist nicht zu übersehen und braucht im einzelnen nicht umständlich belegt zu werden. Auch andere Mitglieder des Kulturbetriebs lassen sich genüßlich dechiffrieren. Eines aber enthält Walsers Text zweifellos nicht: eine die Darstellung in der Hauptsache oder auch nur in Nebenlinien einfärbende antisemitische Tendenz. Von der publizierten, am 26. Juni 2002 vom Suhrkamp-Verlag ausgelieferten Fassung läßt sich das jedenfalls mit Sicherheit feststellen. Durch den offenen Brief Frank Schirrmachers an Martin Walser (*Frankfurter Allgemeine Zeitung*, 29.5.2002) war der Autor unverhohlen unter Antisemitismus-Verdacht gestellt, sein Buch als »Mordphantasie« und als nur schlecht getarntes »Dokument des Hasses« gegen den Kritiker als Juden denunziert worden. Diese Nebel haben sich aufgelöst, und Walsers Buch zeigt sich als »Lehrstück über Wahrheit und Lüge im Kulturbetrieb«. Zu diesem gehört nun allerdings der zur Machtinstanz aufgerückte Kritiker, der sich wichtiger nimmt als alle Autoren und die Literatur.

Der Kritiker, so scheint es anfangs, ist ermordet worden. Ein von ihm in seiner »Fernseh-Show« geschmähter Autor gerät nach einer angeblichen, auf das Hitler-Vokabular zurückgreifenden Gewaltandrohung gegen Ehrl-König unter Mordverdacht. Ein Schriftsteller-Kollege sucht die Unschuld des Inhaftierten nachzuweisen, bespricht sich mit dem ermittelnden Kriminalkommissar und guten Kennern Ehrl-Königs, um mögliche Motive zu ermitteln oder auszuschließen. Das entspricht dem Formschema des Kriminalromans, dient aber eigentlich der Strategie, Spiegel aufzustellen, in denen sich der vermeintlich getötete Starkritiker zu erkennen gibt: als Egomane mit bestimmten Techniken, sich selbst auf Kosten der Autoren und der Literatur einem auf Unterhaltung erpichten Massenpublikum zu präsentieren. Am Ende stellt sich heraus: Den Mord hat es gar nicht gegeben, vielmehr war der Starkritiker abgetaucht zu einem Liebesabenteuer mit einer von literarischem Ehrgeiz getriebenen

Adelsdame. Pompös wird sein Wiedereinzug in die – standesgemäß bewohnte – Grünwalder Villa als Fernsehereignis geschildert. Am Ende sehen wir André Ehrl-König von der britischen Königin nobilitiert, vor allem wegen seiner Verdienste um die »Förderung des englischen Kriminalromans«. Dem Geltungssüchtigen ist alles recht, wenn es denn der ersehnte Büchner-Preis nicht sein kann.

Im Kontext findet man eine böse Zukunftsvision des Kulturbetriebs, ein Weiterphantasieren des *Literarischen Quartetts* (mit »Aal«, »Affe«, »Auster« und »Klitornostra« oder »Feuerraupe«): sie spielen ihr Spiel des Rühmens und Verdammens (dieses gestuft in »Beleidigung«, »Abstrafen« und »Fertigmachen«) in der »Gläsernen Manege« als »Kritoren«, auf die es ankommt und denen die Schreibenden nur noch zuzuliefern haben. »Autoren« gibt es eigentlich nicht mehr, wenn »Kritoren« bis zur Teilusurpation des Namens die Macht übernommen haben. Die Literatur ist vollends im Zirkus gelandet. Die Genese dieses Einfalls läßt sich auf ein vierzeiliges Gedicht zurückverfolgen, das sich Walser in noch freundlicherer Kommunikation 1985 zu Reich-Ranickis 65. Geburtstag hat einfallen lassen: »Clowns sind wir, der Zirkus heißt Kultur, / Unsre Nummer: Watschen mit Gesang. / Streicheln dürfen wir uns nur / Draußen in dem dunklen Gang.«

Walser sucht seinem Dauerkritiker einiges heimzuzahlen. Doch er tut es nicht aufgeregt, sondern aus der wiedergewonnenen Komödienfähigkeit heraus. Tassos Zorn hat sich abgekühlt. Der *Tod eines Kritikers* gibt sich als Erzählkomödie, auch wenn wirkliche Todesfälle eintreten: den Verleger trifft es, und der psychopathische Dichter Mani Mani springt von der Brücke. Es gibt eine Gegenwelt des Dunklen, Ernsten, Saturnisch-Melancholischen. Aber

André Ehrl-König hat zu ihr keinerlei Verbindung. An ihn wird komödiantisch kühl Reich-Ranickis ironische Sottise über die »Plapperei« in *Ohne einander* zurückadressiert. In den Spiegeln der über Ehrl-König aussagenden Zeugen erscheinen Beschreibungen (»Superlativstilistik«) und Zitate (»Ein so guter Autor, und wieder ein so schlechtes Buch!«), die dem Kenner der literarischen Szene wohlvertraut sind. Greifen wir nur noch die ironische Konstatierung auf, erst Ehrl-König habe Nietzsches Plan einer »Umwertung aller Werte« wirklich ausgeführt, insofern nämlich durch ihn »nur ein Wert übriggeblieben ist als der Wert aller Werte, und außer ihm ist nichts: der Unterhaltungswert«.

Der Erzähler ist ein Schriftsteller (und Mystikforscher) namens Michael Landolf, der von der Unschuld des tatverdächtigen Hans Lach überzeugt ist – mit gutem Grund, denn am Ende stellt sich überraschend die Identität von »Erzähler« und »Erzählte[m]« heraus. Alle Unterscheidungen zwischen den beiden Figuren und alle dem Schema des Kriminalromans folgenden Recherchen sind auf einmal als »Scheinbewegungen« enttarnt, verlieren ihren erzählperspektivischen Ort. Die wundersame Autorenverschmelzung ist nicht leicht aufzuschlüsseln. Vielleicht weist der eingangs hingeworfene Satz auf die Spur: »Beide, Hans Lach und ich, sind Schreibende.« Das Schreiben eröffnet die Gegenwelt zu den Unterhaltungskünsten des egozentrischen Kritikers. Die mit einigem Pathos aufgeladene Benennung soll offenbar die Solidarisierung der »Schreibenden« gegen die »Kritiker« (und vollends die »Kritoren«) teils markieren, teils einfordern. Nicht zu übersehen bleibt die dem Buch vorangesetzte Widmung: »Für die, die meine Kollegen sind.«

Am Anfang führt der Ich-Erzähler mit Blick auf die

Mystiker, auf Goethe und Nietzsche das Thema der »Ichwichtigkeit« ein, das später mit »Dunkelheiten« assoziiert wird – zum Schluß spricht er von seinem Projekt, »die Ich-Strecke von Seuse zu Nietzsche« zu »beschreiben«. Und ganz am Ende – »Hochgefühl, sei willkommen!« – macht er sich tatsächlich ans Schreiben, nicht mehr irritiert durch das Machtgelüst eines sich aufspielenden Kritikers. Als »Schreibender« findet der Schriftsteller ins Eigene und in die Sprache – der »springende Brunnen« beginnt auch hier zu sprudeln.

Professor Dr. Hartmut Reinhardt lehrt
Neuere deutsche Literatur an der Universität Trier.

SILVIO VIETTA

Vom ersehnten Identitätsrauschen in Martin Walsers Roman

Zu den schweren Vorwürfen, die gegen Martin Walser in den achtziger und neunziger Jahren immer wieder von der Linken erhoben wurden, gehört der Tadel, er sei ein Anpaßler, er habe Ideale verraten, die von ihm selbst einmal vertreten worden seien. Hatte einer, der in der öffentlichen Diskussion ganz weit links stand, der in den sechziger Jahren an die Notwendigkeit einer sozialistischen Lösung der gesellschaftlichen Probleme zu glauben schien, der Anfang der siebziger Jahre an der Gründung einer IG-Kultur arbeitete, der bis zur Mitte desselben Jahrzehnts sogar der DKP nahestand, das Recht, die von der bundesrepublikanischen Linken Intelligenz längst akzeptierte deutsch-deutsche Teilung zu hinterfragen? Und hatte ein Mann, der bereits Ende der siebziger Jahre die Forderung erhob: »wir müssen die Wunde namens Deutschland offenhalten« und der in seiner Rede *Über Deutschland reden* 1988 seinen kritischen Widersachern vorwarf, »sie verewigten den Faschismus dadurch, daß sie auf antifaschistischen Haltungen bestünden«, nicht schon damals seinen Kopf verwirkt? Hatte einer, der sich so bewußt nicht an die öffentlichen PC-Auflagen hielt, nicht sein Ansehen als kritische Instanz in diesem öffentlichen Diskurs verloren?

Solche und ähnliche Vorwürfe jedenfalls hagelten in den letzten Jahren auf Martin Walser nieder. Noch der harmloseste schien der von Michael Töteberg im *Kritischen Lexikon zur deutschsprachigen Gegenwartsliteratur* vorgetragene Vorwurf, Walsers Deutschland-Engagement erhebe sich »kaum über Stammtischniveau«. Sehr viel schwereres Geschütz fuhr Peter Glotz auf, wenn er noch zur Jahreswende 1994 den »wütigen Heimatdichter« Walser der Hysterie bezichtigte, ihm ›wirre Rede‹ und ›abenteuerliche Argumentationsfiguren‹ unterstellte. Das Verdikt hieß: politische Unmündigkeit. Das beste, was Glotz noch für Walser tun zu können glaubte, war die strikte Abspaltung des Literaten von dem politischen Essayisten Walser: jener sollte vor diesem gerettet werden. Dabei hielt Glotz den Fall Walser für so schwerwiegend, weil hier einer angeblich seine politische Identität verraten hatte, weil Walser offenbar nicht mehr der SPD-Kumpel von einst war.

1994 kam es zu einem historischen Streitgespräch zwischen Günter Grass und Martin Walser im NDR, in dem die unterschiedlichen gesellschaftlich-politischen Identitäts-Konzepte aufeinander prallten. Grass besetzte beinahe bruchlos die Positionen von 1972: Kapitalismuskritik, Verdacht gegen Deutschland als ein immer offen oder latent faschistoides Land, daher auch Verschlossenheit gegenüber jeder positiven Bewertung der Wiedervereinigung. Dagegen bewertete Walser diese viel offener, war auch bereit, jene trotz aller Mängel und Probleme als eine positive Wende der Geschichte zu sehen. In Grass' Redebeiträgen war immer wieder zu vernehmen, daß er in dem, der ihm da gegenübersaß, den alten Walser kaum noch wiedererkannte. Zwei gänzlich konträre Identitätskonzepte waren da aufeinandergeprallt, eine statische

Form von Selbstbehauptung und eine, deren Gedankensystem offensichtlich durch radikale Umbrüche gekennzeichnet war. Diese unterschiedlichen Konzepte sind bis in den Redegestus hinein zu verfolgen: gegen die abgeklärte Syntax von Grass stehen die eruptiven, oft elliptischen Redebeiträge Walsers. Beide wollen sich einander verständlich machen, aber oft genug gibt zumindest Grass zu verstehen, daß er den Freund aus alten Gruppe-47er-Zeiten kaum noch begreife.

Ein Schlüssel für Walsers Identität im politischen Wandel ist sein eigenes Identitätskonzept. Er hat immer die Bedeutung der eigenen *Erfahrung* als unhintergehbare Grundlage der Literatur und auch des politischen Urteils betont, also die Subjektivität des Autors. Dabei legt er ein dynamisches Konzept von Positionsgewinnung und Identität zugrunde. Ich zitiere aus dem Band *Was ist ein Schriftsteller?* von 1979: »Eine Lage aus nichts als Bewegung. Und diese Bewegung liefert dem Bewußtsein ein Geräusch, das sich nicht erleben läßt: ein fast wahrnehmbares Identitätsrauschen. Stockte die unerbittliche dialektische Treibjagd, dann stockte das Leben, man verlöre sich im Ungleichgewicht der Not. Solange es gelingt, jedes anfahrende Gran Not andauernd in jedes Gran Freiheit umzudichten, das heißt, es dem Bewußtsein als süßeste Willkommenheit zu vermitteln, so lange geht die Bewegung weiter, glaubt man an Gleichgewicht, vernimmt man fast das ersehnte Identitätsrauschen.«

Wie gesagt: das Konzept von Identität, das Walser *hier* entwickelt, ist auf Veränderung, ist auf Entwicklung angelegt. Die Widersprüche, Einreden, »jedes anfahrende Gran Not« werden in diesem Identitätskonzept zum Motor einer Fortentwicklung des Lebens, in dessen Wandel und Veränderung sich gerade das Ich bewährt. Das ist ein lebensvolles Konzept von Identität, übrigens der Lebensphilosophie von Goethe gar nicht so unverwandt. Entscheidend ist in diesem Konzept der Identität das Moment der *Differenz*, der Negativität in und für die Identitätsbildung. Durch sie angestoßen und sie verarbeitend und so integrierend bildet sich Identität prozessual immer neu. Die sich so immer erneut herstellende Identität ist zugleich offen für immer neue Impulse, für die erneute Differenz. Ich denke, daß dieses Konzept, das stets offen und unvoreingenommen auch und gerade auf öffentlich scheinbar festgeschriebene Meinungen reagiert, zutiefst aufklärerisch ist, wenn Aufklärung heißt: kritische Offenheit und Vorurteilsfreiheit im öffentlichen Diskurs. Gerade die jüngsten Debatten um Walser scheinen dieses Lebenskonzept bei veränderten Fronten zu bestätigen: Ergibt sich hier doch der Freiheitsspielraum und das ihn begleitende »Identitätsrauschen« aus dem Aufbrechen altlinker Ideologeme und Verkrustungen, also gegenüber Positionsinhabern, die traditionell das Ideengut der Aufklärung für sich reklamieren.

Wichtig für die identitätsbildende Arbeit des Schriftstellers, wie sie Walser schon Anfang der siebziger Jahre definiert hat, sind zwei weitere Momente: erstens die Dominanz der Kategorie der *Negativität* in der Erfahrung. Erfahrungen sind nach Walser zumeist schmerzliche Erfahrungen. Wir prägen uns oder das Leben weitgehend über negative Erfahrungen. Das Interesse dafür ist nach Walser die *conditio sine qua non* für den literarischen Realismus. Wenn der Autor sich für das Beschädigende interessiert, wird er ein realistischer Schriftsteller. Von den Beschädigungen ist das Ich des Schriftstellers nicht ausgenommen: Das Ich des Autors ist sozusagen prinzipiell beschädigt. Seine Identität ist fragwürdig, ungesichert. »Der literarischen Figur kommt daher eine entlastende Funktion zu: Man macht sich ganz von selbst eine Figur, die mit diesen Beschädigungen leichter umgehen kann als man selbst. Fast experimentell.«

Das zweite Moment in der kritischen Identitätsbildung des Autors ist der Vorgang des *Schreibens*. Er ist der identitätsbildende Akt *par excellence*. »Dadurch, daß er das aufschreibt, ist er noch nicht gerettet! Aber er hat doch zum ersten Male mit der Unmittelbarkeit seiner Misere gebrochen. Er ist ihr für die Zeit, die er zum Schreiben brauchte, entgegengetreten. Er hat ein Mittel gegen sie eingesetzt, das der Erinnerung, der Benennung, der Beschwörung, der Verfluchung, der Illusion, der Illusionszerstörung, der hilfreicheren Illusion, der Zerstörung der hilfreicheren Illusion: das Mittel der Identitätsbildung. Das ist das poetische Mittel schlechthin.«

Wenn die Negativitätserfahrung, der Schmerz, den das Leben zufügt, *Text* wird, ist auch ein Stück Identitätsbildung geleistet und dies eben nicht durch statische Selbstbehauptung, sondern durch einen aktiven Akt der Verarbeitung im Strom der Zeit und seiner Schmerzspuren. Und nicht zuletzt sind dies öffentliche Geißelhiebe für Grenzüberschreitungen, die Walser in den letzten Jahren und Monaten zu verarbeiten hatte. Das Thema Identität und Schreiben ist ein zentrales Thema schon in Walsers erstem großen Roman-Erfolg, den *Ehen in Philippsburg* von 1957. Es gibt zwei Dichterfiguren in diesem Roman, der die Anpassung und Einpassung des *newcomers* Hans Beumann in die kleinbundesrepublikanische Philippsburger Gesellschaft nachzeichnet. Der eine ist der angepaßte Autor Helmut Maria Dieckhow, der auf einer Philippsburger Reichenparty eben dieser reichen Gesellschaft die Leviten liest und dabei freundlich beklatscht und so integriert wird. Der andere ist der isolierte und vereinsamte Dichter Klaff, dessen Scheitern und Tod sozusagen Randphänomene der Erfolgsgesellschaft sind und von dieser kaum wahrgenommen werden. Der Roman schildert ja auf fast provokante Weise den Erfolg dieser Gesellschaft und derer, die sich ihr anpassen, auch wenn der satirische Darstellungsstil des Autors jederzeit die Distanz des Autors zur gesellschaftlichen Wirklichkeit, die er schildert, offenhält. Die folgenden Romane, die nach ihrem Protagonisten sogenannte Anselm-Kristlein-Trilogie mit den Romanen *Halbzeit* (1960), *Das Einhorn* (1966), *Der Sturz* (1973) konzipieren aber bereits die Protagonistenfigur und auch die gesellschaftliche Wirklichkeit anders. Das *Miß*lingen eher als das *Ge*lingen der Identität, die Strategien des Überlebens eher als der rundum geglückte Lebensentwurf sind das Thema dieser Romane mit ihrer genauen Aufzeichnung des bundesrepublikanischen Milieus der Mittelschicht in dem genannten Zeitraum. Dabei spricht der zweite der Romane, *Der Sturz*, das eherne Prinzip dieser Gesellschaft sehr offen und direkt aus: Kapitel 1 ist überschrieben »Geld verdienen«, Kapitel 2 »Geld verdienen«, Kapitel 3 »Geld verdienen«, die letzten beiden Kapitel garniert mit »Phantasie(n) des Angestellten«. Dieser versucht zwar offensiv als Vertreter und Werbefachmann sich in die Gesellschaft hineinzubugsieren, aber genau jener Anpassungsprozeß, der einem Hans Beumann noch recht und schlecht gelungen war, gelingt ihm nicht mehr. »Anpassung, Dabeisein, Mitmachen: das war seine Seligkeit. Daß das etwas kostet, daran hatte er offenbar nicht gedacht [...] Anselm Kristlein mußte allmählich zugeben, daß seriöse Katastrophen möglich seien.«

Mit seiner Kristlein-Trilogie beginnt Walser geradezu

eine literarische Phänomenologie der gebrochenen Helden. Die Prosatexte *Fiction* von 1970, *Die Gallistl'sche Krankheit* von 1972, *Jenseits der Liebe* (1976), *Seelenarbeit* (1979) und der Dresden-Roman *Die Verteidigung der Kindheit* (1991), schließlich *Finks Krieg* (1996) gehören in die Serie einer literarischen Erforschung von Unterlegenheitsrollen, von gesellschaftlichem Scheitern, aber auch, das wurde in der Forschung immer wieder betont, von Selbstbehauptungswillen in den gesellschaftlichen Katastrophen. Bemerkt wurde natürlich auch, daß in Walsers Romanen eben jene Gesellschaft in ihren Entwicklungsschritten sichtbar wird, die ihnen als Folie diente: die Bundesrepublik Deutschland mit ihrer Geschichte des Wiederaufbaus, der Modernisierungswellen, der Wendeproblematik. Bemerkenswert ist ja, daß Walser lange vor der Soziologie der sogenannten »Erlebnisgesellschaft« die eigentümliche Dialektik von Individualisierung und Standardisierung beschreibt, in der eine Figur durch Geschmack und Habitus sich zeichenhaft vom Kollektiv abheben will, in solcher Selbststilisierung und Selbstinszenierung aber schon von den gesellschaftlichen Stereotypen eingeholt ist. Bereits in den *Ehen in Philippsburg* mit den schicken Accessoires und der Partykultur der Familie Volkmann kommt diese Dialektik zur Darstellung.

Walsers Hauptfiguren sind immer wieder auch Schreibende. Die Thematik des Schreibens ist häufig mit derjenigen der Literaturkritik und der Kritik der Kritik verkoppelt. In *Das Einhorn* gibt es ein Kurzkapitel: »Wie Anselm schnell ein Schriftsteller wird«: »der Schriftsteller als Schnellwisser hat auch die Pflicht, selber aufzupassen und nötigenfalls tätig zu werden.« Das, so erfährt man, soll anders als bei den sogenannten »Oberschriftstellern«

geschehen, die dazu eigentlich nur Zeitungsartikel benutzen, um sich ideologisch aufzurüsten. So richtet man sich nach der in den Zeitungsartikeln verlangten Attitüde ein und zeigt zum Beispiel Engagement. Kristlein reflektiert das, folgt aber trotzdem genau diesem Muster. Er begreift: »[...] die exakten Beschwörungsformeln des Werbetexters, die Feindschaftstonarten der Partypolyphonie, das kreisende Diskussionsdeutsch. Aber die Nachtwörter, die tollkirschenhaft frischen Tätigkeitswörter und Hauptwörter und Haupttätigkeitswörter! Das sind doch gar keine Wörter.«

Das Schreiben in Walsers Romanen hat, so begreifen wir, keine weitere Erkenntnisfunktion, als daß es eben jene gesellschaftliche Stereotypisierung von Denk- und Verhaltensmustern, welche die Romane im Bereich des Habitus durchdeklinieren, auch in der Sprache anzeigt. Und damit im Innenraum der Figuren. Es gibt in den Romanen Walsers keine intakte Privatheit der Figuren im Kontext einer Gesellschaft, deren Totalitätsstruktur sich eben darin zeigt, daß sie alle Verhaltensmuster, Denk- und Sprachformen nach ihrem Modul stereotypisiert. Dieser Befund gilt natürlich *cum grano salis* auch für den schreibenden Xaver Zürn.

Am deutlichsten wird dies im Roman *Ohne einander* von 1993. Er spielt im Münchener Raum und in der dort angesiedelten soziologischen Oberschicht einer Schickeria von Unternehmern, Künstlern, Journalisten. Seine Rezeption durch Marcel Reich-Ranicki gehört unmittelbar zur Vorgeschichte jenes ›Skandals‹, der durch Walsers jüngsten Roman *Tod eines Kritikers* ausgelöst wurde. Es lohnt sich also, bei diesem Roman einen Moment zu verweilen. Ich zitiere zunächst aus der Rezension von Marcel Reich-Ranicki: »Er [Walser] plauscht und plaudert gern, er schwatzt und schwafelt oft. Das Plappern ist sein Element und sein wichtigstes Ausdrucksmittel. Ja, plappernd hat er, Martin Walser, seinen Weg gemacht.« (F.A.Z. vom 31. Juli 1993) Reich-Ranicki muß sich von Walsers Roman(en) so getroffen gefühlt haben, daß er elementare literaturwissenschaftliche Regeln außer acht läßt: die strikte Trennung nämlich zwischen Autor und seinen Figuren. Wenn letztere plappern, plauschen, plauscht und plappert der Autor noch lange nicht. Genau diese Verwechslung aber unterläuft Reich-Ranicki. »Selten«, so behauptet er, »hat Walser mehr geplappert.« Und: »Es ist doch Martin Walser, dessen Stimme wir hier unentwegt hören.« Aber wo kommen wir hin, wenn wir Goethe mit Mephisto, Dostojewski mit dem Großinquisitor, Kafka mit Gregor Samsa einfach gleichsetzen?

Auch in *Ohne einander* plappert nicht der Autor, sondern seine Figuren. Der Autor *läßt* plappern, und er zeigt damit etwas über den Zustand unserer Sprache auf und derjenigen, die sie gebrauchen: die universale Verfügbarkeit der Worte im Zeitalter der immer beschleunigteren Medienrotation und Kommunikationsabläufe entleibt diese. Das Thema des Bedeutungsverlustes von Sprache wird explizit und an vielen Stellen im Roman reflektiert, etwa in der Kritik des Literaturkritikers Willi André König, genannt Erlkönig, der »ein begnadeter Selbstinszenierer« ist. Zum Schriftsteller Sylvio, der einen Roman nach dem anderen verfaßt, schreibt der Erlkönig: »Was immer Sylvio veröffentlichte, was auch immer die anderen Kritiker über ein weiteres Buch von Sylvio schrieben, der Erlkönig wies nach, daß Sylvio ein ermüdend umständlicher Plauderer sei.«

Ich denke, wir können schon nach diesen kurzen Textstellen verstehen, warum Marcel Reich-Ranicki sich schon damals geärgert hat. Nun gibt es in diesem Roman, in dem der Beschreibung des Autors nach alle, eben auch Schriftsteller und Künstler, über alles und alle plaudern, freilich die Figur der Journalistin Ellen, die einen Artikel über den Hitlerjungen Salomon verfassen soll, dabei aber in eine Art Schreibhemmung verfällt. Dazu heißt es: »Manchmal wurde sie plötzlich durchströmt von der Gewißheit, daß diese Schreibhemmung das Beste war in und an ihr.« Wieder das Thema ›Individuation und Gesellschaft‹, aber nun als *gestauter Sprachprozeß*. Die auch und gerade sprachlich glattgebügelte gesellschaftliche Oberfläche erzeugt eine Art sprachlichen Anpassungsdruck, dem das Individuum eigentlich nur durch Störung, durch *Verweigerung* – wenn auch nur partiell – entkommen kann. Wenn der Roman die Münchener Yuppie-Gesellschaft als permanente Sprachattitüde reproduziert und vorführt, so tut er dies doch in *kritischer* Absicht. Die Störung oder Verweigerung, in der gerade Individualität sich in den Romanen Walsers behauptet, ist hier eine sprachliche Verweigerungsgeste.

Wo aber steckt der Autor und seine Identität, wenn er nicht plan mit seinen Figuren identifiziert werden kann? Eben in der wie immer *mimetischen*, aber doch auch *kritischen* Beschreibung eines gesellschaftlichen Zustandes als Sprachzustand. Die Sprache des Autors wäre somit jenes Zur-Sprache-Bringen einer Gesellschaft, die vor allem durch sprachliche Redundanz und Distanzlosigkeit geprägt ist. Die Sprache des Autors läßt diesen Zustand erkennen, indem er seine Figuren so sprechen läßt, wie sie nun einmal sprechen. An dieser Stelle nähert sich Walsers Romanwerk, das von realistischen Beschreibungsformen ausging, formexperimentellen Autoren wie Helmut Heißenbüttel und Peter Handke, die ihrerseits

Sprache im gesellschaftlich-medialen Verbrauch als stereotyp und leerformelhaft entlarvt hatten. Die Sprache des Autors in der Demonstration des gesellschaftlichen Verbrauchs von Sprache zeigt sich in der distanzierten Geste des *Zeigens* solcher Sprache.

Ich denke, daß an dieser Stelle ein Wort über Walsers *Ironie* am Platz ist. Vor allem im Übergang von der in der Ichperspektive geschriebenen Kristlein-Romanen zur Er-Perspektive in *Jenseits der Liebe* entwickelt Walser eine neue, verhaltene Form der Erzählironie, die den Leser zwar empathisch nahe an die Figur heranführt, auch in die gesellschaftlich verwüstete Innenwelt der Figur hinein, aber eben doch aus ironischer Distanz. Gleich das Eingangsmotiv von *Jenseits der Liebe* zeigt dies: »Als Franz Horn aufwachte, waren seine Zähne aufeinandergebissen.« Kieferklemme nennt das die Medizin. Ein plastisches Bild für die psychische Verspannung des »leidenden Angestellten« Franz Horn, wie ihn sein Chef in sarkastischer Absicht nennt. In der Frankfurter Poetik-Vorlesung über *Selbstbewußtsein und Ironie* (1981) beschreibt Walser, hier auch in der Schule Kierkegaards und Kafkas, die Quelle solcher Ironie. Sie ist Ausdruck eines »Anti-Selbstbewußtseins«, einer Selbstverneinung sogar, eine Art »negative Identität«, in deren Analyse sich nicht die beschriebene Figur, wohl aber die Beschreibung der Figur behauptet und so auch der Autor in und durch seine Figuren, mögen diese scheitern oder nicht. Walser, das können wir vermuten, kennt all die Ängste, die offenen und verdeckten, die Anpassungsstrategien seiner Figuren und die Sorgen, ob sie greifen, sowie den Willen zur Selbstbehauptung auch und gerade in Katastrophen. Walsers Helden, so steht zu vermuten, spiegeln auch das Innenleben ihres Autors Aber: das Schreiben, das genaue und kritische Beobachten, das mitfühlende und analysierende Fixieren im Text ist letztlich nur ihm, dem Autor, gegeben und ermöglicht daher nur ihm, nicht seinen Figuren, eine Form positiver Identitätsbehauptung »jenseits der Liebe« und angesichts der Katastrophen. Anders als Rilkes Malte Laurids Brigge können die Romanfiguren nur die gesellschaftlich normierte und stereotypisierte Sprache sprechen; die analytische Distanz der differenzierten Darstellung der Gesellschaftsverfassung und ihrer Sprache kommt nur dem Autor zu. Damit ist und bleibt im Werk Walsers die Sprache der Beschreibung und die von ihr ermöglichte Distanz ein Residuum von Autor und Leser, Bedingung der Möglichkeit einer sprachkritischen Subjektivitätsbehauptung und Identitätsfindung jenseits der im Text vorgeführten fixen Rollenmuster und gesellschaftlichen Sprachnormen. Dabei hat, so Martin Walser, ein Schriftsteller nichts als seine Subjektivität. Und die hat er um so mehr, je mehr er seiner Beschränktheit erlaubt, ihn zu beherrschen. Die sich ganz auf sich berufende und die Eingeschränktheit der Subjektivität respektierende Identität kann zugleich – und das zeigt der Autor Martin Walser – ein hohes Maß an Allgemeingültigkeit repräsentieren.

Vor dem Hintergrund dieser Analyse möchte ich den Blick auf Walsers jüngsten Roman *Tod eines Kritikers* und die Debatte darüber richten. Offensichtlich knüpft der Roman an den Schlagabtausch zwischen Walser und Reich-Ranicki in und um *Ohne einander* und andere Romane an. Der jüdische Kritiker, der Walser mehrfach öffentlich hingerichtet hat – symbolisch versteht sich –, wird nun selbst symbolisch im Medium der Fiktion vernichtet. Und dies nicht einmal im Roman wirklich, denn er taucht ja am Ende aus seiner Schäferstündchenidylle mit Cosi von Syrgenstein wieder auf, die freilich ihn in den Betrieb zurückkatapultiert, weil ihr der Kritiker in der Entrückung zur Propaganda ihres Romans »Einspeicheln« nichts nützt.

Schon anfangs aber mutmaßt der Erzähler Michael Landolf, daß »genug Menschen« den mit Mordverdacht belasteten Autor Hans Lach »von diesem absurden Verdacht befreien« würden. In die im Roman ausgelegte Falle – ist nicht ein Autor, der wie Hans Lach ein Buch mit dem Titel »Der Wunsch, Verbrecher zu sein« veröffentlicht hat, prädestiniert, auch einer zu werden? – tappt nicht nur der Kriminalhauptkommissar Wedekind vom K 111. In die Falle des Romans tappte auch ein guter Teil der Kritik: Der Autor ist der Mörder und der Kritiker sein Opfer. Und diesmal wurde eben nicht nur jener fiktive Hans Lach als der Mörder ausgemacht, sondern Martin Walser, und als sein Opfer nicht nur der fiktive André Ehrl-König, sondern Marcel Reich-Ranicki, der ja unschwer in jenem zu erkennen sei. Der Kurzschluß war dann schnell hergestellt: Martin Walser bringt einen jüdischen Kritiker in seinem jüngsten Roman um. Kurzschluß zwei: Da er einen Juden umbringt, der im Warschauer Ghetto gelitten hat, muß er nicht nur von allen guten Geistern der kritischen Moralität der BRD der Nachkriegszeit verlassen sein, sondern auch oder offen von antisemitischen Rankünen vergiftet.

Der Denkfehler, dem in seiner Kritik an Walser schon Reich-Ranicki unterliegt, ist schlicht die Verwechslung des Autors mit den Figuren seines Textes. Bei aller autobiographischen Nähe ist eben der Autor Walser *nicht* gleichzusetzen mit jenem Hans Lach oder jenem Michael Landolf seines Romans oder beiden. Die falsche Identifikation übersieht alle Sicherheitsvorkehrungen, die der

Autor vornimmt, wenn er seine Figuren dies oder jenes sagen läßt. Das wird besonders deutlich an einer der Stellen, die in der Kritik beinahe hysterische Reaktionen auslösten. Hans Lach sagt nach jener Fernsehsendung, in der ihn Ehrl-König rituell geschlachtet hat, im Kreis der Partygäste des Verlegers Pilgrim: »Die Zeit des Hinnehmens ist vorbei. Herr Ehrl-König möge sich vorsehen. Ab heute Nacht Null Uhr wird zurückgeschlagen.« Also ein variiertes Hitler-Zitat. Also zitiert Walser-Lach jetzt Hitler? Und womöglich zustimmend? Der Roman aber gestaltet jene Bestürzung, welche die Kritik angesichts solcher PC-Verfehlung befiel, bereits mit: »Diese Ausdrucksweise habe unter den Gästen, die samt und sonders mit Literatur und Medien und Politik zu tun hätten, mehr als Befremden, eigentlich schon Bestürzung und Abscheu ausgelöst, schließlich sei allgemein bekannt, daß André Ehrl-König zu seinen Vorfahren auch Juden zähle, darunter auch Juden des Holocaust.«

Wenn wir den Autor von seinen Figuren klar unterscheiden, können wir aber dennoch fragen: Denken diese antisemitisch? Ist Hans Lach oder sein Erzähler von diesem Virus infiziert? Der Erzähler Michael Landolf bekennt sich gleich eingangs im zweiten Satz des Romans zu seiner geheimen Passion: »Mystik, Kabbala, Alchemie, Rosenkreuzertum«. Ein verschrobener, einzelgängerischer Privatgelehrter also, der auf diesen Spuren auch in Amsterdam weilt, als der Mordverdacht aufkommt. Ein Antisemit würde kaum Liebe zu jüdischer Mystik hegen. Und jener angeblich mörderische Hans Lach? Das Geheimnis seiner Wut, die er ungelenk genug geäußert haben soll (nach Aussage von Augenzeugen), ist eben jenes Schlachtritual, in dem er selbst zuvor vernichtet worden ist. Seine vermeintliche Mordphantasie ist die Antwort auf jenen öffentlichen Schlachtakt, in dem ihn Ehrl-König zuvor an den Pranger gestellt und öffentlich lächerlich gemacht hat.

So ist die Schlüsselszene des Romans jene Beschreibung der Fernsehsendung »Sprechstunde«, in der Ehrl-König seine Opfer hinrichtet. Und man kann sagen: eine so kenntnisreiche, bis in die Details differenzierte Kritiker- und Literatursatire hat man seit Heinrich Heine und Karl Kraus in der deutschen Sprache nicht mehr gelesen. Wie sich Ehrl-König vor der Kamera unter pompöser Händel-Musik auf seinem Zeus-Stuhl plaziert, wie er zusammen mit dem »Überraschungsgast« aus den USA, einer Martha Friday, »blitzgescheit und schön und eine Darstellungsvirtuosin«, aber ohne Kenntnis des Romans, in einer Atmosphäre von Zynismus, Pseudomessianismus und Geilheit – »Teragen Sie nie einen Büstenhalter oder nur, wenn Sie im Fernsehen auftreten?« – sein Publikum aufputscht, diese Darstellung eines Medienrituals beschreibt Walsers Roman mit Witz und Präzision. Die Vernichtung aber des Hans Lach besteht darin, daß ihn der Medienzar zum Knallbonbon für sein Spaßpublikum degradiert.

Dabei ist die Pointe der Walserschen Kritiker-Satire die Offenlegung einer in der Tat typischen Pose des Kritikers: Hans Lach ist eigentlich sein Freund, gesteht er, er sei »mit Hans Lach befereundet«, er schätze ihn als einen »außerordentelich begabten Schschscheriftstellerrr«, aber seine Romane seien halt Müll, wie das meiste der deutschen Gegenwartsliteratur, den er, der arme Kritiker, dauernd lesen müsse. Da beneide er, Ehrl-König, die Leute von der Müllabfuhr, »die die Kübel voll des üblen Zeugs hinauf zum Schelucker« befördern könnten und es so ohne Würgen und Gacksen »in den Müll« entsorgen. Dabei Ehrl-König stets in der Pose des Leidens, wenn er einen so dümmlichen Roman mit so »dämelichen Ferauenfiguren, keine Erotik« wie den von Lach lesen müsse, »keine Sexualität, die es mit einem Glas Champagner aufnehmen könnte, nichts als Fanta, Fanta, Fanta, aber ohne -sie.« Und immer orgiastischer Applaus, hingerissenes Publikum von so viel Gags, Witz, Unterhaltungswert.

Das Ritualschwert des Kritikers trifft sein Opfer Hans Lach um so vernichtender auch darum, weil ihm intern eher eine lobende Kritik angesagt worden war. Und weil er mit dem Kritiker in der Tat befreundet war. Dieser aber nutzt just das Wissen um diese Freundschaft dazu, seine Unabhängigkeit und unberechenbare Macht zu demonstrieren. Es ist aber die zynische Machtpose des Kritikers und die Hilflosigkeit des lächerlich Gemachten und an den Pranger Gestellten, der Hans Lach zu seinen verzweifelten Ausbrüchen und Phantasien hinreißt. Dabei hat der Roman noch eine weitere Dimension, die durch den Erzähler eingangs eröffnet wird. Dieser arbeitet an einem Buch »Von Seuse zu Nietzsche«, in dem er die Entwicklung und Entfaltung einer Sprach- und Erfahrungsdimension der Selbstwerdung des Menschen von der Mystik bis in die Moderne verfolgt: »In die deutsche Sprache kommt der persönliche Ton nicht erst durch Goethe, von dem Nietzsche gierig profitierte, sondern schon durch Seuse, Eckhart und Böhme.«

Es geht in dieser Studie des Erzählers um die Selbstentdeckung der Subjektivität, um Identität und um die dieser Selbsterfahrung korrespondierenden Sprechformen in der deutschen Sprache der Neuzeit. Es geht um die Romantik und Hölderlin als schmerzvolle Wegbereiter einer solchen Sprache und Identitätsmöglichkeit. Und es geht in diesem Roman um die Zerstörung, um nicht zu sagen: Zerstrampelung dieser Dimension durch eine auf Faxen und Gags getrimmte Mediengesellschaft, die allerdings ein Ehrl-König phantastisch bedient. Er ist der König dieser Medien-Spaßgesellschaft, weil er sie am besten zu füttern versteht: »Das Fernsehen verfälscht alle und alles. Außer Ehrl-König. Den hat das Fernsehen förmlich zu sich selbst gebracht.«

Und er das Fernsehen zu sich. Darin liegt der symbolische Stellenwert der Figur des Ehrl-König in dem Roman. Er kann so sprechen, wie es das Medium am liebsten hat. Sein Erfolg liegt in der mediengerechten Unterhaltungsshow, *instant pleasure* eingeschlossen, dabei »blind für den Zustand. Taub für die Gemarterten«. Die literarische Schickeria im Hause des Verlegers Pilgrim, die ihn als ihren Star feiert, erinnert an die bourgeoisen Platitüden der Volkmann-Gesellschaft in *Ehen in Philippsburg* und an die Münchener Schickeria in *Ohne einander*. Aber neu an diesem Roman ist die Kritik an der zentralen Funktion des Mediums Fernsehen auch und gerade im Bereich der Literatur- und Kulturkritik.

Daß, wer die Maschine bedient, sich alles erlauben kann und dabei selbst zum Medienzwerg regrediert, gehört zur kritischen Analyse des Romans. Die fast kindische Lobgier des Ehrl-König, seine grenzenlose Eitelkeit und Selbstgefälligkeit, seine Unfähigkeit zu Bindung und Dialog – »Ehrl-König und die Frauen. Es hat sich nie um Frauen gehandelt, immer um Mädels.« –, gefeiert wird der Medien-Star Ehrl-König allerorten, weil er der Medien-Star ist. Sein Treppenauftritt im Hause Pilgrim, dieser »kühnsten Villa der Moderne«, ist ebenso TV-gemäß inszeniert wie seine TV-Auftritte das Private funktionalisieren. Der Mann lebt nur noch in dieser Dimension. Er bedient den Hunger nach Ersatzwirklichkeit und Flachunterhaltung des Mediums beinahe perfekt. Und das ist seine Funktion.

Mit Antisemitismus hat dies alles nichts zu tun. Trotzdem kann man fragen: mußte es ausgerechnet ein Jude sein, der hier in Walsers Roman zur Zielscheibe der Kritik wurde (wenn seine jüdische Herkunft im Roman nicht nur ein Gerücht ist)? Die Frage ist wahrscheinlich so müßig wie die an eine in dreißigjähriger Haßliebe zusammengeschmiedete Ehegemeinschaft. Jener Kritiker, der den Autor Walser sein Leben lang gegeißelt und gequält hat, ist eben jener Kritiker, der er war und ist. Und das ist ein Kritiker jüdischer Abstammung. Daran und an nichts anderem kann sich die Phantasie des Autors festmachen, wenn er die Leidensgeschichte des Autors Hans Lach durch seinen Kritiker Ehrl-König erzählt. Der Roman ist fiktiv, ist erfunden. Aber seine Identitätsspur ist die einer Leidensgeschichte des Autors Martin Walser selbst. Insofern steht auch seine Phantasie im Dienst einer Erfahrung, die der Autor so und nicht anders gemacht hat.

Hier ist nicht zu verhandeln, ob dieser jüngste Roman Walsers ein guter oder ein schlechter Roman ist. Genau diese Schnellschüsse der Kritik – jene mediengerechte und zugleich arbiträre Entdifferenzierung in »sehr, sehr gut« oder »ganz, ganz schlecht« – gehört ja zu jenem Phänomenbestand, den Walsers Roman als Deformation des Denkens und Sprechens kenntlich macht. Auch mit guter Kritik hat solche Quickbedienung des Mediums und seines Publikums ja nicht mehr viel zu tun. In jedem Falle muß man Walsers Roman attestieren, daß er noch einmal – vielleicht vor dem endgültigen Verschwinden der leisen Töne aus dem öffentlichen Diskurs – die Deformation des Denkens und Sprechens im deutschen öffentlichen Literardiskurs offengelegt hat. Und das ist, bei den Mächten, mit denen er sich da anlegt, nicht nichts.

Schließlich noch ein Wort zu jenem typisch deutschen

Kurzschluß, der die Kritik an einem Juden sogleich mit Antisemitismus identifiziert. Diese Diskursfigur leidet vor allem am Mangel an Differenzierung. Gerade die deutsche Kultur mit ihren großartigen jüdischen Kulturträgern, einem Moses Mendelssohn, einem Heine und Börne, einer Rahel Levin, einem Kafka, Döblin, Broch, mit der Vielzahl von Gelehrten und Wissenschaftlern jüdischer Abkunft sollte die Kritik an einem jüdischen Kritiker deutscher Zunge zulassen können, der seinerseits zwar das Erbe der deutschen Literatur beansprucht, die Sprachwerdung einer tieferen Form von Icherfahrung – auch und gerade in der jüdischen Literatur deutscher Sprache – aber vor laufender Kamera eher mit Faxen und Gags zuschanden reitet. Der bedenkenlos und wen er will zu Opfern macht, sich aber dann, wenn er selbst angegriffen wird, gerne in die Rolle des jüdischen Opfers zurückfallen läßt. Der deutsche Reflex, mit dem die Satire auf den jüdischen Kritiker sogleich als Antisemitismus hochgepuscht wird, folgt aber selbst dem Muster des rassischen Vorurteils. Aus diesem schrecklichen Bann sind wir erst entlassen, wenn wir Juden wie Menschen behandeln können, das heißt nicht als Unter- oder Übermenschen, wenn wir sie nach ihren Leistungen loben oder kritisieren können, in den Himmel heben oder in den Orkus wünschen dürfen – wie andere Menschen auch.

Prof. Dr. Silvio Vietta lehrt Neuere deutsche Literatur an der Universität Hildesheim.

FRANZ LOQUAI

Karnevaleske Demaskierung eines Medienclowns

Martin Walsers *Tod eines Kritikers* als Lehrstück über den Kulturbetrieb

Wer Martin Walsers *Tod eines Kritikers* unbefangen liest, wird bald feststellen, daß es sich da um die mit Elementen des Schlüsselromans ausgestattete Simulation eines Mordes handelt, die keineswegs mit dem – im Roman ja gar nicht eintretenden – Tod eines prominenten Kritikers sympathisiert und schon gar nicht antisemitisch grundiert ist. Was wir vor uns haben, ist vielmehr ein erzähltheoretisch differenzierter, selbstreflexiver Roman über Fragen des Selbstverständnisses eines Schriftstellers und über sein Verhältnis zur Literaturkritik sowie über deren Funktionszusammenhänge in der modernen Mediengesellschaft.

Wenn überhaupt Martin Walser mit diesem Roman irgendwo angekommen ist, dann nicht im Antisemitismus, sondern im sogenannten Postmodernismus oder besser: in einer postmodernen Schreibweise. *Tod eines Kritikers* ist Metafiktion und gehört somit jener Spezies von ›Literaturliteratur‹ an, mit der Marcel Reich-Ranicki bekanntlich noch nie etwas hat anfangen können. Um einer kritischen Reflexion dieses Defizits in Sachen literarischer Ästhetik zu entgehen, haben die Richter über den Roman ebenso wie der sich persönlich betroffen Fühlende die Debatte nach bewährtem Muster flugs auf die Ebene der Gesinnungsästhetik verlagert.

Ganz ähnlich ist es Thomas Hürlimann im Jahr 2001 mit seiner Novelle *Fräulein Stark* ergangen – die just den in der Schweiz latenten Antisemitismus entlarvt. Auch in diesem Fall hat Reich-Ranicki längst nicht das kritische Reflexionsniveau des Autors erreicht und Hürlimann mit recht simplen Argumenten und dem populistischen Gestus der Entrüstung moralisch abgeurteilt. Gleiches widerfuhr nun Martin Walser mit seinem Roman. Will man die Haßliebe, die Marcel Reich-Ranicki seit Jahrzehnten zu ›seinem‹ Autor Martin Walser hegt und pflegt, angemessen verstehen und bewerten, so empfiehlt sich ein Blick zurück in die Anfänge dieser Beziehung. Reich-Ranickis Haltung als Kritiker ist von einer systematischen Profilierungstaktik in Verbindung mit einer beanspruchten Kanonisierungskompetenz geprägt. Schon immer hat er sich besonders prominenten Autoren wie Günter Grass oder Hans Magnus Enzensberger oder Peter Handke oder eben Martin Walser gewidmet, um als Kritiker aus deren Schatten herauszutreten und die Sekundärverwertung – zumal im Falle eines angeblichen Scheiterns besagter Autoren (die dann als unbelehrbare, verlorene Söhne des literaturkritischen Übervaters erscheinen) – in um so strahlenderem Licht als die eigentliche Kunst darstellen zu können. Dies geschieht in einer öffentlichen Inszenierung, die der zum Medienstar avancierte Kritiker mittlerweile, sei's im *Quartett* oder *Solo*, als populistischen Akt der Selbstfeier inszeniert. In dieser Art der Selbstprofilierung auf Kosten der Literatur, die sich freilich stets als Leidenschaft für die Literatur geriert, erscheint es nur als letzte Konsequenz, wenn Reich-Ranicki mittlerweile der Nachwelt auch noch seinen eigenen ›Kanon‹ geliefert hat.

Wie so vieles in der deutschsprachigen Literatur nach

1945 ist auch die Geschichte der Literaturkritik eng mit der Gruppe 47 verbunden. Seit Mitte der fünfziger bis in die sechziger Jahre wurde die intimere Form des Werkstattgesprächs und der Kollegenkritik aufgebrochen. Es waren nunmehr Kritiker zugelassen, die der Gruppe erhöhte Resonanz in der Öffentlichkeit verschafften. Aus der literarischen Werkstatt wurde eine Publikationsbörse mit den Kritikern als den prominentesten Agenten. Mit diesem Funktionswandel innerhalb der Gruppe von der literarischen Werkstatt mit der konstruktiven Kollegenkritik zur Instanz in Literaturmarkt und Öffentlichkeit war eine Professionalisierung der Kritik verbunden. Das Verhältnis von Lesung und anschließender Spontankritik wurde zum rituellen Zeremoniell, bei dem die neu hinzugekommenen Berufskritiker ihr Betätigungsfeld fanden. Die lesenden Autoren wurden zur Zielscheibe der Kritik. Nach zeitgenössischen Berichten über die Tagungen saßen die Autoren auf dem berüchtigten ›elektrischen Stuhl‹, in einem Schnellverfahren abgeurteilt wie bei einem Tribunal; so mancher Autor wurde »fürchterlich zusammengeschlagen« oder bekam »eins auf die Nase«. Es gehörte zu den Bedingungen des »traditionellen Dichterschießens«, daß es »Sieger und Besiegte, Verletzte und Tote« gab. Joachim Kaiser erklärte, der Kritiker müsse zur Verhinderung von schlechter Literatur über den »Mut zum kritischen Mord« (Kaiser in: Kröll, 59) verfügen.

Reich-Ranicki räumte 1965 ein, man könne dieser Kritik »weder Sorgfalt noch Gründlichkeit nachsagen«, denn man näherte sich bedenklich der »intellektuellen Hochstapelei« (Text+Kritik, 182). Die Kritiker gerieten so unter einen zunehmenden Profilierungsdruck, die Debatten wurden zum »Kritiker-Schaukampf« oder zu einem »rhetorischen Wettbewerb« (ebd., 183). So hat die

Gruppe 47 nicht nur einige prominente Namen für die Literatur nach 1945 entdeckt, sondern auch die Kritiker haben die ihnen gebotene Plattform als Sprungbrett für eine erfolgreiche Karriere genutzt. Die von den Kritikern selbst clever forcierte Verselbständigung der Kritik führte dazu, daß seit Mitte der sechziger Jahre von den Starkritikern gesprochen wurde. In Martin Walsers legendärem *Brief an einen ganz jungen Autor* war von den »großen Vier« die Rede, die als »Platzanweiser« für die Literaten fungierten. Über Reich-Ranicki hieß es darin fast prophetisch, er sei »in den Westen gekommen, um mit glänzenden Augen seinen Tadel so lange vorzutragen, bis sich eine Familie von solchen, die nur von ihm getadelt werden wollen, um ihn versammelt« (Walser 1964). Walser wurde bekanntlich zu jenem von Reich-Ranicki mal gelobten, mal vielgescholtenen Autor (siehe *Halbzeit, Zimmerschlacht, Ohne einander*), den der Kritiker sich gleichsam zu seinem ›Lieblingssorgenkind‹ und pflegebedürftigen ›Kasus‹ herangezogen hat – oder wie Reich-Ranicki selber in seiner Kritik zu *Ohne einander* schrieb: »Ach, es ist schon ein Kreuz mit diesem Martin Walser.«

Marcel Reich-Ranicki liebt es, Autoren als spezielle Fälle zu betrachten, deren Fehler und Versagen es zu korrigieren bzw. zu kurieren gilt. Das zeigt sich auch am Beispiel seines zwiespältigen Verhältnisses zu Günter Grass, von der Verkennung der *Blechtrommel* bis zur Aburteilung von *Ein weites Feld*. 1994 gab es eine Diskussion aus der Ferne zwischen Grass und Reich-Ranicki. Auf Grass' Dankesrede zur Verleihung des Großen Literaturpreises der Bayerischen Akademie der Schönen Künste und die darin vorgetragene Klage, daß die Selbstinszenierung der Sekundärverwerter inzwischen die echte Auseinandersetzung mit Literatur verdrängt habe, folgte eine Erwiderung Reich-Ranickis (F.A.Z., 13.5.1994), in der er seine alte These von der Krise der Literatur, zumal der deutschen, wiederholte und die seinerzeit in der Öffentlichkeit ohne Veto hingenommenen Sätze schrieb: »Ein Zeichen der Krise mag es auch sein, daß die deutschen Kritiker bisweilen besser schreiben als die Autoren, mit denen sie sich beschäftigen. Was Grass so ärgert, trifft teilweise zu: Für manche Kritiker interessiert man sich heutzutage mehr als für diesen oder jenen Schriftsteller, der uns in den sechziger, in den siebziger Jahren entzückt hat. So ist das: Wenn Seuchen um sich greifen, werden die Ärzte immer wichtiger.« Dieses fürchterliche Bild (das Reich-Ranicki noch in seiner letzten *Solo*-Sendung im Dezember 2002 fast wörtlich wiederholte, ohne die Öffentlichkeit damit aufzuschrecken) entlarvt die Gigantomanie eines selbsternannten Oberarztes, der sich zu dem Wahn versteigt: wenn über ihn mehr gesprochen werde als über Grass oder Walser, sei das ein Zeichen der größeren Wichtigkeit der Kritik. Man sieht, deren Selbstinthronisation hat Methode. Mit der zunehmenden Monopolisierung und ihrem öffentlichen Nimbus haben sich die Kritiker weit über das Ende der Gruppe 47 hinaus ihre Machtstellung gesichert. Geblieben im bundesdeutschen Literaturbetrieb als nach wie vor äußerst einflußreiche Figur ist der Kritikerpapst samt seiner Kurie, der am liebsten den Nobelpreis allein vergeben würde, sicherlich niemals an Martin Walser.

Daß im Umkreis der Gruppe 47 seinerzeit die Bereitschaft zu kritischem Mord und Totschlag eingeräumt wurde, läßt heute aufhorchen. Und ein Kritiker, der die Premiere von Walsers Theaterstück *Die Zimmerschlacht* als »Leichenbegängnis erster Klasse« (Reich-Ranicki: War es Mord? In: Beckermann, 143) hämisch gewürdigt hat, braucht sich nicht zu wundern, wenn ein Schriftsteller einmal versucht, den im Literaturbetrieb (auf Autoren- wie Kritikerseite) latent wuchernden Mordphantasien erzählerisch auf die Spur zu kommen. Daß dabei eine ganze Reihe von Personen (u. a. das Ehepaar Unseld, das Ehepaar Jens, Joachim Kaiser, Susan Sontag) zur Kenntlichkeit verfremdet, aber eben verfremdet, auftauchen würde, sollte ebenfalls nicht verwundern. Zweifellos ähnelt Walsers Großkritiker namens Ehrl-König – ein ins Groteske gesteigerter Klon des Kritikerclowns Willi André König alias Erlkönig aus dem Roman *Ohne einander* – in vielen Zügen Marcel Reich-Ranicki. Aber es dürfte doch, selbst für eine auf dem Niveau intellektueller Hochstapelei agierende Literaturkritik, noch immer die Annahme gelten, daß Romanfiguren als Fiktionen zu lesen sind, wie immer sie auch heißen mögen. Die These lautet folglich: Selbst wenn Ehrl-König in Martin Walsers Roman den Namen Reich-Ranicki trüge, wäre er nicht Reich-Ranicki. Im übrigen soll es Menschen geben, deren größter Wunsch es wäre und die es als Ehre empfänden, in Fiktion verwandelt zu werden, um auf Dauer im Paradies der Bücher verschwinden zu können. Dies ist übrigens ein postmoderner Gedanke …

Betrachtet man Walsers Porträt des Kritikers Ehrl-König genauer, so stellt sich heraus, daß die Darstellung auf präziser Recherche basiert und von einem subtilen Verständnis dessen zeugt, wie das reale Vorbild Literaturkritik praktiziert. Inwieweit sich Ehrl-König vom Original Reich-Ranicki unterscheidet (französische Abkunft, Markenzeichen gelber Pullover, bestimmte Gesten und Floskeln u. a.), muß hier nicht im einzelnen rekapituliert werden. Ich konzentriere mich auf jene Züge des Porträts, die tatsächlich nach der Wirklichkeit geformt sind.

Das *Literarische Quartett* findet im Roman seine Entsprechung in der erfolgreichen Literatursendung mit dem treffenden Namen DIE SPRECHSTUNDE, in der Ehrl-König ordiniert und seine Patienten nach eingeübtem Ritual dem Hospitanten-Publikum vorführt. Marcel Reich-Ranickis Showbühne ist so bekannt, daß ich mich auf einige pointierte Bemerkungen beschränken kann. *Das literarische Quartett* ist eine typische ›Zielgruppentalkshow‹ über Literatur (vgl. Loquai 1995). Die Sendung präsentierte sich eher elitär-konservativ, was schon aus dem Ambiente – bei Walser ein »Thronsessel« mit Löwentatzen und Zeus-Symbolen, Empire-Imitat – hervorging und was auch die Trailermusik mit dem Allegro molto einer Beethoven-Fuge (Streichquartett Opus 59, Nr. 3 C-Dur) betonte; bei Walser begleitet »irgendeine Festmusik« von Händel das »Auftritts-Zeremoniell«.

Trotz des feierlich-exklusiven Rahmens erstrebte das *Quartett* – dem Anspruch, den Wertungen und Zielsetzungen nach – die Popularisierung der Literatur. Der Wertungskatalog orientierte sich – wie seit Mitte der fünfziger Jahre, nach der Abkehr von der marxistischen Weltanschauung – an einem moderat modernen Realismusbegriff, den wir auf folgende Formel bringen können: Reich-Ranicki = Lukács minus Marxismus. Schon Helmut Heißenbüttel hat übrigens in seinem *Nachruf bei Lebzeiten* (Text+Kritik, 26 ff.) die Lukács-Nähe als Indiz einer überlebten Kritik Reich-Ranickis bezeichnet und den Kritiker deshalb für tot erklärt.

Reich-Ranickis wie Ehrl-Königs kritische Küchenregeln fordern vom Buch vor allem: bloß keine Langeweile, sondern Spannung, Unterhaltung, Eleganz, Glaubwürdigkeit, Anschaulichkeit, Normalität, ein gewisses Maß an Artistik und eine kräftige Portion Erotik. Auf letzteres hatte sich Reich-Ranicki so sehr versteift, daß er mit quotensteigernder Regelmäßigkeit über die Subtilität seidener Damenstrümpfe spekulierte oder über die Kompatibilität von Klitoris und Penis oder über Penetrationstechniken oder einfach über »das Ficken« (alle Beispiele authentisch aus *Quartett*-Sendungen). Wichtiger als das Faible für derlei ›Stellen‹ ist der Umstand, daß das *Quartett* und auch *Reich-Ranicki Solo* in erster Linie als Tribunal fungierten: In der Gruppe 47 saßen die Autoren auf dem legendären ›elektrischen Stuhl‹, in *Quartett* und *Solo* wurde über die Texte der abwesenden Autoren gerichtet, ja auch über die Autoren selbst. Inszeniert wurde nicht die Literatur, sondern nahezu ausschließlich ihre Sekundärverwertung für die Medienpräsenz des Kritikers: Das Fernsehstudio als Stätte einer öffentlichen Heiligsprechung (wie bei Neuausgaben kanonisierter Großautoren) – oder eben Hinrichtung wie in den Fällen von Handke, Grass, Walser – oder jüngst Ulla Hahn, deren Roman *Das verborgene Wort* ohne Rücksicht auf den Verlust langjähriger Freundschaft von ihrem einstigen Mentor und ›Macher‹ nun aufs Schafott geschickt wurde wie seinerzeit Camille Desmoulins von seinem Jugendfreund Robespierre, dem *Unbestechlichen*. (Er konnte den Roman nicht mehr ›machen‹, da dieser schon zuvor von Rezensenten wie Dieter Borchmeyer und Walter Hinck in renommierten Publikationsorganen in höchsten Tönen gerühmt worden war. Also mußte er ihn verreißen, um seine Macht zu demonstrieren und zugleich seine Unbestechlichkeit. Doch wie heißt es im *Tod eines Kritikers*: »Wer so seine Unbestechlichkeit demonstriert, der muß unter seiner Korrumpierbarkeit zu leiden haben.«) Der Vorhangspruch mit dem Brecht-Zitat am Schluß rundete die Inszenierung ab, nur wäre er nach Guillotinierungen modifizierbar zu: ›So sehen wir betroffen die Köpfe rollen und alle Fragen offen‹. Das Szenario folgte stets der Strategie: je armseliger der Autor scheitert, desto glanzvoller erstrahlt der Kritiker.

Neben der optischen Fokussierung auf den Kritikerstar, der über den subalternen Akklamateuren thront und gleichsam *ex cathedra* spricht, ist besonders die Art der Urteilsbegründung entscheidend. Bei Reich-Ranicki erfolgt die Argumentation sehr vereinfacht (Walser spricht von ›Überpointierungen‹), wenn sie sich nicht überhaupt auf den bloßen Status von Behauptungen reduziert (gut, schlecht, mißlungen, uninteressant, langweilig, gescheitert). Das Drehbuch der verbalen Schaukämpfe richtet sich meist nach ein und dem selben Schema, das die Argumente auf ein simples Raster reduziert. Da wird ein Autor von einem (als wahr behaupteten) politischen bzw. historischen Konsensus her abqualifiziert: siehe Grass und die Frage der deutschen Einheit oder Walser und die Frage des Antisemitismus. Oder es wird ein Autor mit Hilfe eines anderen Autors niedergemacht. Beliebte Hausheilige bei Reich-Ranicki und jederzeit abrufbar, je nach Autor, den es zu zerreißen gilt, sind Thomas Mann, Goethe, Nabokov, Updike usw. (Walser durchschaut das Prinzip und nennt als Beispiele Texte wie *Faust*, *Effi Briest*, *Zauberberg*, *Berlin Alexanderplatz*). Also Stifter als Totschläger für Handke oder Fontane als Guillotineur für Grass. Oder es wird der Autor mit dem Autor selbst verglichen, also Walser mit Walser, nach dem Muster: ›Aber der frühe Walser, aber dieses *eine* Kapitel…‹ (der ungleich besser gewesen sei oder das zeige, was der Autor eigentlich könne). Der argumentative Bauerntrick funktioniert natürlich auch umgekehrt: ein an sich hervorragendes Buch wird abgewertet mit dem Argument, daß ein Kapitel vollkommen mißlungen sei, also: gescheitert!

Das läßt sich beliebig drehen und wenden, je nachdem, ob Reich-Ranicki loben oder verreißen will, wobei er den konkreten Beweis am Text meist schuldig bleibt. Die Argumentationsmuster sind stereotyp und vorhersehbar, im Doppelsinne lachhaft. Letzteres nun ist das Stichwort für den Part, der Reich-Ranicki auf den Leib geschneidert scheint: eine Doppelrolle nämlich als Kulturkomiker fürs Bildungsbürgertum und als Muppetspuppe fürs breite Publikum. Aus diesen Gründen ist der Quotenclown Marcel Reich-Ranicki mühelos imitier- und parodierbar, wie es Walser in seinem Roman vorführt, wobei er betont, »daß es dazu keiner schauspielerischen Begabung bedarf«. Walser hat seine Kunstfigur Ehrl-König natürlich nicht als Kabarettist imitiert, sondern mit erzählerischen Mitteln gestaltet. Gestik und Mimik scheinen bis auf einige verfremdende Abweichungen (etwa der ›Give-me-five‹-Handschlag mit der amerikanischen Autorin Martha Friday) dem Original nachgebildet, ebenso die Diktion samt artikulatorischem Markenzeichen. Viel wichtiger als diese äußerlichen Merkmale (die gelegentlich auch etwas plakativ vorgeführt werden) sind jedoch die Argumente und Meinungen, die Ehrl-König in den Mund gelegt werden. An Hans Lachs Roman stört ihn, daß er vom Tennis handle (»interessiert mich nicht«), daß er über vierhundert Seiten lang sei (da greife er lieber zum »Telephonbuch«) und überdies eine frigide dumme Gans zur Hauptfigur habe, wie Reich-Ranicki bekanntlich stets enerviert ist von Ich-Erzählern im Kindesalter oder perspektivisch beschränkten Erzählerfiguren.

Walser zeigt zugleich die Kehrseite dieser Abneigung, denn gerade diese behaupteten Defizite sind ja die ideale

Plattform für die »Ehrl-König-Selbstdarstellung«. Diese stützt sich auf zitierbare Merksprüche im Stil überpointierter Pauschalurteile. Gerne betont er, wie er bei der Lektüre (in diesem Fall von Lachs Roman) »gelitten« habe, wie sehr er darin »Erotik« und »Sexualität« vermisse, wie wenig der Autor, dem in der kleinsten Form »gelegentlich durchaus Gutes« gelinge, in der Großform Roman überzeuge, denn »erzählen, das kann er nicht«. So leide er als Kritiker für die deutsche Literatur. Dabei müßten ihm die Autoren, so Ehrl-König exakt wie mehrfach Reich-Ranicki selbst oder auch sein »Chorknabe« Karasek (etwa nach der Hinrichtung von Grassens *Ein weites Feld*), eigentlich »dankbar sein«, weil selbst die verrissenen Bücher zu Verkaufserfolgen würden. Auch wenn ein Buch, zumal das eines Freundes, »von Grund auf mißglückt sei«, bleibe der Autor (Hans Lach) doch einer »unserer interessantesten, zurechnungsfähigsten« Schriftsteller. Dies ist nur eine Auswahl typischer Ehrl-König-Diagnosen. Wir kennen deren Rhetorik aus unzähligen Kritiken Reich-Ranickis (oder noch früher aus Besprechungen von Friedrich Sieburg, von dem Reich-Ranicki viel gelernt hat, auch wenn er sich lieber auf Kritiker wie Lessing beruft). Da Reich-Ranickis Medienerfolg zur populistischen Verflachung der Kritik geführt hat, heißt es in Walsers Roman mit Recht, daß hier eine »Operettenversion« von Kultur präsentiert werde, nach dem Motto: »Instant pleasure«. Für Ehrl-König gilt damit: »Den hat das Fernsehen förmlich zu sich selbst gebracht«.

Spätestens an dieser Stelle des Romans zeigt sich, daß es Martin Walser keineswegs um den individuellen Fall Ehrl-König-Reich-Ranicki geht (deshalb gibt es ja auch keinen Mord, nämlich mangels Motiv: »Wegen ein paar

Fernsehplänkeleien tötet man nicht«), sondern um eine allgemeine Kultur- und Medienkritik. In der Tat ist die Literaturkritik nach dem Ranicki-Prinzip bei sich selbst, das heißt im audiovisuellen Medium angekommen. Symptom dafür ist auch die Tatsache, daß Mitschnitte aus diversen *Quartett*-Sendungen als Videokassette (nach dem Marketingkonzept ›Best of‹) vertrieben werden, selbstverständlich inklusive der pikantesten Sequenzen (so erleben wir in *Tod eines Kritikers* die ›Sprechstunden‹-Sendung nie unmittelbar, sondern stets vermittelt über Augenzeugenberichte und vorzugsweise als nacherzählte Video-Aufzeichnung). Das Medium ist die Botschaft, der Kritiker zitiert nur noch sich selbst. Damit ist der Kritiker als Medienclown (bei Walser: »Disneyfigur«, »Großkasper«) endgültig konserviert, wir können ihn in einer Endlosschleife reproduzieren als komisches Gesamtkunstwerk aus Zelluloid.

Da Walser aber noch einen Schritt weiter geht, kann man ihm nicht vorwerfen, seine Medien- und Kritikerschelte bewege sich in den Bahnen konventioneller Kulturskepsis und repetiere nur bekannte Klischees über das untaugliche Medium Fernsehen. Schon die Erzähltechnik des Romans mit seiner Kreisstruktur und der erst spät offengelegten Doppelfigur des Erzählers Hans Lach alias Michael Landolf weist darauf hin, daß jede geäußerte Ansicht stets durch diesen erzähltechnischen Filter gebrochen wird und folglich auf einer Metaebene zu lesen und wiederzulesen ist. Lach-Landolf relativiert seine Sicht damit stets selbst (samt seiner widerlichen Äußerung vom ›Zurückschießen‹, von der sich aber nicht sagen läßt, ob sie wirklich gefallen ist). Die Mordphantasie enthüllt sich dadurch als Simulation oder Gedankenspiel innerhalb einer Fiktion. Hinzu kommt, daß auch noch andere Romangestalten in die Kulturkritik einbezogen sind und nicht selten Lach-Landolfs Meinung teilen oder korrigieren (Silbenfuchs, Streiff). *Tod eines Kritikers* ist aus diesen Gründen, wie schon Dieter Borchmeyer und Horst-Jürgen Gerigk konstatiert haben, als komischer Roman zu lesen, nämlich – wie die Franzosen sagen – ›au deuxième degré‹, als selbstreflexive humoristische Veranstaltung. Mit dieser Art von Humor scheint man hierzulande schon immer Schwierigkeiten gehabt zu haben.

Es sei mir gestattet, hier einen kontrastiven französischen Fall zu erwähnen: Als 1997 in Frankreich der Roman *Ferdinaud Céline* von Pierre Siniac erschien (eine als Kriminalroman getarnte kritische Hommage des Autors – deshalb der Buchstabenverdreher im Titel – der *Reise ans Ende der Nacht*), in dem gleich serienweise sämtliche prominenten Literaturkritiker Frankreichs ermordet werden, hat es bei unseren Nachbarn keinerlei Aufregung deswegen gegeben. Vielmehr wurde der Roman hoch geschätzt wegen seiner karnevalesken Demaskierung des dortigen Kulturbetriebs (auch Frankreichs berühmtester Kritiker Bernard Pivot, der Erfinder der legendären Sendung *Apostrophes*, des Vorbildes für das deutsche *Quartett*, bekommt bei Siniac einige mächtige Hiebe ab).

Wie man es von einem selbstreferentiellen Roman erwarten darf, benennt auch *Tod eines Kritikers* einmal en passant sein eigentliches Thema: »Es war ein längst fälliges Lehrstück über Wahrheit und Lüge im Kulturbetrieb«. Die Pointe dieses poetologischen Kommentars liegt darin, daß (worauf die Schreibweise ausdrücklich hinweist) er ausgerechnet von Ehrl-König stammt, der in diesem Stück gerne mitgespielt habe. Durch diese Komplizenschaft erhält die im Roman ansonsten mit Spott überhäufte Kritikerfigur sogar einen sympathischen Zug, denn der Kasper Ehrl-König kann als Mitspieler hier einmal über sich selber lachen. Dieses Lachen im Sinne der Selbstironie einer Romanfigur ist auf der Metaebene des Romans zugleich Ausdruck der Fiktionsironie. Diese wiederum hat Walser in einer entscheidenden Schleife des Romans – in einer weiteren *Mise en abyme* – noch verschärft, worauf keine der mir bekannten Kritiken des Romans eingegangen ist. Für diese Potenzierung der Metafiktionalität des Romans ist besonders die Figur der Julia Pelz zu betrachten, die – der Geschlechterdifferenz unerachtet – als ein weiteres Alter ego von Lach-Landolf gelten kann (auch Mani Mani ist eine dieser Komplementärfiguren). Julia Pelz zeigt sich mehrfach als saturnische Seelenverwandte Lach-Landolfs (sie nennt ihn einmal Miguel Juan), und sie ist es, die während des Inselaufenthaltes gegen Ende des Romans Lach und uns Lesern ein Manuskript mit dem Titel »Eine Notiz aus der Überlieferung des Zukünftigen« vorlegt, das in einer grotesk übersteigerten Vision das Weiterleben der populistischen Ehrl-König-Reich-Ranicki-Kritik imaginiert. Hier nun wird der Roman endgültig postmodern, indem er die Medienkritik in einer endlosen Spirale durchschleift, bevor er an seinen Anfang zurückkehrt, um neu zu beginnen.

In der Zukunftsvision von Julia Pelz herrscht die »E-O-Kultur«, will sagen, alles und insbesondere der Literaturbetrieb richtet sich auf »Ejakulation und Orgasmus«. Die Kritiker, jetzt »Kritoren« genannt, sind wichtiger geworden, »als sie je gewesen waren, wichtiger als die Schreibenden«. Die postmodernen Medienstars heißen (wie einst in Walsers *Brief eines ganz jungen Autors*) die »Großen Vier« (jetzt mit den Beinamen Aal, Affe, Auster, Klitornostra). Sie agieren auf sogenannten »Event-

Manegen«, aus der SPRECHSTUNDE ist die GLÄSERNE MANEGE geworden: die Triumpharena des Aals an der Spitze der Vier. Das Programm läuft die ganze Woche, die Autoren lesen direkt von ihren »Head-Tops«, die Kritoren urteilen prompt, es gibt nur Rühmen (extrem selten) oder Verdammen: »Die Stufen des Verdammens waren Beleidigung, Abstrafen, Fertigmachen«. Die Opfer werden von den Kameras erbarmungslos in Großaufnahme eingefangen. Wie es E-O-Kultur und »Lit Peep« erwarten lassen, heißt der von den Großen Vier (die »Nacktanzüge« tragen) vergebene Preis PRICK, den meist derjenige erhält, der den »Wettkampf im Auffallen« gewinnt. Stirnaufschlitzen kommt (immer noch) vor, bevorzugt jedoch sind öffentliches Masturbieren und Ejakulieren. Der kollektive Simultanorgasmus von Autoren und Kritoren, dokumentiert von den Zoomkameras, ist der Gradmesser höchster »Wirkung von Literatur«. Durch Orgasmusquote bzw. Impotenzfaktor herrschen endlich Narrenfreiheit und poetische bzw. pornographische Gerechtigkeit. Die Vision endet mit der (stilistisch etwas schwachen) Bemerkung: Man kann den Großen Vier »ein bleibendes Bleiben voraussagen«.

Mit diesem Endlosband, auf allen Kanälen laufend und in allen Reproduktionstechniken verfügbar, ist die Kritik definitiv im Medium aufgegangen. Hier ist das Medium nicht mehr ›message‹, sondern es gilt das bekannte Wortspiel von Marshall McLuhan: Das Medium ist Massage. Übertragen auf den Literaturbetrieb zeigt *Tod eines Kritikers*, daß unter den Bedingungen der modernen Medienkultur der Kritiker nur noch existent ist durch das Medium und in dem Medium. Dabei genügt eine Zombie-Existenz in der Konserve. Ein wenig salopp gesagt: Wen es nicht auf Video gibt oder virtuell als downloadbare Datei auf einer Homepage, den gibt es nicht; wen die Suchmaschinen nicht finden, der existiert nicht.

Martin Walser läßt in seinem Roman den Tod eines Kritikers simulieren, vermutlich weil er, als Schriftsteller und Moralist, weniger den Tod der Literatur befürchtet als den einer seriösen Kritik. Deshalb ist der Roman auch nicht einfach ›seinen Kollegen‹ gewidmet, sondern – das ist eine bedeutsame Nuance – geschrieben »für diejenigen, die meine Kollegen sind«. Wahrscheinlich sind das für Walser diejenigen, die immer noch Bücher schreiben, um zu beweisen, daß es sie einmal gegeben hat.

Wenn die Chance der Literatur vielleicht in ihrem Nichtvorhandensein liegt, dann mag die Möglichkeit der Literaturkritik darin bestehen, daß sie am Ende des Palavers die (insgeheim wohl beneidete) Literatur immer in das zurückverwandelt, was sie von Anfang an ist: ein leeres Blatt, das kunstvoll beschrieben werden will.

Zitierte Literatur: Martin Walser: Brief an einen ganz jungen Autor. In: Almanach der Gruppe 47. Hamburg 1964. – Thomas Beckermann (Hg.): Über Martin Walser. Frankfurt a. M. 1970. – Friedhelm Kröll: Die »Gruppe 47«. Stuttgart 1977. – Text+Kritik Nr. 100: Über Literaturkritik. München 1988. – Franz Loquai: Das literarische Schafott. Über Literaturkritik im Fernsehen. Eggingen 1995.

Prof. Dr. Franz Loquai lehrt Neuere deutsche Literatur und Vergleichende Literaturwissenschaft am Institut für Deutsch als Fremdsprachenphilologie der Universität Heidelberg.

MICHAELA KOPP-MARX

Les Mystères de Munich
Martin Walser schlüpft in die Rolle
des postmodernen Autors

Der Text weist eine seltsame Publikationsgeschichte auf: Zunächst wurde er als Stegreifvortrag an der Freiburger Universität anläßlich des Symposiums *Für und wider die zeitgenössische Literatur in Europa und Amerika* im Juni 1968 gehalten. Der Titel lautete *The Case for Post-Modernism*. Auf Bitten der Wochenzeitschrift *Christ und Welt* wurde die Freiburger Rede in zwei Folgen unter dem Titel *Das Zeitalter der neuen Literatur* veröffentlicht. Die überarbeitete und präzisierte endgültige Fassung erschien 1969 in der amerikanischen Weihnachtsausgabe des *Playboy* unter dem neuen Titel *Cross the Border – Close the Gap*, avancierte in dieser kanonisierten Version zum Schlüsseltext postmoderner Theorie und stürzte die deutschen Intellektuellen in den »Leslie-Fiedler-Schock« (Reinhard Baumgart). Leslie A. Fiedler, Literaturprofessor und »wild man of American literary criticism«, verkündete eine Art Monroe-Doktrin in Sachen Literatur, an der sich Autoren und Kritiker wie Reinhard Baumgart, Hans Egon Holthusen, Peter Handke, Jürgen Becker und Helmut Heißenbüttel rieben. Martin Walser, der schon in der Freiburger Diskussion gegen Fiedler angetreten war, reagierte mit dem Artikel *Mythen, Milch und Mut* auf die Bekenntnisse des Amerikaners zur Postmoderne. Mit diesem Essay legte Walser das argumentative Fundament für das später im Kursbuch veröffentlichte Pamphlet *Über die neueste Stimmung im Westen* (1970), welches zum kanonischen Text der literarischen Linken avancierte.

Es eröffnet überraschende Deutungsperspektiven, wenn man anläßlich der Lektüre von Walsers jüngstem Roman den provozierenden Fiedlerschen Text noch einmal zur Hand nimmt. Seine Thesen, die mit Ausnahme der Reaktion von Rolf Dieter Brinkmann auf eine breite Front der Ablehnung trafen, richteten sich dezidiert gegen eine akademische, in hermetischen Ritualen erstickte modernistische Literatur. Gefordert wird der Aufbruch zu neuen Themenwelten, in denen Phantastisches und Esoterisches Platz finden sollte, propagiert wird die Entgrenzung ins Irrationale, die Öffnung für Entrückung und Halluzination: »Der Traum, die Vision, *ekstasis*: Sie sind wieder die wahren Ziele der Literatur geworden«.

Schon auf der ersten Seite präsentiert sich Walsers Protagonist, der Schriftsteller Martin Landolf, als Experte für Geheimlehren und Sammler okkultistischer Schriften. »Mystik, Kabbala, Alchemie, Rosenkreuzertum –, das ist, wie Interessierte wissen, mein Themengelände.« Im Verlauf der Handlung verliebt er sich in die Lyrikerin und Saturn-Jüngerin Julia Pelz, die den siebenzackigen Stern um den Hals trägt und deren Räume mit Abbildungen aus der alchemistischen Prachthandschrift »Splendor solis« tapeziert sind. Angesichts so ausgeprägter Vorlieben für Okkultes denkt man unwillkürlich an Umberto Ecos zweiten Roman-Bestseller, dessen Helden sich in einem Gespinst aus Kabbala, Freimaurertum, Alchemie, Rosenkreuzertum, Macumba und Vodoo-Zauber verstricken, von einer dubiosen Geheimsekte verfolgt werden und einer wahnhaften Decodierungsucht verfallen. Als der Verleger Garamond seinen Lektoren ein neues Buch vorstellt, benennt er ironisch die Rezeptur des neuen, erfolgreichen, postmodernen Unterhaltungsromans: »Und nun schaut euch das an! Anscheinend ein Roman mit kriminalistischem Hintergrund, ein Bestseller. Und wovon handelt er? Von einer gnostischen Kirche in der Nähe Turins.«

Nach Fiedler ist eine solche Symbiose von *Suspense* und *Gnosis* nur durch die Überwindung der uralten Dichotomie von E und U, anspruchsvoller Hochkunst und trivialer Massenkultur, zu verwirklichen. Hatte Fiedler genuin amerikanische Genres wie Comics, Western, Science-Fiction und Pornographie als literaturfähige Formen empfohlen, reüssiert in Europa seit Ecos Mega-Seller *Der Name der Rose* der Kriminalroman zum Lieblingskind postmoderner Autoren. In diesem Sinne versteht sich Walsers Held, der nach eigenem Bekunden »am liebsten in alchemistisch-mystischen Labyrinthen herumtappt«, als eine Art Hobby-Detektiv, der sich auf die Suche nach Indizien begibt, die den befreundeten verdächtigen Schriftsteller-Kollegen Hans Lach entlasten könnten. So ist der Handlungsbogen von *Tod eines Kritikers* am klassischen Kriminalroman und seinem Muster von *mystery*, *analysis* und *action* orientiert und wartet zudem mit einem esoterisch angehauchten Rechercheur auf. Von Walser sind solche Kontakte zwischen Romantexten von Kunstanspruch und der Sphäre des literarisch Unterhaltenden bislang übel vermerkt worden. Ist er, um seinem modernen Widersacher aus dem Reich der Kritik eins auszuwischen, nun auf einmal in die Rolle des postmodernen Autors geschlüpft?

Walser ist nicht der erste Literat und Literaturtheoretiker, der den Tod eines Kritikers herbeischreibt. Im gleichen Jahr, in dem Fiedler sein Bekenntnis zur Postmoderne ablegte, verabschiedete Roland Barthes in dem nur fünfseitigen Essay *Tod des Autors* (1968) zusammen mit der Instanz des Autors auch seinen Ausdeuter, den Literaturkritiker. Der Autor mußte sterben, weil Barthes die in der Literaturkritik verbreitete naive Identifikation von Werkbedeutung und Autorbiographie satt hatte. Barthes erklärt den Text zu einem »mosaïque de citations« (Julia Kristeva) und den Autor zum kompilatorischen »scripteur« vorgegebenen Sprachmaterials. Der Autor ist nicht länger ein aktives, sich eines Codes schreibend bedienendes Subjekt, sondern ein passives, kleingeschriebenes *subiectum* im Schnittpunkt von Codes. Der Autor tritt als Schlüsselfigur kreativer Prozesse in den Hintergrund, liegt gleichsam an der Kette der Signifikanten, ist ein Spielball der Sprache, wird durch den Text geboren und durch den Leser suspendiert. Indem Barthes den literarischen Text von seinem Urheber als Bezugspunkt der Interpretation befreit, trägt er nicht nur den Autor-Gott zu Grabe, sondern auch jene Kritiker-Päpste, welche die Texte auf einen richtigen und endgültigen Sinn hin »entziffern« wollen, anstatt die diffusen Sinngebungsstrategien des Textgewebes zu entwirren. »Sobald ein Text einen Autor zugewiesen bekommt, wird er eingedämmt, mit einer endgültigen Bedeutung versehen, wird die Schrift angehalten. Diese Auffassung kommt der Literaturkritik sehr entgegen, die es sich zur Aufgabe setzt, den *Autor* (oder seine Hypostasen: die Gesellschaft, die Geschichte, die Psyche, die Freiheit) hinter dem Werk zu entdecken. Ist erst der *Autor* gefunden, dann ist auch der Text ›erklärt‹, und der Kritiker hat gewonnen.«

Die Macht des Kritikers als des Ausdeuters der verborgenen Botschaft leitet sich von der gottähnlichen Konstruktion des Autors ab und wird von Barthes wie der Autor selbst in den Orkus geschickt, damit ein herrschaftsfreier Diskurs sich entfalten kann. »Daher ist es nicht erstaunlich, daß, historisch gesehen, die Herrschaft des *Autors* auch diejenige des *Kritikers* gewesen ist und daß die Kritik – selbst die Neue – heute zusammen mit dem *Autor* verschwindet.« Für Barthes ist die Verkündigung von der »Mort de l'auteur« ein theologisches Ereignis und zitiert Nietzsches Verkündigung des »Todes Gottes« und seiner Folgen.

Die Idee vom Autor, der sich in seinem Werk opfert, sich auflöst im Schreiben, der stellvertretend Leid trägt und eben deshalb Heil vermittelt, hat die poetologische Reflexion von der Romantik bis in der Moderne begleitet. Die Sakralisierung seines Berufsstandes mit dem Ziel, die Oberhoheit der Literaturexegese zu erlangen, betreibt auch Ehrl-König mit allen Mitteln seiner Rhetorik. »Er sei […] schon mit Christus verglichen worden« und »dann und wann der genannt worden, der die Praxis Christi: Ihr sollt Ja sagen oder Nein und die flauen Lauen ausspucken aus eurem Munde, der diese Entschiedenheit in die Literaturkritik eingeführt habe. […] Aber in einer Hinsicht sei jeder, der sich im keritischen Dienst verzehre, in der Nachfolge des Nazareners: der habe gelitten für die Sünden der Menschheit, der Keritiker leide unter den Sünden der Schschscheriftstellerrr.«

Auch einen anderen Großmeister postmoderner Theorie bringt Walser dem Leser mittels eines markanten Zitats in Erinnerung. 1966 veröffentlichte der amerikanische Architekt Robert Venturi ein Buch, das zum ersten Manifest der Postmoderne werden sollte. Der aufschlußreiche Essay trägt den Titel *Komplexität und Widerspruch in der Architektur* und enthält die prominente

Dichotomie von *Entweder-Oder* (= Moderne) versus *Sowohl-als-Auch* (= Postmoderne). Indem Venturi gegen die Ausschlüsse und Reduzierungen der Moderne argumentiert, fordert er nicht eine Architektur des Entweder-Oder, sondern eine des Sowohl-als-Auch, fordert Elemente mit doppelter Funktion, Zweideutigkeit, verlangt in einem Gebäude die Kombination von Abstraktion und Repräsentation. »Ich ziehe eine vermurkste Lebendigkeit einer langweiligen Einheitlichkeit vor. Dementsprechend befürworte ich den Widerspruch, vertrete den Vorrang des ›Sowohl-als-auch‹. Ich stelle die Vielfalt der Meinungen höher als die Klarheit der Meinungen; die latenten Bedeutungen halte ich für ebenso wichtig wie die manifesten. Ich bevorzuge das ›Beide-zusammen‹ vor dem ›Entweder-oder‹, das Schwarz und Weiß und manchmal auch Grau, vor dem ›Schwarz-oder-Weiß‹.«

Bei seinen Bemühungen, Licht ins Dunkel der »Januar-Sprechstunde« zu bringen und vor allem die fatale Party danach zu rekonstruieren, besucht Walsers Ich-Erzähler den Pilgrim-Autor Bernt Streiff nebst Gattin Lydia. Streiff, der »Mißerfolgreiche«, ist Autor der Tulpen-Trilogie, an der er neun Jahre arbeitete. Insgeheim hat er gehofft, daß mit dem Erscheinen des dritten Bandes sein *opus magnum* anstatt Lachs *Mädchen ohne Zehennägel* in der »Sprechstunde« Ehrl-Königs an die Reihe käme. Als sich die Gespräche mit dem Ehepaar als ausgesprochen dröge erweisen, vielleicht auch weil zuviel Bier getrunken wird, stiehlt Landolf sich heimlich aus der Wohnung, wird aber von Streiff am nächsten Tag angerufen und genötigt, sich einen Text mit dem vielsagenden Titel »Vorläufiger Nachruf« am Telefon anzuhören. Streiff will Landolf klarmachen, daß Ehrl-König selbst über seinen Tod hinaus den klassisch-modernen »Entweder-Oder-Mann« repräsentiert. Durch sein Ableben werde man regelrecht gezwungen, noch Ja oder Nein zu seinem Tod zu sagen. »Und ich war immer ein Gegner seines Ja oder Nein. Immer! Von Natur aus. Aus Erfahrung und aus Bedürfnis. Und behalte dies bei. Das spüre ich. Auch jetzt im Todesfall lasse ich mich nicht von Herrn E.-K. zwingen, mich auf ein Ja oder Nein einengen zu lassen, sondern ich juble geradezu hinaus, daß ich zu seinem Tod ganz genau so laut Ja rufe wie Nein. Genauso laut Nein wie Ja! Ich singe mein Sowohlalsauch. Der Tod ist zwar die schroffste Erscheinungsart des Entweder-oder, aber durch das Sowohlalsauch wird er erst zu einem Erträglichen, erträglich für Menschen. Ich bin so frei und verbessere Hans Lach: Eine Figur, deren Tod man für vollkommen gerechtfertigt hält, das wäre Realismus, wie folgt: Eine Figur, deren Tod man sowohl für vollkommen gerechtfertigt wie auch für überhaupt nicht gerechtfertigt hält, das wäre Realismus.«

Für Ehrl-König gibt es nur die »schwertscharfe Einteilung« eines Entweder-Oder, nämlich: Lobpreisung oder Verriß, »halb Heiliger Franziskus, halb Dracula«, »Schlechtes Buch« – »Gutes Buch« oder noch perfider: »gut oder böse«. Eine solche Einstellung zu literarischen Texten verhält sich konträr zur postmodernen Lesetheorie, die Calvinos Idealleserin Ludmilla aus geradezu entgegengesetzter Position zum Entweder-Oder-Mann umreißt: von der Eindeutigkeit zu Doppel- und Mehrfachkodierungen. »Der Roman, den ich jetzt am liebsten lese würde [...], müßte seine Antriebskraft allein in der Lust am Erzählen haben, in der Absicht, Geschichten auf Geschichte zu türmen, ohne dich zu einer bestimmten Weltsicht verpflichten zu wollen.« Daß Ehrl-König nicht gerade Freund einer solchen Poetik ist, belegt Hans Lachs

(= schlechter Schriftsteller) Antipode Philip Roth (= guter Schriftsteller), der ja eher einer der letzten dezidierten Protagonisten der literarischen Moderne im amerikanischen Roman ist.

Wenn die Verbindung zwischen zwei temporal auseinanderliegenden Geschichten durch Deutung der Zeichen geschieht, welche die erste hinterlassen hat, wird aus der richtigen Lesart der Zeichen, die durch den Detektiv gesichert ist, am Schluß das Bezeichnete sichtbar. Wenn der Detektiv aber das Wagnis der Aufstellung von Hypothesen verweigert, die Zeichen nicht deuten und keine Spurensuche betreiben will, werden sich ihm dann die »Mystères de Munich« enthüllen? Landolf, krimibelesen, will nicht in den alten Fehler, den die Ecoschen Verschwörungstheoretiker regelmäßig begehen, verfallen, nämlich den Daten einen Sinn zu geben, der ihnen nicht zukommt, und Zusammenhänge zu konstruieren, die durch nichts gedeckt sind. Immer wieder verkennen die Italiener die Interpretationsbedürftigkeit der vorliegenden Zeichen und geben sich mit einem scheinbar offensichtlichen Sinnzusammenhang zufrieden. Landolf indessen – vom gnostischen Diabolismus eines Belbo weit entfernt – redet sich immer wieder ein, den Fall Lach/Ehrl-König ohne Deutungshypothese lösen, unvoreingenommen an die Sache herangehen zu können. »Nach etwas Bestimmtem zu fragen oder gar zu fahnden, habe ich mir verboten, dieses Verbot habe ich mir vor jedem Gespräch wieder aufgesagt.« Die Zeichen sollen, ohne einer Wertung unterzogen zu werden, sozusagen durch Selbstoffenbarung die Unschuld Lachs beweisen. »Daß ich alles Erfahrbare erfahren, es entgegennehmen wollte, ohne es zu werten, erklärte ich ihnen. Es sollte sich aus dem Erfahrbaren Hans Lachs Unschuld sozusagen von selbst ergeben.« Die Münchner Recherchen folgen keinem Plan, wobei die Grundtugend des Mystikers die *ataraxía* ist. »Seuse würde, wie ich mich verhielt, *gelassen* nennen.« Nach dem Motto »ohne Leiche verkommt alles zum Quiz« werden diverse »Kulturmenschen« kontaktiert, die Teilnehmer der After-Show-Party und Zeugen von Lachs Auftritt als geschmähter Autor: »Party-Archäologie«, die nie versucht, das Erfahrene »für irgendeine Vermutung in Dienst zu nehmen«.

Der Literaturwissenschaftler und Gesellschaftslöwe Silberfuchs erläutert Landolf kennerisch die Mechanismen der »Sprechstunden«-Fernsehshow: Ehrl-Königs Auftritts-Zeremoniell, die Eröffnungsrituale, die einstudierten Gesten und immer gleichen Inszenierungen. Silberfuchs erweist sich als begnadeter Erzähler und bestinformierter Connaisseur der Münchner Literaturszene, der Landolf die Party-Details aus dem Hause Pilgrim »wie Häppchen von einer feinen Platte« servieren kann. Auffälligerweise wird bei allen Gesprächen mit dem Bonvivant die Affäre Lach nach kurzer Zeit ad acta gelegt, um zur Substanz eines jeden Kulturgesprächs überzuleiten, nämlich Klatsch und Tratsch zum Thema »wer gerade mit wem und wer gegen wen ist«.

Auch Julia Pelz, die attraktive Verlegergattin, kennt das Literaturbusiness aus dem Effeff, doch anders als Silberfuchs hegt sie schwere Ressentiments gegen die oberflächliche Event-Kultur Ehrl-Königs: »Er hat aus der Kunst eine Moral gemacht, sagte sie. Die Moral des Gefallens, des Vergnügens, der Unterhaltung. Die Pleasure-Moral. Was mich nicht unterhält, ist schlecht.« Der seelenverwandte Hans Lach habe »das Anti-Saturnische schlechthin« auslöschen müssen, weil er diese »Operettenversion des jüdisch-christlichen Abendlandes« nicht länger ertragen habe. Doch Landolf, im Saturnischen Salon Calvados trinkend, ist auch hier mit seinen Gedanken schon längst nicht mehr beim Fall. Zu offensichtlich hat die mondän-burschikose Lyrikerin, die immer aussieht, »als wäre sie gerade vom Pferd gesprungen«, ihre Geschichten nur dazu benutzt, den planlosen Mystik-Experten auf ihre reizende Gestalt aufmerksam zu machen. Landolf schwelgt ebenso in ihrer dekorativen Splendor-Solis-Tapete wie in ihrem geheimnisvollen körperbetonten Outfit und dem Siebenzackigen Stern im Decolleté, von dem er nur mit Mühe die Augen wenden kann. »Ich verhielt mich faktenfeindlich, beweisabweisend, wirklichkeitsfremd.«

Der schillernde, stets im Duett mit seiner Zwillingsschwester auftretende, farbenblinde Kunsthistoriker, ehemalige Fernsehkritiker und »Macher« Ehrl-Königs, Rainer Heiner Henkel, weiht Landolf schließlich in die Abgründe seines Sprößlings ein. Stolz berichtet der »wangenlose Dünnling«, wie Ehrl-König von ihm über die Jahre zu einem Meisterwerk geformt wurde: durch einen spezifischen wiedererkennbaren Ehrl-König-Sound, durch die Aura einer »feudalistische[n] Legitimität« und durch ein begrenztes Repertoire von pointierten Sätzen und Zitaten. Landolf erfährt auch, daß das System Ehrl-König eine Erfindung Henkels ist: »Der Gerüchtedschungel, in dem Ehrl-König prachtvoll und unfaßbar herumtigerte, war seine, RHH's Schöpfung. Allerdings im Auftrag Ehrl-Königs. Aber erfunden, in die Welt gesetzt und andauernd durch phantastisch genaue Produktionen am immer wieder sich steigernden Leben gehalten nur durch RHH.«

Die wahre Meisterschaft dieses anspruchsvollen Geschäfts zeigt sich in der Unmöglichkeit, die Wahrheit vom

Gerücht und das Gerücht von der Wahrheit zu unterscheiden. So habe Ehrl-König tatsächlich sieben Bände klassizistischer Gedichte geschrieben, sie unter Pseudonym bei einem unbekannten Verlag untergebracht, von seiner Frau ins Französische übersetzen lassen, um sie bei Gallimard zu veröffentlichen. Die phantastisch anmutende Geschichte, versichert Henkel, ist die reine Wahrheit. »Ehrl-Königs innigster Wunsch sei es nämlich, daß seine [...] Gedichte dann von Hans Magnus Enzensberger ins Deutsche übersetzt werden würden«. Dann stellte sich nämlich unweigerlich heraus, daß Enzensbergers Übersetzungen im Vergleich mit den Originalen alt aussähen.

Der Spur solcher Geschichten folgt Landolf durch Münchner Mansarden, Villen, Kommissariate und Salons. Kämen keine Impulse von außen (Lach gesteht, Lach widerruft, die Madame gesteht ...), es könnte monatelang so weitergehen. »Wie verläßlich sind die Wände, die von Pompeji erzählen, verglichen mit dem, was Intellektuelle über einen solchen Abend berichten.« Der Detektiv tappt im Dunkeln und verfällt auf immer abstrusere Bezichtigungen: »Am besten wäre es, sich RHH als Täter vorzustellen. Der haßte Ehrl-König, wie Hans Lach den nie hassen konnte. [...] RHH war um sein Leben gebracht worden. Er hatte sich in Ehrl-König mehr verwirklicht als in seinem Geschriebenen.« Die Polizei wartet ab, bis der Schnee taut, um die erhofften Spuren vor der Pilgrim-Villa zu finden, während der Verdächtige sich wieder in Schweigen hüllt. Immer gibt es zu einzelnen Vorgängen unterschiedliche Variationen, die einen haben es so, die »anderen anders in Erinnerung«. In diesem unübersichtlichen »Strauß von Gerüchten«, in dem sich Widerspruch an Widerspruch reiht, erfahren die »Genüsse des Nachrichtenhändlers« Landolf eine seltsame Metamorphose.

Eco definierte den Kriminalroman als »eine Geschichte, in der es um das Vermuten geht, um das Abenteuer der Mutmaßungen, um das Wagnis der Aufstellung von Hypothesen eines scheinbar unerklärlichen Tatbestandes, eines dunklen Sachverhalts oder mysteriösen Befunds«. Bei Landolf ist das Procedere des Aufhellens durchgängig so angelegt, daß immer weniger aufgeklärt wird, immer weniger *suspense* oder *action* sich entfalten. Nicht, daß die Codes zu schwer sind, die Chiffrensprache der Befragten zu hintergründig oder die verwischten Spuren nicht mehr zu entziffern sind – Walsers Held verliert von Interview zu Interview zusehends das Interesse an der Lösung des Falls und läßt sich ohne Gegenwehr vom permanenten Rauschen des »Szeneguts« der Literatur- und Fernsehclique einlullen. Die durchgängige Nichteinlösung des Krimi-Schemas vor Augen, scheint auch Walser selbst wenig ambitioniert, seinen Krimiplot konsequent zu Ende zu bringen, so daß der Eindruck eines demonstrativen Anti-Kriminalromans entsteht. Dieses genuin modernistische Genre konterkariert den krimi-charakteristischen Erkenntnisoptimismus, daß tief Verborgenes mittels eines Scharfsinnshelden ans Licht gebracht werden könnte. Im Antikriminalroman der Moderne bleibt die Welt im Zustand der Undurchschaubarkeit, bleiben die Rätsel letztlich ungelöst, bleibt die Bedrohung bestehen.

Walsers postmoderne Variante entschärft nun genau das, was dem Antikriminalroman der avancierten Moderne zum Problem geworden war. Indem er der gattungskonstitutiven Tiefenorientierung von vorneherein jedwede Entfaltungsmöglichkeit verwehrt, geht es ihm eben nicht um die Darstellung einer Welt, die durch ein beunruhigendes Sinndefizit gekennzeichnet wäre. Taucht ein Erkenntnisproblem auf, stellt sich schnell heraus, daß es nur aufgrund einer falschen Erwartungshaltung entstehen konnte. Im *Tod eines Kritikers* verbirgt sich unter der Oberfläche der Dinge nichts, was aufgehellt werden müßte, und wo es nichts aufzudecken gibt, muß der Detektiv scheitern. Dementsprechend verabschiedet sich auch Landolf sehr schnell von seiner Rolle als Ermittler. Auch stellen Walsers Ich-Erzähler oder seine Figuren nirgends Reflexionen darüber an, daß der Gang der Welt keiner rational begründbaren Ordnung folgt. Im Gegenteil: Statt Betroffenheit ist Heiterkeit die Devise. »Bei diesem epochalen Reinemachen ist nur ein Wert übriggeblieben als der Wert aller Werte, und außer ihm ist nichts: der Unterhaltungswert.« So sind alle Figuren in ihrer realen Umgebung, in ihren alltäglichen Aktionen und Reaktionen reine Worthülsen, Zitate, Typisierungen oder Selbstinszenierungen bar jeglicher Identität und Authentizität. Entwirft man als Romancier ein solches Szenarium, ist die Frage nach dem Referenten in der Wirklichkeit schnell beantwortet. Wahrscheinlich findet die Konzeption eines postmodernen Antikriminalromans nur in professionellen Literatur- und Fernsehkreisen, wo »die Welt im Grunde nur als Belletristik begriffen« wird, ihr heimliches Telos. Einen Ausstieg aus dieser Spaßgesellschaft gibt es nicht, doch deutet Walser Möglichkeiten der Kompensation an.

Nach Bourdieus Maxime »Die Katze, die die Maus auf dem Schirm fängt, fängt sie authentischer als jene in der Natur« verkauft der identitätslose Intellektuelle seine Seele ans Fernsehen und bekommt dafür eine neue Identität. Das scheint beim »Republikunterhalter« funktioniert zu haben. »Wissen Sie, Sie können jeden Schriftsteller nach der Art seines öffentlichen Auftretens beurteilen. Nicht im Fernsehen. Das Fernsehen verfälscht alle und alles. Außer Ehrl-König. Den hat das Fernsehen förmlich zu sich selbst gebracht.«

Die typisch postmoderne Absage an eine Ästhetik der Authentizität ist an eine Ästhetik der Intertextualität gekoppelt. Diese basiert wiederum auf dem eigentlich simplen Gedanken, daß Texte das, was sie sagen und darstellen wollen, nur dadurch sagen und darstellen, daß sie auf andere Texte, auf schon Gesagtes und Dargestelltes zurückverweisen, das heißt: im *Tod eines Kritikers* wird permanent gelesen (selbst der Kommissar liest alle neun Romane Lachs), *name-dropping* betrieben, Literatur zitiert, mit Büchertiteln jongliert, Texte produziert und über Literatur räsoniert. Man geht durch die Thomas-Mann-Allee oder durch die Böcklinstraße, aus den Fenstern klingen Bartók-Elegien. Selbst Lach fällt nach seiner Niederlage auf der Pilgrim-Party nichts anderes ein, als zunächst Goethe, dann sich selbst zu deklamieren. Und es bleibt nicht aus, daß sogar auf den Tonbandprotokollen des verwirrten Mani Mani einer der ersten Sätze lautet: »Als ich Heine las, schoß es mir durch den Kopf: Heine war ein großartiger Lyriker.«

Im Mittelpunkt der allgemeinen Zitatlust steht Lachs Buch »Die Kunst, Verbrecher zu sein«, aus dem alle Figuren einschließlich Erzähler unentwegt zitieren, weil sie sich Aufschluß über die Motive des potentiellen Täters erhoffen. Immer wieder haben Künstler ihre Arbeit mit kriminellen Handlungen verglichen, verstanden sich als Quasi-Kriminelle oder Vorsatztäter. Beuys warnte geradezu: »Wehe, wenn man heute nicht kriminell ist.« Die Parallelisierung von Kunst und Verbrechen interessierte besonders Michel Foucault: »Anscheinend handelt es sich dabei um die Entdeckung der Schönheit und Größe des Verbrechens; in Wirklichkeit ist es die Behauptung, daß die Größe auch ein Recht auf das Verbrechen hat und dieses sogar zum ausschließlichen Privileg der wirklich Großen wird. Die schönen Morde sind nichts für Tagelöhner [...]«.

Für jegliches Zitationsverfahren gilt zweierlei: Damit die Welt der Texte zu einer semantisch »flachen« Welt wird, darf das Zitierte keine großartige Tiefenorientierung des Denkens bewirken, so daß die Signifikatebene als aussagearm und damit als marginalisiert erscheint. Wenn Texte immer nur auf Texte verweisen und so im Spiel der Intertextualität gefangen bleiben, dann verschwindet ein textunabhängiger Referent gänzlich aus dem Blickfeld. So ist der Roman wie die in ihm entworfene kleine Münchner literarische Welt ein im Sinne Luhmanns »sich autopoietisch reproduzierendes System aller anschlußfähigen Kommunikationen«, bei dem sich letztlich die Katze in den Schwanz beißt.

Als dritte Möglichkeit schlägt Walser vor, daß das postmoderne Subjekt nicht an seiner Identitätslosigkeit kranken und lieber die Möglichkeit nutzen sollte, sich in unterschiedliche Ichs aufzusplitten, unterschiedliche Identitäten anzunehmen. »Die Versuchung, unter dem Namen Michael Landolf weiterzuschreiben, war groß. [...] Durch das, was mir passiert war oder was ich mir geleistet hatte, war in mir ein Bedürfnis gewachsen, aus meinem Namen auszuwandern wie aus einer verwüsteten Stadt. Auch gefiel mir *Michael Landolf* immer besser.« Die seit der Romantik nie verstummte, seit Nietzsche und Mallarmé brennende Frage, was das denn für ein »Ich« wäre, das »sich schriebe«, wird bei Walser noch einmal poetisch produktiv gewendet. »Michael Landolf, ich danke dir dafür, daß du mir Unterschlupf gewährt hast. Und ziehe aus. Scheinbewegungen sind das. Erzähler und Erzählter sind eins. Sowieso und immer. Und wenn der eine sich vermummen muß, um sagen zu können, wie der andere sich schämt, dann ist das nichts als das gewöhnliche Ermöglichungstheater [...].«

Das Verbrechen ist so alt wie die Menschheit. Kain ermordet seinen Bruder Abel nach der Vertreibung aus dem Paradies. Ödipus, der Königsohn aus Theben, macht sich eines doppelten Verbrechens schuldig: Er erschlägt seinen Vater Laios und schläft mit seiner Mutter Iokaste. Zwei Urvergehen: Vatermord und Mutterinzest, Verstöße gegen Grundtabus menschlicher Ordnung und Gesittung. Wenn Walser die Geschichte eines geschmähten Autors erzählt, der mit einem zentralen Gebot des Literaturbetriebs bricht, indem er einen prominenten Literaturvermittler scheinbar um die Ecke bringt, hat er das dritte Urvergehen in die Literaturgeschichte eingeführt. Wie Ödipus, der Meisterdenker, der die Rätsel der Sphinx zu lösen weiß, spielt Walsers Autor eine zweifache Rolle. Er begeht die Tat, und ihm obliegt zugleich, sie aufzuklären. Ödipus und Hans Lach werden zu Ermittlern in eigener Sache, zu Detektiven auf den Spuren der eigenen Untaten, wobei Lach es außerdem noch zufällt, seine Geschichte aufzuschreiben.

Walsers Protagonist erzählt sich und seine Demütigung in diskontinuierlichen, von unzähligen Abschweifungen und ausführlichen Textzitaten unterbrochenen Erinnerungssequenzen und im Wechsel von erster (Landolf) und dritter (Lach) Person. Stehen autobiographische Erzählungen schon immer unter dem Gesetz der narrationslogischen Trennung von erzählendem und erzähltem Ich, verbindet Hans Lach diesen Sachverhalt mit dem Postulat von der Textualität des Subjekts. Als Schreiber des Textes ist er nicht identisch mit dem Schreiber, über den er schreibt. Sondern er liest Hans Lach als fragmentarischen und eben deshalb schreibbaren Text und bringt als Leser seiner selbst schreibend den »Autor« hervor. Der Kreis schließt sich, wenn Lach am Ende ins Gebirge reist, um das »Unaufschiebbare« aufzuschreiben und den ersten Satz vom *Tod eines Kritikers* zu verfassen, der auch der letzte ist: »Da man von mir, was zu schreiben ich mich jetzt veranlaßt fühle, nicht erwartet, muß ich wohl mitteilen, warum ich mich einmische in ein Geschehen, das auch ohne meine Einmischung schon öffentlich genug geworden zu sein scheint.«

Zum Verhältnis von Wirklichkeit und Roman erklärte Raymond Chandler 1949: »Der Kriminalroman muß in bezug auf die Methoden des Mordes und seiner Aufklärung real sein. Er muß wirkliche Menschen in einer wirklichen Welt schildern.« Natürlich bleibt Marlowe eine erfundene Kunstfigur, aber gerade im Krimi trat in der Geschichte der Nachkriegsliteratur immer häufiger wirkliches Personal auf, um in erfundenem Gewand und unter anderem Namen Geschichten zu haben, die nicht das Leben selber schrieb – oder jedenfalls nicht so. War es anfangs schwierig, erfundene und tatsächliche Merkwürdigkeiten zu trennen, so sind es jetzt die kleinen Zirkel und künstlerischen Gemeinschaften, deren Geheimnisse – also: deren Klatsch, in Erzählform präsentiert wird.

Mit der Postmoderne ist die Literatur wieder im Zeitalter des Schlüsselromans angekommen. Der Schlüsselroman spielt zumeist im Milieu, er ist eine Form der Selbstbeschäftigung des literarischen Lebens. Er ist dies um so mehr, je mehr seine Autoren – etwa mangels nichtliterarischer Berufsausbildung – über keinen anderen Wirklichkeitszugang mehr verfügen als über das Lesen, den Umgang mit ihrer eigenen Verwertungssphäre sowie die Beobachtung der Konkurrenten und Kollegen. Obwohl er sich öffentlich mehrfach dagegen verwahrte, hat Walser bei seinem Ausflug in postmoderne Gefilde ernst gemacht und einen waschechten postmodernen Schlüsselroman geschrieben, wozu auch gehört, sich auf die Niederungen eines *Literarischen Quartetts* einzulassen. Wer sich für die Postmoderne entscheidet, sollte auch zu populären Unterhaltungsformen stehen und sich die Abgeklärtheit eines Eco zu eigen machen, dessen Romane vor keinem Klischee der Trivialliteratur – Spiegeltüren, Giftmorden, Weltverschwörungen und heißen Liebesnächten – haltmachen. Mit Billy Wilder möchte man Walser zurufen: »Wenn ein Witz wirklich gut ist, ist es mir egal, wen ich damit beleidige.«

*Privatdozentin Dr. Michaela Kopp-Marx lehrt
Neuere deutsche Literatur an der
Universität Heidelberg.*

LEO KREUTZER

Ein Roman und sein Doppelgänger
Sieben Anmerkungen zu *Tod eines Kritikers*

> *Ich kenne nichts Ärmeres*
> *Unter der Sonne als euch, Götter!*
> *Ihr nähret kümmerlich*
> *Von Opfersteuern*
> *Und Gebetshauch*
> *Eure Majestät*
> *Und darbtet, wären*
> *Nicht Kinder und Bettler*
> *Hoffnungsvolle Toren.*

1. Prometheus, aus persönlichem Anlaß

Kann man über die Abhängigkeit der Macht von Lakaien abfälliger urteilen als Goethes Prometheus bei seiner Abrechnung mit dem Donnerer und Blitzeschleuderer Zeus? Despoten wie dieser, so wettert der Titanensohn in dem poetischen Manifest des Frankfurter Junganwalts, vermöchten sich nicht an der Macht zu halten, »wären nicht Kinder und Bettler hoffnungsvolle Toren«.

Nachdem in *Tod eines Kritikers* der Literaturkritiker André Ehrl-König, in einem »mit Zeus-Symbolen prangenden Sessel« thronend, während seiner Fernseh-Show »Sprechstunde« gegen den neuen Roman von Hans Lach »Blitze geschleudert« hat, läßt Martin Walser den schwerverletzten Autor auf der anschließenden Huldigungsparty für die Medien-Majestät auftauchen und dem frenetisch Gefeierten mit alarmierend in sich gekehrtem Tonfall die schneidendste Absage an Willkürherrschaft ins Gesicht rezitieren, die je in deutscher Sprache formuliert worden ist: »Ich kenne nichts Ärmeres unter der Sonne als Euch, Götter!« Gegen die rituellen Hymnen auf den Herrn der Bücher Goethes mythologisch gesteigerte Fundamentalkritik der Macht montierend, legt sich der Roman auf sein Thema fest. Es ist das Thema: Machtausübung durch Literaturkritik.

Von der literarisch versierten Majestätsbeleidigung erfährt der Leser durch den Bericht eines Augenzeugen. Der Literaturprofessor Silberfuchs, in dem Roman für gehobenen Klatsch zuständig, hat den Zwischenfall in der für kultische Zwecke ausgelegten »Treppen- und Plattformarchitektur« der Bogenhauser Villa des Verlegers Ludwig Pilgrim als »sensationell« empfunden. Indessen: Zwar mag Hans Lach Goethes Ode eindrucksvoll zitieren können, selbst scheint er jedoch wenig Prometheisches zu haben. Zwei weitere Zeugenaussagen stimmen darin überein, daß er sich wenige Wochen vor seiner Revolte gegen den Kritiker-Zeus an gleicher Stelle im vertrautesten Gespräch mit ihm habe beneiden lassen. Silberfuchs zieht aus dem von ihm genüßlich beobachteten Tête-à-tête den Schluß, Hans Lach habe sich bei Ehrl-König um die Nachfolge von dessen kurz zuvor in Ungnade gefallenem Intimus Rainer Heiner Henkel beworben. Dem Schriftsteller Bernd Streiff hat weniger diese Szene selbst zu denken gegeben als die Art und Weise, wie er am darauffolgenden Tag Hans Lach sich in der Stadt habe aufführen sehen: hüpfend bei jedem Schritt, aber »nicht durch Anstrengung und Kraft, sondern von selbst«.

Deutlich genug wird in dem Roman zu verstehen gegeben, der von Ehrl-König gedemütigte Schriftsteller sei bis dahin ebenfalls bereit gewesen, die Majestät des Kritiker-Zeus mit »Opfersteuern« und »Gebetshauch« zu

»nähren«. Mit Goethes Gedicht haben Künstler und insbesondere Schriftsteller in dem mythischen Rebellen Prometheus eine Identifikationsfigur gesehen. Das *alter ego* des Autors in *Tod eines Kritikers* besinnt sich spät, es besinnt sich erst nach einer schweren persönlichen Kränkung auf diese Tradition. Das nimmt dem prometheischen Auftritt Hans Lachs in der Villa seines Verlegers viel von seinem düsteren Glanz. Die Schlüsselszene des Romans kennzeichnet diesen als ein eher selbstquälerisches denn rachsüchtiges Buch.

2. »Erzählt von einem Freunde«

Thema des Romans *Tod eines Kritikers* ist die enorme Erweiterung der operativen Möglichkeiten einer machtbewußten Literaturkritik durch das Fernsehen. Mit seiner Art, dieses Thema erzählbar zu machen, ist Martin Walser deutlich auf Distanzierung bedacht. Kommen in dem Roman tatsächlich Zorn auf eine gewisse Art der Literaturkritik und persönliche Verletztheit durch einen bestimmten Kritiker zum Ausdruck, so sind die vom Autor eingesetzten erzählerischen Mittel entschieden darauf ausgerichtet, solche Gefühle nicht unmittelbar herauszulassen. Das Erzählen in *Tod eines Kritikers* ist so organisiert, daß eine – für den Autor wie für die Hauptfigur – traumatische Erfahrung durch vielfältige Brechung literarisch verarbeitet werden kann. Der Roman parodiert ein parodistisches Erzählen nach Art von Thomas Manns *Doktor Faustus*.

In *Tod eines Kritikers* finden sich zahlreiche Hinweise auf Thomas Mann. So liegt die Villa des gemeinsamen Verlegers von André Ehrl-König und Hans Lach wohl nicht zufällig an einer »Thomas-Mann-Allee«. Eines der vier Bücher, auf denen sich im Fernsehstudio der Thronsessel des Kritiker-Zeus erhebt, ist *Der Zauberberg*. Der Name Thomas Manns fällt im Zusammenhang mit einer Charakterisierung der Art und Weise, wie Ehrl-König als Kritiker vorgehe. Zweimal heißt es im Roman: »München blendet«, eine dekonstruierende Anspielung auf den berühmten ersten Satz von Thomas Manns Erzählung *Gladius dei*: »München leuchtete.« Adrian Leverkühn vertont in *Doktor Faustus* Verse von William Blake; in *Tod eines Kritikers* ist der englische Dichter und Maler für die Lyrikerin und Verlegergattin Julia Pelz-Pilgrim eine Kultfigur. Die Schilderungen des Klavierspiels von Erna Lach erinnern an die musikologischen Passagen in *Doktor Faustus*.

All diese Anspielungen wirken wie Winke, mit denen der Autor des Romans *Tod eines Kritikers* uns zu bitten scheint, nicht zu übersehen, daß eine Inspirationsquelle für die Technik der ›Narrativierung‹ seines heiklen Themas die erzählerische Einrichtung von Thomas Manns Roman *Doktor Faustus* gewesen sei. Dessen Untertitel lautet bekanntlich: »Das Leben des deutschen Tonsetzers Adrian Leverkühn, erzählt von einem Freunde«. Mit dem Kunstgriff, einen ihn maßlos peinigenden Problemkomplex – »Gott sei euerer armen Seele gnädig, mein Freund, mein Vaterland« – durch ein für seine Darstellung scheinbar ungeeignetes Medium auf Distanz zu bringen, hat Thomas Mann den Stoff des *Faustus*-Romans für sich erzählbar machen können. Martin Walser macht sich das Verfahren zu eigen, um das ihn seit langem peinigende Phänomen einer Machtausübung durch Literaturkritik erzählbar zu machen.

Der Freund, den Thomas Mann das Leben Adrian Leverkühns erzählen läßt, der Altphilologe Serenus Zeitblom, kennzeichnet sich selbst zu Beginn des Romans als eine »gesunde, human temperierte, auf das Harmonische und Vernünftige gerichtete Natur«. Thomas Mann läßt ihn ein Humanistendeutsch schreiben, das immer dann besonders betulich wirkt, wenn es dem dargestellten Sachverhalt am wenigsten zu entsprechen scheint. Seine Entscheidung, das Leben des hochgefährdeten Künstlers Adrian Leverkühn von einem bildungsbürgerlich-biedermännischen Freund erzählen zu lassen, hat Thomas Mann in dem Bericht *Die Entstehung des Doktor Faustus* so begründet: Die »Maßnahme« sei »bitter notwendig« gewesen, um »eine gewisse Durchheiterung des düsteren Stoffes zu erzielen«; der Widerspruch zwischen Stoff und Erzähler sei »an sich eine komische Idee« gewesen, »entlastend gewissermaßen«, denn das habe ihm erlaubt, die »Erregung durch alles Direkte, Persönliche, Bekenntnishafte«, das dem Stoff zugrunde gelegen habe, »ins Indirekte zu schieben«.

Martin Walser greift in *Tod eines Kritikers* Thomas Manns Verfahren auf, um, wie dieser, seine Erregung über das Thema des Romans »ins Indirekte zu schieben« und seinerseits eine »gewisse Durchheiterung« seines Stoffes zu erzielen. Er läßt die Geschichte von der vermeintlichen Ermordung des Kritikers André Ehrl-König durch den Schriftsteller Hans Lach von dessen Freund Michael Landolf erzählen. Dieser, ein abseits der Öffentlichkeit mit scheinbar abseitigen Gegenständen beschäftigter Gelehrter, charakterisiert das Mißverhältnis zwischen ihm und dem Schriftsteller Hans Lach auf eine Weise, die wiederum an Serenus Zeitbloms Selbststilisierung in *Doktor Faustus*« anklingt: »Der bekannte, fast populär bekannte Hans Lach und der in Fachkreisen herumgeisternde Michael Landolf. [...] Er, immer mitten im schrillen Schreibgeschehen, vom nichts auslassenden Roman bis zum atemlosen Statement, ich immer im funkelndsten Abseits der Welt. Mystik, Kabbala, Alchemie.«

Die ersten Absätze von Walsers Roman geben sich ähnlich pedantisch wie der Beginn und viele spätere Passagen des *Doktor Faustus*. Michael Landolfs Sprache wird jedoch vom Autor im weiteren Verlauf nicht derart parodistisch gefärbt wie die des Erzählers in Thomas Manns Roman. Der frühpensionierte Studienrat Serenus Zeitblom rekonstruiert ein vergangenes Geschehen, das er, in ständiger Sorge um den Freund, aus der Nähe verfolgt hat, nicht selten als unmittelbarer Zeuge. Walsers Erzähler recherchiert demgegenüber einen aktuellen Vorfall, von dem er zuerst durch die Zeitung erfahren hat. Er tut das in Form von Gesprächen, die er mit unmittelbaren Zeugen und mit Personen führt, welche dem verschwundenen und für tot gehaltenen Kritiker nahestanden.

Der Fernseh-Zeus tritt in dem Roman nicht ein einziges Mal persönlich in Erscheinung, Erzähler und Leser erfahren von ihm und dem mutmaßlichen Drama um ihn sowie von dessen möglichen Hintergründen allein *durch Hörensagen*. Die Sprache des Romans ist durch eine variable Technik der Vermittlung der von Michael Landolf geführten Gespräche in direkter Rede, in indirekter Rede (und damit über weite Strecken in einem etwas strapaziösen Konjunktiv) oder in paraphrasierender Wiedergabe gekennzeichnet. Aus der Abfolge dieser Gespräche ergibt sich ein durchgehend indirektes und dementsprechend widerspruchsvolles Porträt eines Medien-Popanz. Walsers Erzählen in diesem Roman ist eine mimetisch genaue Abbildung der Art und Weise, wie auf den Fernseh-

Olymp entrückte Akteure in das Bewußtsein ihrer Zeitgenossen eindringen, wie sie durch deren Phantasien geistern und auf ihr Verhalten einwirken.

Von dem Vorfall während der Party in der Pilgrim-Villa, vom Verschwinden des Kritikers und von der Verhaftung seines Freundes Hans Lach erfährt Michael Landolf, als er sich zu wissenschaftlichen Recherchen in Amsterdam aufhält. Während der ermittelnde Kriminalhauptkommissar Wedekind annimmt, Hans Lach habe aufgrund der demütigenden Art der Kritik an seinem neuen Roman in der Fernseh-Show »Sprechstunde« die Fassung verloren und habe Ehrl-König nach der Sendung umgebracht, ist Michael Landolf von der Unschuld seines Freundes überzeugt. Bei seinen eigenen Ermittlungen als »Gegenspieler Wedekinds« hält er sich an ein Verfahren, das er von dem Kommissar übernimmt. Der hatte Michael Landolf gesprächsweise zu verstehen gegeben, nach welcher Arbeitshypothese er sein Vorgehen ausrichte: »Die Party in der Verlegervilla in Bogenhausen, wenn man die rekonstruieren könnte, wäre der Fall gelöst, man könnte ihn Herrn Lach sozusagen als Manuskript vorlegen, er müßte nur noch unterschreiben.« Das Manuskript, das dem Kommissar vorschwebt, wird dann aber nicht von diesem, sondern von Michael Landolf erarbeitet. Es ist mit den beiden ersten der drei Teile des Romans *Tod eines Kritikers* identisch, und am Ende des dritten Teils unterschreibt der Schriftsteller Hans Lach tatsächlich mit seinem Namen. Das führt der Autor jedoch auf andere Weise herbei, als er den Kommissar es sich zu Beginn hatte vorstellen lassen.

In *Doktor Faustus* sind der Erzähler Serenus Zeitblom und der Protagonist Adrian Leverkühn *alter ego*-Figuren des Autors Thomas Mann. Am Ende von Walsers *Tod ei-*

nes Kritikers legt der Schriftsteller Hans Lach vor den Augen der Leser die Maske des Gelehrten Michael Landolf an, indem er den ersten Satz des Buches niederschreibt, das sie gerade gelesen haben: »Da man von mir, was zu schreiben ich mich jetzt veranlaßt fühle, nicht erwartet, muß ich wohl mitteilen, warum ich mich einmische in ein Geschehen, das auch ohne meine Einmischung schon öffentlich genug geworden zu sein scheint.« Hinter dieser Sprachmaske verschwindend, beginnt Hans Lach die Geschichte seiner Demütigung durch den Literaturkritiker André Ehrl-König aufzuschreiben.

3. Zwei Schlüsse oder: Novelle im Roman

Tod eines Kritikers hat zwei Schlüsse. Mit einem ersten Schluß am Ende des zweiten der drei Teile des Romans läßt der Autor eine von Michael Landolf erzählte *Novelle* über die gattungstypisch unerhörte Begebenheit des plötzlichen Verschwindens eines Fernseh-Stars enden. Dieser an den Bräuchen des Genres gemessen ziemlich umfangreichen Novelle wird dann aber noch ein dritter Teil angefügt. Obwohl der wesentlich kürzer ist als die beiden voraufgegangenen Teile, weitet sich *Tod eines Kritikers* erst durch ihn zum *Roman*, welche Gattungsbezeichnung das Ganze denn auch zu Recht trägt. Der Roman endet, wie bereits dargelegt, mit dem Beginn seiner – von Hans Lach fürs erste auf drei Monate veranschlagten – Erzählzeit.

Am Ende des zweiten Teils läßt Martin Walser den Kritiker-Zeus wieder auftauchen, und es ist diese für alle überraschende Wende, durch die sich das bis dahin von Michael Landolf rekonstruierte Geschehen zur Novelle rundet. In der sie abschließenden Szene nimmt Ehrl-König sein Leben als weithin sichtbare Medien-Größe sogleich wieder auf. Wie zuvor sein Verschwinden, gerät jetzt sein Wiedererscheinen zum Medien-Ereignis. Da er sich von einer Verehrerin hatte entführen lassen, stellt sich die Frage, wie die werte Gattin bei seiner Heimkehr reagieren werde, zumal diese mit ihrem falschen Geständnis, ihn umgebracht zu haben, Wunsch- und Rachephantasien offenbart zu haben scheint. Aber nachdem Ehrl-König das alles in pausenlosen Interviews kreuz und quer durch sämtliche Medien beplaudert hat, weiß er auch dem heiklen Vorgang seiner Rückkehr an den heimischen Herd ein fernsehgerechtes Format zu verleihen. Selbstverständlich wird live verfolgt werden können, ob »Madame« ihn hereinlassen werde. Dafür werden die zur festgesetzten Stunde vor der Villa in der Grünwalder Straße installierten Kameras sorgen.

Der Bericht über die Live-Reportage von der Heimkehr des verloren Geglaubten ist die einzige Passage in dem Roman, in der Walser Michael Landolf von einem Auftritt Ehrl-Königs *direkt* erzählen läßt: von einem Fernseh-Auftritt versteht sich. Als man den Hausherrn vor dem Gartentor aus dem Taxi steigen sieht, sind, um ihn willkommen zu heißen, alle Haus- und Hoflichter eingeschaltet. »Er küßte ihr die Hand. Dann bot er ihr den Arm an, sie hängte sich ein, beide verschwanden im Haus, die Türe schloß sich, und von einem Augenblick auf den anderen erloschen alle Lichter.« Walser läßt seinen Erzähler zum Schluß in einem Kollektiv romantisch glotzender Fernseh-Zuschauer verschwinden. Von der Ich- in die *Wir*-Form wechselnd, gibt Michael Landolf zu Protokoll, wie bei der Fernseh-Übertragung an alles gedacht worden sei: »Diese letzten Augenblicke, vom Taxi bis zum Handkuß und Perarmverschwinden im Haus, waren unterlegt mit der Händelschen Festmusik, uns allen bekannt als die Musik, mit der die SPRECHSTUNDE begann und aufhörte.«

Ein vom Autor medien-satirisch virtuos inszeniertes Finale, mit dem die Geschichte furios enden könnte; mit dem sie enden würde, wäre sie als Novelle angelegt. Walser hat sein »nichts auslassendes« Erzählen gelegentlich vom Novellenformat disziplinieren lassen. Im Falle von *Tod eines Kritikers* tut er das nicht. Indem er dort eine zweiteilige Novelle durch einen dritten Teil zum Roman erweitert, gibt er zu verstehen, er sei mit dem Erzählen seiner Geschichte noch nicht fertig. Die Öffnung der Novelle zum Roman ist durch einen Erzähler-Wechsel markiert. Zu Beginn des dritten Teils wird Michael Landolf als Erzähler vom Protagonisten Hans Lach abgelöst. Erst ganz zum Schluß wird mit einer deutlichen Geste vorgeführt werden, daß es sich bei dem »Freund« ohnehin um eine Maskerade gehandelt habe. Aber bereits zu Beginn des dritten Teils und damit schon weit vor dem Ende der *Lesezeit*, der Zeit, in welcher man lesend im Text vorrückt, nimmt Hans Lach die Maske »Michael Landolf« ab. Sie hat ihn bis dahin dem Blick des Lesers entzogen. Jetzt gibt er diesem zu verstehen: »Erzähler und Erzählter sind eins. Sowieso und immer. Und wenn der eine sich vermummen muß, um sagen zu können, wie der andere sich schämt, dann ist das nichts als das gewöhnliche Ermöglichungstheater, dessen jede menschliche Äußerung bedarf.« Für den Bericht über die Monate unmittelbar nach seiner Entlassung aus Untersuchungshaft und Psychiatrie scheint Hans Lach eines »Ermöglichungstheaters« nicht länger zu bedürfen. Den Rest der Geschichte läßt der Autor ihn selbst erzählen.

Im dritten Teil des Romans berichtet Hans Lach von einer Art Kur, der er sich – nach seiner Entlastung vom Mordverdacht durch das Wiederauftauchen des vermeintlichen Opfers – gemeinsam mit Julia Pelz-Pilgrim in deren Residenz auf Fuerteventura unterzieht. Diese Kur besteht in getrennten Bemühungen der beiden, sich dem Kulturbetrieb in einem nur noch blendenden München schreibend zu entziehen. Als sie sich gegenseitig ihr Geschriebenes vorlesen, läßt die Textprobe von Hans Lach erkennen, daß die ihm durch Ehrl-König zugefügten Wunden noch längst nicht verheilt sind. Das in seinen Augen Obszöne im Vorgehen des Kritiker-Zeus steigert sich ihm zu Horrorvorstellungen von manifest pornographischen Szenarios einer Literaturkritik im Fernsehen der Zukunft.

Zu Hans Lachs Kur auf der Insel gehören aber auch gemeinsam mit Julia unternommene Versuche, den Kult um Ehrl-König mit einem Gegenkult zu bannen und die topographischen Inszenierungen seiner Epiphanien im Fernseh-Studio und in der Verleger-Villa mit – ein wenig kunstgewerblich anmutenden – eigenen Raum-Installationen zu konterkarieren. Was das dabei verwendete Motivmaterial betrifft, scheint Julia ihren Gast und Liebhaber zunächst nicht nur für ihre Verehrung des Dichters William Blake, sondern auch für ihre esoterischen Vorstellungen von einem saturnisch geschichtslosen Zeitalter einspannen zu können. Aber als Hans Lach vom Selbstmord von Mani Mani erfährt, den er in der Psychiatrie kennen gelernt hatte, da meint er, Julias Entscheidung, mit Mani Manis spärlichem Nachlaß eine Kult-Stätte einzurichten, werfe »alle Altäre um, an denen ich je geopfert habe«.

Mani Mani ist für das *alter ego* des Autors im Roman

die ganz und gar ohnmächtige und darin als vernichtend gedachte Antwort der Poesie auf eine Literaturkritik, die sich durch das Fernsehen mit sagenhaften Möglichkeiten der Verteilung von Erfolgschancen belehnen läßt. Aber auch die Idee, den faulen Zauber Ehrl-Königs durch einen Gegenzauber um einen verrückten Poeten zu exorzieren, ist in *Tod eines Kritikers* nicht *ultima ratio* von Hans Lachs Selbstheilungsversuchen. Der Autor läßt dessen Kur-Aufenthalt auf der »Isla de los Desterrados« nach einem halben Jahr enden. Statt jedoch nach München zurückzukehren, wo die Majestät des Fernseh-Zeus nach seiner Nobilitierung durch die englische Königin frenetischer denn je »genährt« wird, zieht Hans Lach sich in ein Tiroler Bergdorf zurück. Seine Antwort auf die unaufhaltsam scheinende Akkumulation von Macht im Literaturbetrieb wird nicht ein Gegenkult der Ohnmacht sein. Als ihm gemäße Rehabilitationsmaßnahme beginnt er mit der Niederschrift eines satirischen Romans: des Romans *Tod eines Kritikers*.

4. Ähnlichkeiten mit literaturkritischen Praktiken Marcel Reich-Ranickis sind unvermeidlich

Das Thema »Wie Gewalt entstehen und wohin sie führen kann« hat Heinrich Böll 1974 mit der Geschichte von der »verlorenen Ehre der Katharina Blum« für sich erzählbar gemacht. Bevor er dort mit dem Erzählen beginnt, scheint Böll sich hinter der üblichen Formel zum Schutz vor juristischen Nachstellungen verschanzen zu wollen; dann geht er jedoch in die Offensive und formuliert die Klausel zum Klartext um: »Personen und Handlung dieser Erzählung sind frei erfunden. Sollten sich bei der Schilderung gewisser journalistischer Praktiken Ähnlichkeiten mit den Praktiken der *Bild*-Zeitung ergeben haben, so sind diese Ähnlichkeiten weder beabsichtigt noch zufällig, sondern unvermeidlich.«

In *Tod eines Kritikers*, einem Roman, der von einer durch das Fernsehen gesteigerten Machtausübung durch Literaturkritik handelt, sind Ähnlichkeiten mit literaturkritischen Praktiken Marcel Reich-Ranickis, Ähnlichkeiten vor allem mit der *Rolle*, die er zu spielen beliebt, weder (rachsüchtig) beabsichtigt noch (affektgesteuert) zufällig, sondern unvermeidlich. Was indessen die persönlichen Bewandtnisse des Kritikers André Ehrl-König betrifft, so hat der Autor sich bei ihrer Darstellung lediglich an einige Auffälligkeiten im Auftreten von Reich-Ranicki gehalten. So erinnert vor allem die Karikierung der popularitätssteigernden Aussprache des Kritiker-Zeus in Walsers Roman an die popularitätssteigernde Suada des Rollenträgers im richtigen Fernseh-Leben.

In diesem Zusammenhang muß noch einmal Thomas Mann bemüht werden. Dieser war bekanntlich immer wieder mit dem Vorwurf konfrontiert, Personen des wirklichen Lebens porträtiert und sie dabei verunglimpft zu haben. Thomas Mann hat sich mit dem Essay *Bilse und ich* bereits 1906 derartige Behelligungen entschieden verbeten. Er hat dort ein für allemal deutlich gemacht, was von der »streitbaren Einfalt« zu halten sei, die seine *Buddenbrooks* mit dem Machwerk gleichsetze, in dem ein literarisch ambitionierter Leutnant namens Bilse seine Einblicke in das Leben einer kleinen Garnisonsstadt verwertet hatte. »Die Identifikation ist es eben, welche die Leute skandalisiert. Mit jener erwähnten Folgsamkeit dem gegebenen Detail gegenüber eignet ein Dichter sich Äußerlichkeiten an, welche der Welt ein Recht geben, zu sagen: Das ist Der, ist Die. Hierauf beseelt und vertieft er die Maske mit anderem, Eigenem, benutzt sie zur Darstellung eines Problems, das ihr vielleicht ganz fremd ist, und Situationen, Handlungen ergeben sich, die dem Urbild wahrscheinlich völlig fern liegen. Dann aber halten die Leute sich für berechtigt, aufgrund der Äußerlichkeiten auch alles Übrige für ›wahr‹, anekdotisch kolportiert, für Ausplauderei und sensationellen Klatsch zu nehmen, – und der Skandal ist da.«

Das ist es. Wie die *Buddenbrooks* das nicht sind, so ist auch *Tod eines Kritikers* kein Schlüsselroman à la Bilse. Vollends abwegig ist jedoch, das Agieren von Walsers Kritiker-Zeus im TV-Studio mit dem in die Fernseh-Kanäle sich ergießenden Wortschwall Marcel Reich-Ranickis in Verbindung zu bringen. Die nachgerade tänzerische TV-Professionalität Ehrl-Königs wirkt da schon eher wie einem Harald Schmidt abgeschaut. Aber der wiederum gefällt sich nur sporadisch in der Rolle eines Literaturkritikers.

5. Zukunftsroman

In dem Interview, das er unmittelbar nach dem von der F.A.Z. inszenierten Eklat dem *Spiegel* gegeben hat und das dort in der Ausgabe vom 3. Juni 2002 abgedruckt war, hat Walser mitgeteilt, das Thema des Romans *Tod eines Kritikers* beschäftige ihn seit fünfundzwanzig Jahren, und seitdem sammele er Notizen für einen Roman über dieses Thema unter dem Stichwort »T.e.Kr.«

Tatsächlich hat Martin Walser das Thema seines jüngsten Romans in einem im März 1977 in der *Zeit* abgedruckten Vortrag mit dem Titel *Über Päpste* schon einmal behandelt. Bereits dort hat er sein Erstaunen über Kritiker bekundet, die »immer ganz sicher« seien und in der mit ihrer Tätigkeit verbundenen Machtausübung kein Problem sähen. Nicht so interessant, heißt es in dem Vortrag, finde er persönlich die »anderen, die ihre Unsicherheit andauernd in der langsam tastenden Syntax ihrer Kritiken zum Ausdruck bringen«. Denen fühle er sich »ganz und gar verwandt«. Den Kritiker, der »nichts sicher weiß«, erschrecke nämlich die »mögliche Macht, die mit seiner Berufsausübung verbunden ist; er ist der gewöhnliche Intellektuelle, dem Macht auch dann noch widerlich ist, wenn er selbst sie ausüben könnte.« Der »Kritikerpapst« dagegen sei da »nicht so zimperlich. Er weiß ja, daß er Macht nie mißbrauchen wird. Er wird Macht immer nur im Interesse einer höheren Sache ausüben. Also im Interesse der deutschen Literatur oder im Interesse des modernen Romans oder im Interesse des modernen Dramas oder der modernen Lyrik. Er weiß, er wird seine Macht nie im Interesse seiner eigenen Person mißbrauchen oder im Interesse der *Frankfurter Allgemeinen Zeitung*.«

Das liest sich heute wie eine frühe Skizze für die Figur des Kritiker-Zeus in *Tod eines Kritikers*. In dieser Skizze fehlt jedoch noch die Rolle, die in Walsers jüngstem Roman das Fernsehen spielt. In dem vor einem Vierteljahrhundert geschriebenen Essay ist noch die Rede von einer regionalen Vielfalt von Kritikerpäpsten und ihrer Voraussetzung: einer entsprechenden Vielfalt von noch nicht durch zahlreiche Fernseh-Kanäle bedrohten Print-Medien. Die neuartige Machtfülle, die in *Tod eines Kritikers* Gegenstand von Kritik und Satire ist, beruht dort aber nicht auf dem Medium Fernsehen als solchem. Sie kommt in dem Roman durch die – von einem einschaltquotenorientierten Fernsehen betriebene – Auslieferung der Literaturkritik an eine Unterhaltungs-Industrie zustande. Die Bedenkenlosigkeit, mit der Walsers Kritiker-Zeus dabei vorgeht, ist in diesem Ausmaß hierzulande – noch – ohne Beispiel. So wird *Tod eines Kritikers* nicht erst durch Hans Lachs pornographischen Sketch im dritten Teil zu einem Zukunftsroman. Um Blicke in eine Zukunft, die ähnlich vorstellbar geworden ist wie seinerzeit die Menschenjagd in Wolfgang Menges *Millionenspiel*, handelt es sich bereits bei Walsers Darstellung von Ehrl-Königs Vorgehen in der »Sprechstunde«.

Als Zukunftsroman läßt *Tod eines Kritikers* freilich eine die Gegenwart treffende Wahrheit scharf hervortreten: Einer rücksichtslos effekthaschenden Ridikülisierung von Schriftstellern, wie sie der Literaturkritiker Ehrl-König in seiner zukunftsweisenden »Sprechstunde« praktiziert, wird, so lautet diese Wahrheit, Marcel Reich-Ranicki durch den amüsant verletzenden Einsatz seiner Qualitäten als Entertainer den Weg bereitet haben.

6. Scheidekunst oder: Über die Herstellung von Doppelgänger-Texten

In einem *Zeit*-Artikel vom November 1998 hat Monika Maron die Frage aufgeworfen, ob denn Walser bei der Entgegennahme des Friedenspreises des Deutschen Buchhandels *zwei* Reden gehalten habe. An diese Frage anknüpfend, hat Dieter Borchmeyer in seiner Studie *Martin Walser und die Öffentlichkeit* (2001) dargelegt, wie die im Oktober 1998 in der Paulskirche gehaltene Rede nach und nach durch eine zweite Rede überblendet worden sei: durch »das Produkt der Wirkungsgeschichte der ersten«.

Im Falle von *Tod eines Kritikers* läßt sich ein ähnlicher Vorgang beobachten, nur daß der Roman, als er erschien, bereits durch einen zweiten Roman überblendet war, Produkt der unerhörten Begebenheit einer *prä-existenten* Wirkung. Wie die tatsächlich gehaltene Friedenspreis-Rede durch einen Doppelgänger-Text verdrängt werden konnte, hat Borchmeyer philologisch stichhaltig erklärt. Zu diesem zweiten Text habe die mangelnde Fähigkeit oder fehlende Bereitschaft geführt, Walsers »spezifisch literarische Argumentationsmethode« wahrzunehmen – das, was der Autor selbst den »Selbsterkundungssprachgebrauch eines Schriftstellers« nenne.

Nun ist der *Redner* Martin Walser ja immer schon ein hohes Risiko eingegangen, wenn er seine oratorischen Selbst*er*kundungen in einem *set* unternahm, das dem der politischen Verlautbarung und der akademischen Rechthaberei zum Verwechseln ähnlich war. Aber erst als er sich herausnahm, auf dem prominentesten Verlautbarungspodium der Republik mit einem literarischen »Selbsterkundungssprachgebrauch« seinem Unbehagen daran auf den Grund zu gehen, was er als Verwandlung von Auschwitz in »Drohroutine« empfinde, erst da hat man gemeint, solchem Treiben ein Ende setzen zu müssen. *Da könnte ja jeder kommen*. Ganz so, als ob da wirklich jeder kommen, als ob *so* jeder mitreden könnte. Die Gefahr einer Verwechslung von Verkündung und Erkundung besteht aber nicht im mindesten bei einem Roman. Gleichwohl hat die manifest literarische Rede des *Erzählers* Walser ihn nicht davor bewahrt, daß man ihm einen völlig selbständig funktionierenden zweiten Roman *Tod eines Kritikers* untergeschoben hat, bevor der erste überhaupt erschienen war.

Bei der Herstellung der Walser zugeschriebenen Doppelgänger-Texte haben wir es nach meinem Dafürhalten mit der besonders rabiaten Manifestation einer Grundtendenz der Meinungsbildung in unserer Gesellschaft zu tun. Sie besteht darin, daß man ständig an Hüter gerät, die bei Wortmeldungen, welche nicht »im Vorfeld« auf Konsensfähigkeit ›gecheckt‹ wurden, mehr oder weniger finstere Hintergedanken unterstellen. *Sapere aude* – stehe zu Deinen Einsichten: Du hast also etwas vorgebracht, was nach Deiner Auffassung endlich einmal zur Sprache kommen sollte, Du hast etwas ins Spiel bringen wollen, was bislang vielleicht übersehen wurde, mit einem Wort, Du hast *zu denken* geben wollen, und Dir wird ungerührt ins Gesicht gesagt, daß Du »im Grunde« etwas ganz anderes im Schilde führst, etwas sehr Schlimmes. Das widerfährt Dir am Arbeitsplatz, aber auch im sonstigen Leben, und es ist kaum noch auszuhalten.

Als methodisches Verfahren hat dergleichen Sigmund Freud in einem kurzen, aber ungemein aufschlußreichen Aufsatz mit dem Titel *Die Verneinung* beschrieben. Bei diesem Aufsatz aus dem Jahre 1925 handelt es sich um die Mitteilung von »einigen interessanten Beobachtungen« Freuds über die »Art, wie unsere Patienten ihre Einfälle während der analytischen Arbeit vorbringen«. Da sage z.B. jemand, eine bestimmte Person im Traum sei nicht die Mutter. »Wir berichtigen: Also ist es die Mutter. Wir nehmen uns die Freiheit, bei der Deutung von der Verneinung abzusehen und den reinen Inhalt des Einfalls herauszugreifen. Es ist so, als ob der Patient gesagt hätte: ›Mir ist zwar die Mutter zu dieser Person eingefallen, aber ich habe keine Lust, diesen Einfall gelten zu lassen.‹«

Der Meister gewährt hier einen Einblick besonderer Art in sein Zauberkabinett, gewiß nicht ahnend, was die Lehrlinge daraus machen werden: Wer immer daran interessiert ist, in einer Äußerung etwas Bestimmtes als ihren »reinen Inhalt« zu identifizieren, meint etwas Derartiges dadurch gewinnen zu können, daß er es aus seinem als verunreinigend gedachten sprachlichen Modus ausfällt und diesen sodann auf sich beruhen läßt. Ein solches Vorgehen, bei Freud sichtlich durch Erfahrungen im Labor inspiriert, hat sich über seine Anwendung in der psychoanalytischen Praxis weit hinaus als nützlich erwiesen.

Einer Scheidekunst dieser Art sieht sich in besonderer Weise die literarische Rede ausgesetzt. Landauf, landab ist ein hochsubventionierter Interpretationsbetrieb damit beschäftigt, in literarischen Texten verborgene Intentionen ihrer Urheber aufzuspüren. Daß Martin Walser sich der literarischen Rede bediene, um äußerst verwerfliche Absichten zu verfolgen, wird inzwischen für ausgemacht gehalten. So konnte sich die Fabrikation eines ›zweiten Romans‹ mit dem Titel *Tod eines Kritikers* als bewährt scharfsinnige Isolierung und verantwortungsvolle Entlarvung verräterischer ›Stellen‹ im neuesten Walserschen Schurken-Text darstellen. Nach der Fingierung einer zweiten Friedenspreis-Rede haben wir es nunmehr mit einem Doppelgänger-*Roman* zu tun.

Zwischen der in der Paulskirche gehaltenen Rede und deren Doppelgänger-Text besteht eine entfernte Ähnlichkeit des Themas. Die Verdoppelung des Romans *Tod eines Kritikers* beruht auf der Herstellung einer Doppelgänger-Figur für seinen Protagonisten André Ehrl-König. Im entlarvungstechnischen Labor ist eine jüdische Abstammung von Walsers Kritiker-Zeus ausgefällt und in Verbindung mit einigen Äußerlichkeiten, die er mit dem Kritiker Reich-Ranicki teilt, für eine als wünschenswert erachtete Darstellung des Romans aufbereitet worden.

Davon, daß Ehrl-König Jude sei, ist in Walsers Roman in der Weise die Rede, wie dort überhaupt von dem Fernseh-Popanz die Rede ist. Wie der nie persönlich in Erscheinung tritt, so kommt auch seine Herkunft nur indirekt, nur als Medien-Thema zur Sprache. Nach seinem plötzlichen Verschwinden, so berichtet der Erzähler Michael Landolf, sei »jetzt« das Thema, daß Hans Lach »einen Juden getötet hatte«; damit hätten die Medien ihr »Saisonthema« gefunden. Bereits im Roman selbst und damit nachgerade hellseherisch konstatiert Martin Walser ein starkes Medien-Interesse daran, seine Roman-Figur zum Anlaß zu nehmen, eine Antisemitismus-Debatte vom Zaun zu brechen. Mit einer »Verurteilungseinhelligkeit«, die bereits der erzählende Freund Michael Landolf als schmerzlich empfindet, ist in den Rezensionen dann tatsächlich darauf gepocht worden, Walser habe Hans Lach einen Juden töten lassen, Beweis genug, daß der Roman antisemitische Affekte seines Autors verrate.

An keiner Stelle des Textes ist jedoch ein Interesse des Autors daran erkennbar, das Thema des Romans ›Machtausübung durch Literaturkritik‹ ethnisch zu akzentuieren und eine jüdische Abstammung für die exterminatorischen Praktiken des im Fernseh-Studio »göttlich um sich schlagenden Machthabers« verantwortlich zu machen. Erst aufgrund einer Überblendung von Walsers Kritiker-Zeus durch eine Doppelgänger-Figur hat man riskieren können zu behaupten, der Autor setze seine – angeblich mit der Friedenspreis-Rede eingeleiteten – Anstrengungen fort, der Republik mit antisemitischen Umtrieben derbe Stöße nach rechts zu versetzen. Nachdem im Zuge der prä-existenten Wirkung des Romans die Parole für eine Fortsetzung der Jagd auf Walser ausgegeben war, hatten nahezu alle Rezensionen – einmal peinlich übermotiviert, einmal nicht ganz so eifernd – den Charakter von Ermittlungen *gegen* das Buch: *quod erat demonstrandum*.

Aber Schriftsteller sind nicht die Pappenheimer der Literaturkritik. Ein Psychotherapeut mag zu Recht meinen, er kenne seine Pappenheimer und dürfe deshalb grundsätzlich unterstellen, bei den Einfällen seiner Patienten während der analytischen Arbeit handele es sich um Finten, die »berichtigt« sein wollten. Aber welch beunruhigende Verfassung einer Literaturkritik, die auf einen Wink von schräg oben hin zu einer Herde »hoffnungsvoller Toren« wird und nahezu unisono zu zetern beginnt: Wir kennen diesen Pappenheimer! Dem Autor des Romans *Tod eines Kritikers* ist es um die Erkundung völlig anderer Sachverhalte und Befindlichkeiten zu tun gewesen als vier Jahre zuvor dem Frankfurter Paulskirchen-Redner. Denen, »die meine Kollegen sind«, gewidmet, warnt der Roman vor Verletzungen, die einem Schriftsteller zugefügt werden, wenn man sein Buch einem johlenden Publikum im TV-Studio vorwirft, wenn man es, so zugerichtet, dem Unterhaltungsbedarf von Fernseh-Zuschauern überantwortet.

Die Ähnlichkeit zwischen dem Roman und seinem Doppelgänger ist noch entfernter als die zwischen Walsers Friedenspreis-Rede und deren Doppelgänger-Text. Die Verunsicherung des Publikums durch die damaligen Auseinandersetzungen scheint sich denn auch kaum wiederholen zu können. In persönlichen Gesprächen über *Tod eines Kritikers* habe ich nahezu ausschließlich mit Leuten zu tun gehabt, die den von Walser geschriebenen *ersten Roman* inzwischen gelesen hatten und sich seither gar nicht genug über den zweiten wundern können.

7. Mani Manis Vermächtnis

»Keiner muß mehr, um gut zu sein, einen anderen böse nennen.«

Prof. Dr. Leo Kreutzer ist Emeritus für Neuere deutsche Literatur an der Universität Hannover.

WOLFRAM SCHMITT

Identität und Psychose:
Ich-Findung oder Ich-Verlust?
Psychiatrische Bemerkungen zum
Tod eines Kritikers

Liest man literarische Texte mit den Augen des Psychiaters, so ist man immer wieder erstaunt über die Häufigkeit psychiatrischer Themen und über die Wirklichkeitsnähe in der Darstellung psychischer Krankheiten und psychopathologischer Tatbestände. Ob die psychiatrischen Kenntnisse auf unmittelbare Erfahrungen des Autors mit seelischen Krankheiten oder auf Auseinandersetzung mit der Fachliteratur oder beides zurückgehen, bleibt oft verborgen. Was aber deutlich wird, ist die metaphorische Funktion psychischen Krankseins als einer menschlichen Grenzsituation, die in besonderer Weise Grundfragen des menschlichen In-der-Welt-Seins aufwirft und die anthropologische Begründung literarischer Texte vertiefen kann. Eine solche Grundfrage der Existenz ist die nach den Dimensionen des Ich, den Möglichkeiten von Ich-Findung und Ich-Verlust und den Bedingungen der Identität. Sie stellt sich in der fiktionalen Literatur ebenso wie in psychischen Krankheiten, besonders in ihren schweren Manifestationen, den Psychosen, in denen das Ich, der Personkern, in seiner Struktur und seinem Bestand gefährdet ist. Vielleicht ist dies der Grund, daß gerade Psychosen, seien es affektive Störungen wie die Melancholie oder schizophrene Erkrankungen, durchaus häufig in die Metaphorik und die Sinnstruktur des dichterischen Kunstwerkes Eingang finden.

In Martin Walsers *Tod eines Kritikers* sind es gleich zwei Figuren, die an einer Psychose erkrankt sind. Beide treffen sich, aus unterschiedlichen Gründen, in der Forensischen Psychiatrie in Haar und treten zu einander in eine eigenartige Beziehung: Hans Lach, der Schriftsteller, und Mani Mani, der gerne Schriftsteller geworden wäre. Mani Mani hat sich, so Hans Lach, ihm in Haar sofort genähert, sich praktisch auf ihn gestürzt, während Hans Lach sich ihm »bis zum Unverständnis nah« fühlt. Was verbindet sie miteinander?

Bei beiden geht es um das Grundthema des Romans: die Wege zum Selbst, zur Identität und deren Verfehlung, um Selbstfindung und Selbstverlust. Was beide verbindet, ist insbesondere auch die Problematik der Identität des Dichters und das Scheitern der Identitätsbewahrung in der Entgrenzung der Psychose. Somit wird auch die Gefährdung des Schriftstellers zum Thema und die alte Nähe zwischen Genie und Wahnsinn.

Hans Lach und Mani Mani sind unter diesem Aspekt komplementäre Gestalten, die polar aufeinander bezogen sind. In diesem Sinne sind sie Doppelgänger. Das ist schon an ihren Namen zu erkennen: Hans Lach, der eigentlich nichts zu lachen hat, der in seiner Namensnähe zu Hans Wurst den Narren anklingen läßt, aber auch in enger Beziehung zur Melancholie und zu Saturn, dem Gestirn der Melancholie, steht. Auf der anderen Seite Mani Mani, der dem Melancholicus Hans Lach als Maniacus, wie in der alten Psychiatrie der »maniform« erregte Geisteskranke oft hieß, gegenübersteht.

Jeder der beiden ist etwas, was der andere nicht ist, aber gerne wäre. Hans Lach wäre gerne ein Verbrecher,

Mani Mani möchte gerne ein Dichter sein. Deswegen brauchen sich beide so, deswegen fühlen sie sich einander so nahe. Hans Lach wurde psychotisch letztlich aus dem Wunsch, ein Verbrecher zu sein, während Mani Mani zum Verbrecher wurde, weil er psychotisch war. Hans Lachs Psychose ist eine reaktiv ausgelöste, akute psychotische Episode von kurzer Dauer, während Mani Mani an einer langjährigen, chronischen Schizophrenie leidet. Beide Krankheitsbilder sind, psychiatrisch gesehen, mit bemerkenswerter klinischer Genauigkeit und Wirklichkeitsnähe beschrieben. Gleichwohl geht es nicht um Krankheit als solche, sondern um ihre Bedeutung, ihren Stellenwert im fiktionalen Kontext.

Die typologische Bipolarität des »Melancholikers« Hans Lach und des »Manikers« Mani Mani drückt sich ebenfalls im Typus ihrer jeweiligen Psychosen aus: Bei Hans Lach entsteht die Psychose aus dem Geist der Melancholie, aus der »schwarzen Gravitation«, mit den Vorstufen depressiver Selbstzweifel und Schuldgefühle. Bei Mani Mani hingegen ist die Grundlage der Psychose die gehobene, expansive manische Stimmung mit der Neigung zum Größenwahn. So gesehen, spiegelt sich in den beiden Psychosetypen auch die in der hippokratischen Medizin gründende alte Polarität von Melancholia und Mania als zeitenüberdauernden Grundtypen seelischen Krankseins.

Hans Lachs Psychose bricht aus, als er in den Verdacht gerät, den Kritiker André Ehrl-König umgebracht zu haben, und er die nicht begangene Tat gesteht. »Der Wunsch, Verbrecher zu sein«, so der Titel eines Buches von ihm, führt Hans Lach dazu, den Schuldvorwurf anzunehmen und sich zur Tat zu bekennen, also sich fälschlich selbst zu beschuldigen. Sich als Verbrecher anzunehmen, entlaste ihn von alten Schuldgefühlen, steht bereits in seinem Buch. Da alles, was er tat, ihm im Lichte seiner depressiven Selbstzweifel vorwerfbar erschien, muß er sich als Verbrecher nun keine Vorwürfe mehr machen. Endlich hat er erreicht, was er schon lange angestrebt hatte. Nun kann er bestraft werden und löst so seine Schuldgefühle ein, er wird damit entlastet. Solche Selbstbezichtigungen sind bekannt aus der klinischen Erfahrung mit Depressiven, bei denen ein Schuldwahn mit Bestrafungswünschen im Mittelpunkt des Erlebens steht. Aber sein Schuldbekenntnis führt ihn in die Psychose. Denn er hält es in Wahrheit nicht aus, tatsächlich ein Verbrecher zu sein oder auch nur als solcher beschuldigt zu werden. So mußte seine Identität brüchig werden, und er stürzte in den Realitätsverlust ab. Die Psychose, in die er fällt, schützt ihn aber zugleich und läßt ihn wieder zu sich selber finden.

Wie ist der Weg Hans Lachs in die Psychose zu verstehen? Hans Lach wird am Morgen nach der vermuteten Tat verhaftet, kann kein Alibi nachweisen und beantwortet keine einzige Frage. »Sein Zustand wird als Schock bezeichnet«, heißt es. Beim Besuch im Gefängnis Stadelheim sagt er zu seinem Freund Landolf nur Belangloses, dann schweigt er, ruhig, tendenzlos, ohne Stimmung. Auch seiner Frau sitzt er wortlos gegenüber. Vorausgegangen ist ein Schreiben an Landolf aus der Polizeihaft in der Ettstraße, wo Hans Lach zunächst 24 Stunden untergebracht war. Er berichtet darin über die unerträgliche Erfahrung, daß er im Gespräch mit anderen kleiner wird bzw. die anderen größer werden. Er wird auch kleiner, wenn Leute über ihn sprechen, ohne daß sie da sind. Oder er reicht beim Aufstehen nicht mehr mit den Füßen auf den Teppich. In der Nacht regeneriert er sich, morgens hat er wieder seine alte Größe. Es ist eine psychotische Erfahrung, eine Störung der Selbstwahrnehmung, besonders der Körperwahrnehmung, eine deutliche Identitätsstörung. Sie entspricht einer wahnhaften depressiven Selbstverkleinerung, die wiederum im Zusammenhang mit seinen Selbstzweifeln und Schuldgefühlen zu sehen ist. Zugleich entspricht diese seelische Verfassung einem depressiven Vorstadium der Psychose, die dann in Haar voll zum Ausbruch kommt.

Nach dem falschen Geständnis fällt Hans Lach plötzlich in die Psychose und muß in die Forensik in Haar aufgenommen werden. War es ein »Anfall von Schwäche«? Er mußte psychotisch werden, denn »das Geständnis war nur möglich auf dem Umweg über eine Psychose«. Ein schmerzlicherer Weg ist kaum vorstellbar, denn »eine Psychose kann einen Menschen ganz schön zurichten«. Sie ist in der Tat eine sehr schwere, die Existenz und das Ich tief erschütternde Krankheit. Der Psychiater Dr. Swoboda vermutet, Hans Lach habe gestanden, um endlich in Ruhe gelassen zu werden. Er wurde eben auch psychotisch, um im Schutz der Masken der Krankheit seine Ruhe zu haben.

Die Psychose Hans Lachs trägt schizophrene Züge: Er hört imperative Stimmen, hat Vergiftungsängste und ißt nichts aus der Küche. Er verweigert Medikamente und zeigt Fluchttendenzen, ferner lehnt er es ab, sich nachts ins Bett zu legen. Er leidet und weigert sich, sich helfen zu lassen. »Die Psychose blüht und blüht und klingt nicht ab«, sagt der Psychiater. Er sieht schlimm aus, vermeidet Berührung mit Handschlag, ist unrasiert. Die Augen sind seltsam. Er grimassiert, es zuckt in seinem Gesicht. Wenn er Stimmen hört, stechen die Zeigefinger dabei nach oben, der Kopf dreht sich: »Hören Sie's?« Es zeigen sich

Bewegungsstörungen, Unterkieferbewegungen als Folge eingeflößter Neuroleptika. Es wird die Symptomatologie einer akuten schizophrenen Erkrankung klinisch realitätsnah aufgeboten und der – vorübergehende – Ich-Verlust gezeigt.

Dann widerruft Hans Lach auf einmal das Geständnis, die Psychose klingt danach offenbar rasch ab. Hat Hans Lach gestanden, weil er psychotisch wurde, oder wurde er psychotisch, weil er ein falsches Geständnis abgelegt hat? Wahrscheinlich muß das offenbleiben, vielleicht gilt beides. Jedenfalls wird der Psychose der Boden entzogen, als er wieder zur Wahrheit findet. Hans Lach gewinnt nach seiner schweren Krise seine Identität wieder. Das Verbrechen blieb Wunsch und Illusion. Die Psychose hat dies ermöglicht. Insofern steht bei Hans Lach die Krankheit im Dienste der Ich-Findung, er geht gefestigt und geklärt aus ihr hervor. In einem neuen Hochgefühl findet er die Kraft, das »Unaufschiebbare« zu schreiben, nämlich den vorliegenden Bericht, und dabei zu seiner Identität zu stehen: daß nicht Michael Landolf, sondern Hans Lach der Autor ist. Hierbei hat eine partielle Identifikation mit Hölderlin geholfen, der ja auch nach dem Durchleiden seiner akuten Psychose in den »Turmgedichten«, auch »Fenstergedichte« genannt, zu neuer dichterischer Kraft und Form gefunden hat. »Zumfensterhinausschauen macht Lyriker aus uns allen«, so Hans Lach in deutlicher Anspielung auf Hölderlins beim Blick aus dem Fenster im Tübinger Turm entstandene »späteste Gedichte«.

Anders bei Mani Mani, Hans Lachs komplementärem Doppelgänger. Bei ihm führt die vorbestehende lange Krankheit zum Verbrechen in Gestalt der versuchten Vergewaltigung mit Körperverletzung. Seine Krankheit endet nicht in der Ich-Findung, sondern im Ich-Verlust und schließlich in der Zerstörung des Ich im Suizid. Hans Lach hält Mani Mani für einen Dichter, er hat auch Gedichte geschrieben, sie aber später verbrannt. Er ist ein Kind, trotz seiner 40 bis 50 Jahre, »unerwachsen bis zum Tod« wie jedes Genie. Die beiden von Mani Mani besprochenen Tonbänder sind Monologe der Verrücktheit. Seine Rede ist assoziativ aufgelockert, das Denken beschleunigt, ideenflüchtig, sprunghaft; dauernd schießen ihm neue Gedanken durch den Kopf wie Eingebungen. Sein Denken ist wahnhaft, vor allem größenwahnhaft. Er ist von seiner dichterischen Berufung überzeugt. Er hält sich für weltberühmt, als Dichter kommt er »gleich nach Heine«. In seiner Wahnbefangenheit bezieht er vieles auf sich selber, seine Gedanken können auch andere lesen. Abnorme Eigenbeziehung und Gedankenausbreitung nennt man diese Symptome der Schizophrenie in der psychiatrischen Krankheitslehre. Die Fernsehsprecherin Geneviève Winter bezieht sich in seiner Wahrnehmung oft direkt auf ihn und macht Anspielungen. Ständig probiert Mani Mani neue Identitäten aus, er hat eine Berufung. Er will ein berühmter Dichter werden, dessen ist er sich sicher. Man wird ihn dereinst wie Ovid nennen, und gleich hinter Heine. In seiner megalomanen Überzeugung fühlt er sich sehr selbstbewußt. So wird »1 Mani« für ihn zur Maßeinheit für Selbstbewußtsein.

Aber er ist nicht mit sich identisch, er hat keine Identität. Immer nur wird er von außen bewegt, von jemandem oder von etwas, er steht in wahnhafter Verbindung mit der Welt. Die Welt bezieht sich ständig auf ihn, davon ist er überzeugt, und man weiß auch, was er denkt. Nie ist er für sich, privat er selbst. In der Verfassung der Psychose ist er quasi öffentlich. Seine Psychiaterin sagt, ihm fehle ein Seelenleben im Sinne des Privaten; alles ist

»Sache«. Mani Mani ist »nur etwas Bewegtes«, er ist »niemals ich selbst«. So ist er auch »nicht zu sprechen für mich«, aber für jeden Anderen schon. Aber ebensowenig wie mit sich selbst ist mit den Anderen ein wirklicher Dialog möglich. Alle reagieren auf ihn und beziehen sich auf ihn. Beim Fernsehen werden diese wahnhaften Eigenbeziehungen besonders deutlich, wenn die Fernsehsprecherin Geneviève Winter Kontakt mit ihm aufnimmt, oder wenn Ehrl-König sich aufbläst und losbrüllt, sobald der merkt, daß Mani Mani zuschaut. So steht Mani Mani in der Situation der Psychose ständig im Mittelpunkt, größenwahnsinnig in der Existenzweise des ins Zentrum der Welt rückenden Ptolemäers, wie man den schizophren Erkrankten existentiell vielleicht am besten verstehen kann. Aber er steht nicht mehr im Kontakt, im Gespräch mit sich selbst, so wenig wie mit den Anderen, da die »Ich-Wichtigkeit«, die Identität, verlorengegangen ist. Das ist Mani Manis Fazit aus seiner – schizophrenen – Daseinsweise.

Zur Entstehung der Krankheit Mani Manis erfahren wir wenig. Sie kam nach seiner Erinnerung offenbar plötzlich über ihn, im Alter von 20 Jahren, es war wie Tonnen, die auf ihn herabstürzten, ein schicksalhaftes Ereignis eher als ein verstehbar sich entwickelndes Geschehen wie bei Hans Lach. Seitdem blieb er in seiner Ich-Entwicklung stehen. Vor dem Ausbruch seiner Krankheit hat er vom 12. Lebensjahr an alles von Dostojewski gelesen, danach konnte er krankheitsbedingt praktisch nichts mehr lesen. Aber Dostojewski bleibt ihm nahe, er ist für ihn der größte aller Dichter. Wenn er wieder lesen würde, setzte er die Dostojewski-Lektüre fort, mit »Der Idiot«, mit dessen Helden Myschkin er sich verwandt fühlt: »Myschkin will mein Bruder sein«, denn er ist ähnlich wie er infolge seiner Krankheit in seiner Entwicklung stehen geblieben. Auch Dostojewski ist er tief verbunden, der mit seiner Epilepsie auch ein kranker Dichter war, der »fast wahnsinnig wurde, wenn er nach einem Anfall eine Woche lang nichts lesen konnte«. Dostojewski ist ihm Vorbild, dem er so vertraut, daß er sofort gesund wäre, wenn Dostojewski sein Psychiater wäre. Im Petersburg Dostojewskis will er Schriftsteller werden. Die befreiende Macht der Literatur würde ihn gesund machen, sie würde ihm das Tor aus der Irrenanstalt aufstoßen. Als Dichter würde er seine Identität finden, die er in der Psychose in wechselnden Identifikationen sucht, aber auf Dauer verloren hat. Dostojewski ist die große Leitfigur, die ihn dem Leben wieder schenken würde. Aber anders als Hans Lach, der in der Nähe zu Hölderlin wieder zum Schreiben fand, mußte Mani Mani scheitern an der krankheitsbedingten Unerfüllbarkeit seiner dichterischen Möglichkeiten. Er fand den Tod an der Großhesseloher Brücke, wo er den »stellvertretenden Selbstmord« beging – stellvertretend wohl für Hans Lach, der dem Suizid durch den nicht begangenen Mord entging.

Wie kam es zu Mani Manis Verbrechen? Er begegnet in den Isarauen einer Frau, einer »Prachtserscheinung«, die als Geneviève Winter auftritt, die er also wahnhaft als die österreichische Fernsehansagerin verkennt, die ihn »jahrelang vom Fernsehschirm her angemacht hat«. Es ist die Situation des Liebeswahns, in der Mani Mani glaubt, sie sei an ihm als Geneviève Winter interessiert. Er deutet ihr Verhalten deswegen in der Weise, daß sie auf ihn zukomme und seinetwegen stehenbleibe. Er, mit seinem »kannibalischen Blick«, will es ihr beweisen, daß er »kein Greis« ist: »Geneviève kommt auf mich zu, bleibt stehen vor mir, kommt offenbar nicht vorbei an mir, also wenn ich da nicht zugreife, zärtlich nämlich, ja dann werde ich nie wieder jung«. Er muß ihr zeigen, wer er ist, er muß ihr also seine Identität beweisen. Gerade das kann schon deswegen nicht gelingen, weil er sich nicht nur in der Identität der Frau, sondern auch in seiner eigenen wahnhaft täuscht. Aber er mußte da doch zugreifen, zumal sie nicht an ihm vorbeiging, also selber initiativ zu werden schien. Als sie dann noch provozierend zu ihm sagt: »Ja, wer bist denn du scho«, also seine Identität in Frage stellt, mußte er ihr erst recht zu erkennen geben, wer er in seiner megalomanen Selbsteinschätzung ist: »Mani Mani, die Hoffnung aller Hoffnungen.« Daß es sich bei seiner vom Wahn motivierten Aktion tatsächlich um eine versuchte Vergewaltigung handelt, kann er in seiner wahnhaft umgedeuteten Situation natürlich nicht begreifen.

Mani Mani täuscht sich also in der Begegnung mit der wahnhaft wahrgenommenen Geneviève Winter doppelt: in der Identität der Frau und in seiner eigenen. Die Frau, die ihm in den Isarauen begegnete, war im psychopathologischen Sinne die Doppelgängerin von Geneviève Winter. Das Identitätsproblem erscheint hier erneut im Doppelgänger-Motiv gespiegelt. So wird Identitätsverunklärung und Identitätsverlust zum eigentlichen, wahnhaften Motiv des Delikts. Hans Lach hingegen wird sich im läuternden Durchgang durch die Psychose zuletzt seiner eigenen Identität wieder inne. Mani Mani scheitert daran, daß er sich aus dem psychotischen Identitätsverlust nicht befreien kann und daher nicht weiß, wer er ist und wer die Anderen wirklich sind.

Der Tod Mani Manis ist für Hans Lach ein symbolischer Tod des Dichters, für den er sich ein Requiem ausdenkt: »Der Dichter ist tot. Es lebe die Literatur«. Vielleicht hat der Dichter im Literatur- und Literaturkritikbetrieb keine Überlebenschance mehr. In einem sakralen Raum für ihn, dessen Boden ein Bild von ihm ist, wird jedes Jahr an seinem Todestag eine Messe gefeiert. Es ist ein Raum seiner Projektionen und Bilder unter den Zeichen der Melancholie und des Saturn: eine schwarze Kette, an der eine goldene Sichel hängt. So steht Mani Mani für das Scheitern des Dichters im Wahnsinn und zuletzt im Tod. Es findet nicht der Tod des Kritikers, dafür aber der Tod des Dichters statt. Hans Lach ist zu einem guten Teil – als komplementärer Doppelgänger – auch Mani Mani, er teilt mit ihm, wie alle Dichter, die Nähe zur Melancholie, zum Wahnsinn, aber er hat noch überlebt. »Bis bald, Mani Mani. Dir bis zum Unverständnis nah: Dein Hans Lach« ist Nachruf und Versprechen zugleich.

Das Leit-Thema von Identität, Ich-Verlust und Ich-Findung wird von den Zwillingsgestalten Hans Lach und Mani Mani unter dem speziellen Gesichtspunkt von Dichtung und Wahnsinn, Genie und Irrsinn durchgespielt. Die »Ichwichtigkeit«, der »persönliche Ton« tritt in der Geschichte der Entwicklung von Ich und Identität schon bei den Mystikern, nicht erst bei Goethe oder Nietzsche in Erscheinung: dieses Thema des Buches »Von Seuse zu Nietzsche« von Michael Landolf bildet den geistigen Rahmen. Bei den Mystikern fand sich das Ich selbst in der Beziehung zu Gott, später in der Beziehung zu den anderen Menschen. Der Weg zum Ich, den Seuse weist, führt aber über das Aufgeben des Ich in der Begegnung mit Gott am Seelengrund. »Bis zum Nichtsein sich lassen, sich Nicht-Ich sein lassen« ist die Voraussetzung für das »Ichsagen«-Lernen, die Ich-Findung. Voraussetzung für die »rechte Bildung« des Menschen, das Finden seiner Identität, ist also das Lassen-Können des Ich, die Gelassenheit, in der das Ich ein »gelassener Mensch« ist. Der Kern der Ich-Findung ist das an sich selbst denkende »Ich im Selbstgespräch«, die Selbst-Reflexivität. Der Fall der seelischen Krankheit tritt ein, wenn dieses Selbstgespräch gestört ist oder, wie in der Psychose, gar nicht mehr stattfinden kann. Die Ich-Störung in diesem Sinne ist der Kern der Psychose. Damit ist auch das Gespräch mit den Anderen gestört oder nicht mehr möglich. Aus dieser Ich-Störung der Psychose, nennen wir sie Melancholia, Mania, Wahnsinn, Verrücktheit in der alten Nomenklatur oder Schizophrenie, Depression, Manie in der gegenwärtigen, gibt es den Weg der Ich-Restitution – den Weg Hans Lachs – oder des bleibenden Ich-Verlustes bis zur Selbstdestruktion – den Weg Mani Manis. Dies entspricht zugleich Möglichkeiten des Scheiterns, aber auch des Überstehens des Dichters in der seelischen Krankheit.

Daß Martin Walser beide Wege in das Geschehen integriert, hat über den innerfiktionalen, poetologischen Sinnzusammenhang hinaus ebenso auch einen klinisch-psychiatrischen Sinn. Dichtung, die psychiatrische Motive und Sachverhalte in ihren fiktionalen Kontext hineinnimmt, bleibt immer auch auf die Wirklichkeit psychischen Krankseins bezogen. Die Stimmigkeit in der Darstellung des Psychopathologischen erweist den Autor auch auf diesem Gebiet als *poeta doctus*. Große Dichter sind in der Regel die besseren Psychiater – dies zeigt sich einmal mehr auch in diesem Roman Martin Walsers.

Prof. Dr. med. Dr. phil. Wolfram Schmitt ist Facharzt für Neurologie, Psychiatrie und Psychotherapie und lehrt an der Universität Saarbrücken Geschichte der Medizin.

BERNHARD LOSCH

Ehre, Satire und rechtliche Bedeutung
Medienfreiheit, Persönlichkeitsschutz und demokratische Öffentlichkeit
Ein juristischer Kommentar zu Martin Walsers Kritikerroman

1. Vorauseilend aufgeworfene Rechtsfrage

Schon vor der Veröffentlichung ließ Walsers *Tod eines Kritikers* die Wogen der Publikumsreaktionen hochschlagen. Ausgelöst wurden sie durch die Vorverurteilung des Romans als antisemitisch und die immer wieder erhobene Forderung, seine Veröffentlichung zu unterbinden. Dadurch wurde nicht nur ein besonders schwerwiegender Vorwurf vorausgeschickt, sondern auch die literarisch-publizistische Frage aus ihrem offenen Diskussions- und Interpretationsspielraum herausgeholt und zur unerbittlichen Rechtsfrage nach dem allgemeinverbindlich Rechtmäßigen oder Rechtswidrigen verengt.

Abstrakt gefaßt, lautet die Rechtsfrage, wie das Verhältnis zwischen der Kunstfreiheit – und der in diese verwobenen Meinungs- und Pressefreiheit – und dem Allgemeinen Persönlichkeitsrecht respective Ehrenschutz zu beurteilen ist. Grundsätzlich findet die Kunstfreiheit ihre Schranken dort, wo sie die unbedingt zu wahrende Schutzwirkung anderer verfassungsrechtlicher Schutzgüter, insbesondere des sozialen Achtungsanspruchs, beeinträchtigen würde. Konkretisiert wird der verfassungsrechtliche Persönlichkeits- und Ehrenschutz durch die Strafverbote der Beleidigung, üblen Nachrede und Verleumdung sowie durch seine zivilrechtliche Beachtlichkeit im Rahmen der Gegenwehr gegen Rechtsverkürzungen.

Problematisch ist nicht der Grundsatz, wohl aber, wie unter seiner Anleitung der zutreffende Ausgleich zwischen den Rechtspositionen im Einzelfall gefunden werden kann. Zu diesem Zweck müssen nicht nur die Kunsteigenschaft und Aussagequalität auf der einen und die Art und Schutzwirkung des entgegenstehenden Rechts auf der anderen Seite, sondern auch die situative Tragweite der Rechte unter Abwägung ihres jeweiligen Bedeutungsgehaltes und der Berücksichtigung ihrer wechselseitigen Einflußnahmen beurteilt werden. Im Laufe der Jahre hat sich dazu eine große Fülle von straf-, zivil- und verfassungsrechtlichen Gerichtsurteilen angesammelt, und einige davon – die Romane über bestimmte, individuell erkennbare Personen und Klagen gegen ihre Verbreitung oder die Strafbarkeit der Autoren betreffen – können fast wie Kommentare zu der Rechtsfrage im oben erwähnten Zusammenhang gelesen werden.

2. Offenheit der Rechtsgrundlage

Als eines der Probleme für die gerichtlichen Entscheidungen stellte sich die Vielgestaltigkeit der Kunst heraus, und – abgesehen davon, wie diese überhaupt zu definieren und wie die Eigenschaft einer Darstellung als künstlerisch zu bestimmen ist – erhoben sich weitere Schwierigkeiten im Hinblick auf die Unterschiedlichkeit und verschiedenen Wirkungsweisen der Erscheinungsformen, in denen die künstlerische Gestaltung Ausdruck findet. So mußten die Besonderheiten einer Tendenzkunst wie der Satire, der Karikatur oder auch der pornographischen Darstellung zur Kenntnis genommen und bei der Kollision mit betroffenen anderen Schutzgütern berücksichtigt werden.

Das Hauptproblem besteht darin, daß die Kunstfreiheit nicht in einem näher ausgeführten Regularium, sondern als übergreifendes Prinzip garantiert wird und das kollidierende Persönlichkeitsrecht einschließlich des Ehrenschutzes ebenfalls mit generellen und nicht im einzelnen festliegenden Begriffen bestimmt wird. Die Folge ist, daß die Rechtsprechung ihre Entscheidung nicht aus einem konkreten Regelwerk ableiten kann, sondern die Regeln, die auf den einzelnen Entscheidungsfall anzuwenden sind, jeweils erst aus den prinzipiellen Vorgaben heraus entwickeln muß.

Erschwert wird die Regel- und Entscheidungsbildung außerdem dadurch, daß die Kunstfreiheit ausdrücklich vorbehaltlos gewährleistet wird und daher weitestmöglich zu schützen ist, andererseits aber das entgegenstehende Persönlichkeitsrecht von einem Kernbereich her zu bestimmen ist, für den der unbedingte Menschenwürde- und Ehrenschutz gilt und der daher für keinerlei Beeinträchtigung verfügbar sein kann. Demzufolge muß mit der Frage, wie weit der Schutz der Kunstfreiheit jeweils reicht, zugleich die Frage verbunden werden, wo die absolute Unverfügbarkeit entgegenstehender Rechte beginnt, und beide können, da die jeweiligen Schutzbereiche nicht abschließend definierbar sind, nicht ohne Berücksichtigung der konkreten Umstände beantwortet werden. Daher fallen die jeweils entscheidungserheblichen Fragen in einen offenen Bereich, in welchem sie nur annähernd und zugleich unter Abwägung aller Umstände und der entgegenstehenden Schutzinteressen erörtert werden können.

So wundert es nicht, daß die Rechtsprechung einerseits den Anschein umfassender und gründlicher Vorgehensweisen erweckt, sich andererseits aber eines immer gleichen und feststehenden Vokabulars bedient, das sich wie ein Gerüst durch die Entscheidungstexte zieht. Das Festhalten an einem Leitmuster läßt aber Zweifel daran aufkommen, ob jeweils auch die erforderliche Einzelfallflexibilität erreicht wird. Vor allem ist zu beobachten, daß sich hinter der scheinbaren Sicherheit der Formulierungen der Bereich der Offenheit der Entscheidung weitgehend unaufbereitet erstreckt und, statt in die Erwägungen konstruktiv einbezogen, mehr oder weniger willkürlich auf den Punkt gebracht wird.

Da jedoch der strafrechtlich umrissene Kern des Würdeschutzes einen Grundbestand bietet, an den sich leichter Anlehnung finden läßt als an die Offenheit der Kunstfreiheit, ist die widersprüchliche Tendenz zu beobachten, die Weite des Kunstschutzes gegen diesen selbst zu kehren und vornehmlich die Notwendigkeit zu betonen, hier Schranken zu setzen, um den angeblich gefährdeten Würdeschutz ausreichend verteidigen zu können. So mag im Ganzen der Eindruck entstehen, daß eher die Wahrung der bürgerlichen Schutzpositionen als die Förderung eines freiheitlichen Kunstgebarens den Ausschlag gibt.

Diesem Eindruck kann auch eine Reihe von Entscheidungen nicht entgegenwirken, in denen zugunsten der Kunst- und Meinungsfreiheit Wert darauf gelegt wird, im Bereich der Staatskritik selbst provozierenden künstlerischen Meinungsäußerungen nicht nur negative Wirkungen zu unterstellen, sondern auch aufbauende Bedeutung zuzuschreiben, damit sie vom Verdikt der Rechtswidrigkeit verschont bleiben. Diese konsequent aus dem Schutzzweck der Kunst- und Meinungsfreiheit folgende Auffassung mußte vom Bundesverfassungsgericht mit großem argumentativem Aufwand herausgearbeitet werden, und der Protest, der in der Rechtsprechungskritik dagegen zum Ausdruck kam, spiegelte die überwiegende Argumentationslinie wider. Aber umgekehrt wurde auch gegen die restriktive Rechtsprechung Kritik erhoben, und eines der bekanntesten Beispiele dafür findet sich im Bereich der oben erwähnten und im folgenden kurz aufzugreifenden Entscheidungen über die Verbreitung einer bestimmten Art von Romanliteratur.

3. *Mephisto, Hexenjagd* und *Heimweh nach Masuren*

Das Vorbild für viele spätere Gerichtsurteile, Kommentare und Aufsätze wurde die Entscheidung des Bundesgerichtshofs aus dem Jahre 1968 über die Klage, die der Adoptivsohn von Gustav Gründgens gegen die Nymphenburger Verlagsbuchhandlung anstrengte, um ihr die Verbreitung des Buches *Mephisto. Roman einer Karriere* von Klaus Mann verbieten zu lassen. Zwar war das Buch viele Jahre zuvor schon in Holland und außerdem in der ehemaligen DDR erschienen; die Verbreitung in der Bundesrepublik Deutschland aber hatte Gründgens selbst noch mehrfach verhindern können. Kurz nach seinem Tod wurde die Publikation des Romans erneut angekündigt, und dagegen richtete sich die Klage.

Die Entscheidung war von der Frage abhängig, ob der soziale Achtungsanspruch, der für Gründgens geltend gemacht wurde, durch bestimmte Passagen in dem Roman, der unverkennbar auf seine Person bezogen ist, so stark beeinträchtigt werde, daß die Verbreitung untersagt werden müßte. Jedoch unterblieb eine Abwägung in bezug auf die Freiheit der Kunst und das Informationsinteresse der Öffentlichkeit; statt dessen wurde mit arroganter Geste, die nicht nur über diese Frage hinwegging, sondern auch die Motivation des Autors einseitig in Mißkredit brachte, eine ehrverletzende Herabwürdigung von Gründgens durch den Roman *Mephisto* festgestellt. Kern der Begründung war, daß die Darstellung erweislich Unwahres auftische und dadurch das Persönlichkeitsbild der Titelfigur grundlegend negativ verändere. Auf diese Weise sei eine Schmähschrift entstanden, die keinen Schutz verdiene. Das höchstrichterliche Urteil wurde schließlich noch durch das Bundesverfassungsgericht bestätigt.

Neben vielen erstaunlichen Unvollständigkeiten und Voreingenommenheiten der höchstrichterlichen Beurteilung fällt auf, daß die vorausgegangenen Veröffentlichungen des Romans sowie die Fragen des Zeitablaufs und der für diesen Fall so unübersehbar herausgeforderten Vergangenheitsbewältigung so gut wie nicht und nur einseitig oder undeutlich zur Sprache gebracht wurden. Wie unterschiedlich das Judikat eingeschätzt wurde, zeigt sich einerseits an seiner verfassungsgerichtlichen Bestätigung und den zustimmenden fachlichen Stellungnahmen, andererseits an der außerfachlichen Berichterstattung, die vielfach zu einer wesentlich ausgewogeneren Beurteilung des Falls gelangte.

Trotz seiner deutlichen Mängel wurde das *Mephisto*-Urteil, was die gedanklichen Pfeiler seiner Begründung angeht, zum Leiturteil der späteren Rechtsprechung und Kommentarliteratur. Auf eine Formel gebracht, wurde die Schranke für die Kunstfreiheit in dem Urteil mit der Feststellung gezogen, hier liege eine Verfälschung der Wahrheit statt erhellender Übertreibung, mithin eine herabsetzende Schmähschrift statt geißelnder Satire vor. Ob etwa für Martin Walsers *Tod eines Kritikers* ein Druckverbot wie im Falle des *Mephisto* gefordert werden könnte, wird anhand der Kriterien zu untersuchen sein, die für die Bewertung eines Schriftwerkes unter den formelhaft genannten Gesichtspunkten herausgearbeitet wurden.

In zwei weiteren Fällen, in denen Strafklage gegen die Verbreitung von Romanen erhoben wurde, die unverkennbar lebende Personen auf eine Weise darstellten, durch welche diese sich diskreditiert fühlen konnten, wollten sich die Gerichte allerdings nicht darauf festlegen, ob der Rahmen des künstlerisch Zulässigen überschritten wurde, obwohl der Kunstcharakter des betreffenden Romans durchaus zweifelhaft war. Im einen Fall schrieb sich ein nicht in den öffentlichen Dienst aufgenommener Lehrer seine Verärgerung über die dafür Verantwortlichen von der Seele. Im zweiten Fall wurde eine Familie aus der ehemaligen masurischen Heimat des Autors herabgesetzt.

Den Maßstäben des *Mephisto*-Urteils zufolge hätte eine nicht satirisch-verschärfende, sondern bloß tatsachenverfälschende Darstellung keinen Spielraum für eine Abwägung zwischen Kunstfreiheit und Ehrenschutz beanspruchen dürfen. Offenbar fehlte es in diesen Fällen aber an der ausreichenden Öffentlichkeitsrelevanz und der mit dem *Mephisto* vergleichbaren rechtlichen Beachtlichkeit der beiden Werke. Gleichwohl verwundert es nicht, daß den Entscheidungen im juristischen Schrifttum Inkonsequenz vorgeworfen und beanstandet wurde, jene hätten angesichts der eindeutigen Unwahrheiten in den genannten Romanen den Ehrenschutz zu gering veranschlagt.

3. Zusätzlich: Böll gegen Henscheid

In diesem Sinne, also entsprechend strikt, wurde durch die Fachgerichte und die anschließende Entscheidung des Bundesverfassungsgerichts die polemische Kurzkritik beurteilt, mit der sich Eckhard Henscheid im Literaturmagazin *Der Rabe* gegen Heinrich Bölls *Und sagte kein einziges Wort* wandte. Obwohl die Kritik unverkennbar als Satire gestaltet war, wurde ihr der Charakter einer künstlerischen Darstellung nicht zugestanden, da Kunstkritik als Meinungsäußerung zu verstehen sei, auch wenn sie sich künstlerischer Mittel bediene. In jedem Fall aber ende der Schutz der freien Rede dort, wo es sich nicht um Kritik in der Sache, sondern um Diffamierung der Person handle. Wegen des durchweg schmähenden Inhaltes liege dieser Fall hier vor, und das Äußerungsverbot sei daher zu Recht auferlegt worden.

Die Entscheidung zeigt, wie gefährlich verkürzend es für die Qualität der rechtlichen Beurteilung sein kann, mit standardisiertem Vokabular umzugehen und sich den damit verbundenen Anschein von Professionalität zu geben. Freilich hat eine Vielzahl von anderen Urteilen, wenn auch nicht gegen die Qualifizierung der Kunstkritik als bloße Meinungsäußerung Stellung bezogen, so doch die dafür zur Verfügung stehende weitreichende sach- und umständeadäquate Bewertungsselbstherrlichkeit hervorgehoben, die vom Normalmaß, das für Abschätzigkeitsurteile gilt – die etwa betroffenen Personen gegenüber verboten sein könnten –, weit entfernt sein kann.

So wird der Kritik, die auf heftige Angriffe und ausgenutzte Öffentlichkeitswirkung erwidert wird, eine Art Waffengleichheit – und im Prinzip fast zugestanden, was für die Satire gelten soll. Der Unterschied liegt nur darin, daß gegenüber der Meinungskundgabe strengere Beurteilungen mit etwas geringerem Begründungsaufwand möglich sind. In besonderen Fällen zeigt sich jedoch, daß sich die kategorische Unterscheidung von Kunstkritik und Kunst nicht aufrechterhalten läßt und mit der verfassungsrechtlich garantierten Anerkennung der Kunst unvereinbar sein kann.

5. Forderung nach Druckverbot als Schmähkritik

Bezieht man die Kriterien für die Beschränkbarkeit der künstlerischen Medienfreiheit auf die etwaige Forderung nach einem Druckverbot im Falle von Walsers *Tod eines Kritikers*, ist zunächst festzustellen, daß das Buch einen vielschichtigen Roman darstellt, der zwar eine satirische Tendenz verfolgt, sich aber bei weitem nicht darauf beschränkt. Der Rechtsprechung zufolge müßte das Buch, um als Rechtsverletzung beanstandet werden zu können, entweder schon seiner Einkleidung oder mindestens seinem Aussagekern nach als unzulässige Herabwürdigung in Erscheinung treten.

Offenbar hat schon der Titel des Buches den Verdacht geweckt, der gemeinte Kritiker solle gleich durch den Todesbezug desavouiert werden. Aber die Fiktivität des Titels läßt solche Mißverständnisse gar nicht erst aufkommen. Der weitere Vorwurf, von dem zu hören war, daß der Titel die biographisch mit der Hauptfigur verschlungene Todesspirale der Judenverfolgung im Nazi-Regime heraufbeschwöre, fügt ihm Bedeutungsvarianten hinzu, die nicht von ihm getragen sind. Im übrigen setzt die konstruktive Einkleidung der Romanhandlung das Fiktive, das in der Titelgebung liegt, mehrstufig durch verschiedene Handlungs- und Reflexionsstränge und vielstimmig durch verschiedene Akteure und Präsentationen fort und baut fiktive Räume auf, in denen sich fiktive Ereignisse in fiktiven Zusammenhängen weiterentwickeln.

Mittels der konstruktiven Vielschichtigkeit wird die Wiedergabe der Kritikerfigur und ihrer Tätigkeit, der Literaturkritik, in ein vielseitiges Spektrum hineingestellt. In diesem wird das Grundthema der Literatur, die menschliche Befindlichkeit, durchgespielt und am Beispiel der Mystiker-Reflexion über die Frage, wie das Ich sich in Beziehung zu Gott und der Welt zu verstehen hat, ins Blickfeld gerückt. In den Erwägungen über die »Ichwichtigkeit« wird der Kontrapunkt zur Kritikerfigur gesetzt und in den Integrationsreflexionen der Metatext zur Kritikersatire gefunden. Diese und die äußeren Ähnlichkeiten zwischen dem Romankritiker und seinem wirklichen Modell sind mitnichten als Selbstzweck zu beurteilen.

Darauf konzentriert sich die Rechtsfrage, denn es müßte sich um ein Überwiegen persönlicher Verunglimpfung gegenüber Kritik in der Sache handeln, wenn von Schmähung die Rede sein sollte, wobei im Rahmen sachbezogener Kritik durchaus auch krasse Überzeichnungen der betreffenden Person zulässig sind. Was Walser sich in dieser Hinsicht erlaubt, hat teilweise überaus sarkastischen Charakter, hält sich aber in dem oben gekennzeichneten fiktiven Rahmen. Die Porträtierung des Kritikers als herabsetzend zu bezeichnen, verkürzt also fehlerhaft den Zusammenhang des Werks. Aus ihr gar eine Propagierung des Antisemitismus abzuleiten, bedeutet zudem eine sachlich nicht gerechtfertigte Zutat. Jedenfalls wird die Leitfigur des Romans nicht geschmäht, sondern, betrachtet man das Buch im Ganzen, mit so vielen Facetten dargestellt, daß es bedeutet, den Roman erheblich zu verkürzen, wenn man nur die kritischen Facetten wahrnimmt.

Die satirisch-karikaturistischen Seiten der Darstellung antworten gewissermaßen mit gleichem Recht auf die öffentlichen Aufführungen und Verlautbarungen, mit denen das Vorbild für den Roman seine Reputation erlangte. Indem der Roman sich ausgesprochen auf die Bühne der Öffentlichkeit bezieht, steht ihm der Vorteil zu, die vorgreiflich beanspruchten Ausdrucksmittel auch selbst wählen zu dürfen und keine diesbezüglichen Empfindlichkeiten befürchten und beachten zu müssen. Dieser Grundsatz der ständigen Rechtsprechung wurde in einem kürzlich ergangenen Urteil des Landgerichts Berlin über die Klage des Chefredakteurs der *Bild*-Zeitung gegen eine drastische Satire der *tageszeitung* (taz) besonders hervorgehoben.

Ebensowenig wie Walsers Roman die Person Reich-Ranickis herabwürdigt, trifft er antisemitische Aussagen. Allein die Tatsache, daß ein jüdischer Kritiker, der von der Verfolgung durch das Nazi-Regime betroffen war, satirisch auf der von ihm beherrschten beruflichen Bühne dargestellt wird, läßt sich nicht als antisemitisches Vorgehen deuten. Wollte man das verhindern, liefe es auf ein bedenkliches Kommunikations- und Diskussionstabu hinaus, das kontraproduktiv für die deutsch-jüdischen Verständigungsbemühungen wäre.

Um auf die Kritik an dem Roman von Walser insgesamt zurückzukommen, ist die Fehlerhaftigkeit hervorzuheben, mit der über das Buch noch vor seiner Publikation informiert wurde. Die Rechtsprechung hat grundsätzlich klargestellt, daß eine unkorrekte, unvollständige und herabsetzende, etwa angeführte Passagen aus dem Zusammenhang reißende Zitierweise, eine unvollständige Berichterstattung und die fälschliche Zuschreibung von Äußerungen – Entsprechendes gilt für sinngemäß verfälschende Unterstellungen –, den Rahmen der zulässigen Kritik überschreiten. Wer sich solcher Mittel bedient, verläßt die rechtlich geschützte Arena der geistigen Auseinandersetzung. Die auf eine fehlerhafte Information gestützte Forderung nach einem Druckverbot für Walsers Roman wäre ihrerseits bloße Schmähkritik, die keinen rechtlichen Schutz verdient. Gewiß darf im öffentlichen Meinungsstreit mit kräftigeren Worten zugegriffen werden als unter anderen Bedingungen, aber die allgemeine Öffentlichkeit war, als die Polemik gegen Walsers Roman einsetzte, noch gar nicht hergestellt. Vielmehr wurde die Presse vorgreiflich und mißbräuchlich eingespannt.

6. Veränderung der Medienfreiheit

Die Mediengrundrechte einschließlich der Grundrechte auf Meinungs- und Informationsfreiheit leisten einen grundlegenden Beitrag zur demokratischen Öffentlichkeit. Diese ist konstitutiv für die demokratische Staats- und Gesellschaftsordnung. Daher kommt den Mediengrundrechten neben ihrer subjektiven Schutz- auch eine objektive Ordnungsfunktion zu. Demnach wird der Staat in die Pflicht genommen, bestmöglich für das Funktionieren und die Aufrechterhaltung der freien Kommunikation zu sorgen. Darauf beruht die pluralistische Presse- und Rundfunkordnung.

Nach herkömmlicher Ansicht erscheint die demokratische Öffentlichkeit durch die Kommunikationsfreiheiten einschließlich der gesetzlichen Vielfaltsgarantie auf der einen und die Schranken des Persönlichkeits-, Ehren- und Jugendschutzes auf der anderen Seite ausreichend gewährleistet. Die Ausgangslage hat sich jedoch verschoben, was zu Ungleichgewichten auf der Seite des scheinbar gleichberechtigt zugeordneten Grundrechtsschutzes geführt hat. So bedeutet es einen erheblichen Unterschied, ob sich ein Privatmann oder ein im Grundrechtsbereich tätiger Unternehmensträger seiner Grundrechtspositionen sicher sein kann, und im Kommunikationsbereich ist ein Wirtschaftsmarkt entstanden, für dessen Regulation zwar die urheber- und wettbewerbsrechtlichen Bestimmungen einen wesentlichen Beitrag leisten, die formale Gleichberechtigung des Grundrechtsschutzes aber praktisch nicht besteht und es nicht mehr ausreicht, der Rechtsprechung die notwendigen Korrekturen zu überlassen.

Während mit Hilfe der eigentums-, wettbewerbs- und verbraucherschutzrechtlichen Regelungen Beteiligungsprinzipien entwickelt wurden, die sich für den allgemeinen Wirtschaftsmarkt als marktgerecht erwiesen, wirken sie für den Kommunikationsmarkt, für den deutlich andere Beteiligungsverhältnisse, Wahrnehmungsrechte und Schutzerfordernisse gelten, nicht vergleichbar detailgerecht. Die presse- und rundfunkrechtlichen Ansätze zu beruflichen Verhaltenspflichten und die Einrichtungen der freiwilligen Selbstkontrolle versuchen zwar, Verfahren der demokratischen Verständigung und des Rechtsausgleichs durchführbar zu machen, die Art der öffentlichen Auseinandersetzung um das Buch von Walser zeigt aber, daß der Kommunikationsmarkt offenbar über keine wirksamen Grundregeln des *fair play* verfügt, die speziell auf seine Anforderungen abgestimmt sind.

Das Problem überschneidet sich zum einen mit der mangelnden öffentlichkeitsgerechten Integration der Verbände, die hinter der tonangebenden Kommunikationskulisse arbeiten, indem sie sich, wie seinerzeit etwa Tucholsky in seinem Essay *Was darf die Satire?* rügte, als Kommunikationspolizei aufführen und statt der offenen demokratischen eine geschlossene, elitegeleitete oder auch, wie schon formuliert wurde, »wahre demokratische« Öffentlichkeit bewirken wollen. Zum anderen wird es überlagert von einem pseudodemokratischen Konformismus, der sich aus Subventionsmentalität, Selbstbehauptungsangst, Argwohn im Sinne einer inquisitiven *political correctness* und Akklamationssucht speist und Unbeweglichkeit statt Offenheit pflegt.

Ein weiterer Grund für die Beschlagnahme der demokratischen Öffentlichkeit könnte im Zusammenbruch des Gegenbildes liegen, das in Form der geknebelten Einheitsmeinung im ehemaligen sozialistischen Machtblock die Selbstdarstellung des freiheitlichen Meinungspluralismus begünstigte. Der Gegenkulisse beraubt, sind in den freiheitlichen Demokratien offenbar Verunsicherungen eingetreten, und es besteht die Notwendigkeit, die Spielregeln des freien geistigen Meinungsaustausches neu zu erarbeiten. Selbst die Wissenschaftsfreiheit als ein Pionier und Bannerträger der allgemeinen Kommunikationsfreiheit wird immer wieder unter den Druck angeblich menschenwürdebewußter und -wissender Leitmeinungen gesetzt. Die Hoffnung richtet sich heute zunehmend, auch was die allgemeine Kommunikationsfreiheit betrifft, auf die Arbeit internationaler staatlicher und privater Organisationen und den Abschluß internationaler Konventionen, die auf übernationaler Ebene für den freien Gedankenaustausch eintreten.

Prof. Dr. phil. Dr. jur. Bernhard Losch lehrt Rechtswissenschaft an der Bergischen Universität Wuppertal.

RAINER WIMMER

Auf die sprachlichen Formen achten!
Versuch einer linguistischen Kritik der Kritik an Martin Walsers Kritikerroman

1. Die Provokation

Am 27. Mai 2002 schreibt Frank Schirrmacher den berühmt-berüchtigten offenen Brief an Martin Walser, in dem er ihm mitteilt, der *Tod eines Kritikers* könne in der F.A.Z. nicht im Vorabdruck erscheinen. Martin Walser erfährt diese Ablehnung des ursprünglich geplanten Vorabdrucks erst aus der Zeitung. Dieses Verfahren des Herausgebers stellt bereits eine Provokation dar, die Walser auch als eine solche verstanden hat. Wenn ich in der Alltagskommunikation (diese ist hier der Maßstab) eine Antwort auf meine geschäftliche Anfrage in der Tagespresse erfahre, so liegt hierin eine bemerkenswerte, provokante Abweichung von der normalen Konvention.

Schirrmachers formale, in der Briefform liegende Provokation verstärkt die inhaltliche, die eigentliche Provokation des offenen Briefs. Diese kommt zum Beispiel in folgender Passage zum Ausdruck: »Ihr Roman ist eine Exekution. Eine Abrechnung – lassen wir das Versteckspiel mit den fiktiven Namen gleich von Anfang an beiseite! – mit Marcel Reich-Ranicki. Es geht um die Ermordung des Starkritikers.« Hier sagt der Herausgeber klar und platt, daß in seinem Urteil die Romanform hier nichts gelte. Das Fiktive zählt für ihn nicht, scheint abgewertet. Er schreibt: »Ehe Sie, lieber Herr Walser, mit den Begriffen Fiktion, Rollenprosa, Perspektivenwechsel antworten – bin ich durchaus im Bilde. Ich bin imstande, das literarische Reden vom nichtliterarischen zu unterscheiden. Man hat mich unterrichtet, wie oft und wo überall in der modernen Literatur Kritiker gemordet werden.« Und er fügt hinzu: »Doch es geht hier nicht um die Ermordung des Kritikers als Kritiker, wie es etwa bei Tom Stoppard geschieht. Es geht um den Mord an einem Juden.« Damit kommt der Herausgeber zu dem zentralen Thema seines Briefs, dem Vorwurf des Antisemitismus und der Judenfeindlichkeit. Schirrmacher führt eine ganze Reihe von Beispielen an, die seines Erachtens belegen, daß der Roman eine judenfeindliche Schrift ist, gerichtet gegen den prominenten deutschen Literaturkritiker Marcel Reich-Ranicki. Erstaunlich, daß hier ein ausgebildeter Literaturwissenschaftler die sprachlichen Ausdrucksformen vom Konjunktiv über das Zitat bis hin zu indirekten Redeweisen, zu Textsorten und literarischen Gattungen kurzerhand überspringt und sagt: die sprachlichen Ausdrucksformen zählen hier nicht; hier zählt nur die von mir (Schirrmacher) erkannte Meinung bzw. Intention des Schriftstellers Walser: »Ich aber halte Ihr Buch für ein Dokument des Hasses« (Zitat Schirrmacher). Wohlgemerkt: nicht für einen Roman, sondern für ein Dokument. Und Schirrmacher setzt noch eins drauf, um dem Schriftsteller Walser die »Flucht« in die sprachliche Form abzuschneiden. »Doch die Burgtore des Normativen, der literarischen Tradition und Technik stehen Ihnen als Zuflucht nicht offen. Denn das alles wären ja nur Kategorien für ein ›schlechtes‹ oder ›gutes‹ Buch«. Man beachte das Wörtchen *nur*. Oder hat Schirrmacher das nur ironisch gemeint – womit sein Meinungsgebäude zusammenbräche?

Als ich den Brief Schirrmachers zum ersten Mal las, dachte ich mir: hier verrät einer seine Profession. Und: hier ist einer von der Normalsprache in die Sprache der Politik übergewechselt. – Wie kann man auf solche Gedanken kommen? Ich versuche ein paar Andeutungen: die Sprache ist zwar auch Medium, aber nicht so, daß man das durch das Medium ›Übermittelte‹ unabhängig von dem Medium identifizieren könnte. ›Weltanschauung‹ ist nicht identifizierbar (dingfest zu machen), ohne den Gebrauch von *Weltanschauung* zu untersuchen und zu beschreiben. Der sprachliche Ausdruck bzw. die sprachliche Form ist dem, was der Ausdruck bedeutet, nicht äußerlich, sondern zeigt den Inhalt. Anders und vielleicht noch pointierter formuliert: der Gebrauch des sprachlichen Ausdrucks ist das, was er bedeutet. Das Gesagte und das Gemeinte zeigt sich im Gebrauch der Ausdrücke und Ausdrucksformen und nirgends sonst. Angewandt auf unseren Fall Schirrmacher-Walser: wenn Schirrmacher sagt, unabhängig von dem, was Walser an literarischen Formen (Sprachformen) aufbiete, seien ihm die »Burgtore« der Ausdruckskonventionen verschlossen, dann spricht er ein Machtwort. Das Machtwort heißt: deine Sprachgebräuche zählen nicht; hier regiert meine Pragmatik. Dies ist die ›Sprache‹ der Politik.

Jan Philipp Reemtsma ist Schirrmacher in der Beurteilung des Walser-Romans beigesprungen, im wahrsten Sinne des Wortes, und zwar in einem F.A.Z.-Artikel vom 27. Juni 2002 mit dem bereits meinungsbekundenden Titel *Ein antisemitischer Affektsturm*. Ich kenne keine andere öffentliche Stellungnahme eines Literatur- und Sozialwissenschaftlers, die so sehr auf der Linie Schirrmachers liegt. Die Bekundungen Reemtsmas sind für mich um so erstaunlicher, als sie nicht in erkennbarer Weise alltagspragmatischen bzw. geschäftlichen Beziehungen zu Walser verpflichtet sind. Wie für Schirrmacher so ist auch für Reemtsma der lebende, reale Literaturkritiker Reich-Ranicki ganz und gar der zentrale Gegenstand des Walser-Romans. Reemtsma schreibt über den realen Marcel Reich-Ranicki und über dessen Zusammenhang mit dem Walser-Roman folgendes: »Einen Menschen, der einen Mordversuch überlebt hat – man kann hinzufügen: nicht nur durch Mut und Geschick, sondern auch mit sehr viel Glück –, zum Gegenstand einer veröffentlichten Mordphantasie zu machen, ist eine soziale Roheit, die das Werk, in dem das geschieht, von vornherein disqualifiziert, es mag ansonsten beschaffen sein, wie es will. Darum konnte man, auch ohne es zu lesen, allein aufgrund der Informationen, die der Autor selbst gab, zu dem Urteil kommen, dies Buch sei eine literarische Barbarei.«

Konnte man, auch ohne es zu lesen? – Nein, man konnte nicht, und man durfte nicht. Die Informationen, die der Autor selbst gab, sind zuallererst die Informationen, die der Autor in und mit dem Roman gibt. Man kann den Autor nur verstehen, wenn man das, was er sagt, ernst nimmt. Man kann ihn nur verstehen, wenn man die Sprache ernst nimmt, d.h. die sprachlichen Formen, die Ausdrucksweisen, die Textformen und -sorten und damit auch die literarischen Gattungen. Die Intentionen des Autors sind nur zugänglich über die sprachlichen Äußerungen, und die Äußerungsformen sind wesentlicher Bestandteil des Inhalts. Wenn man auf sprachliche Kommunikation setzt, dann darf man über solche Selbstverständlichkeiten nicht hinwegsehen. Denn sie sind wesentliche Voraussetzungen der Kommunikation. Man achtet einen Autor als Person nur dadurch, daß man das, was er äußert (in den ihm angemessenen Äußerungsformen), achtet. Hier kommen kommunikationsethische Kriterien ins Spiel. Meines Erachtens hätte sich Reemtsma unter kommunikationsethischen Gesichtspunkten nicht in dem Sinne äußern dürfen, daß er sagt: das Werk ist disqualifiziert, egal wie es sonst beschaffen ist. Dies bedeutet kein Verbot, sondern nur Kritik. Keiner muß sich gezwungen fühlen, sich an kommunikationsethische Prinzipien zu halten.

Die Schirrmacher-Reemtsma-Provokation ist eine Provokation, weil sie sich gegen die Sprachformen des Autors richtet. Sie achtet die Sprache des Autors nicht. Ich will versuchen, dieses Urteil im folgenden durch einige Bemerkungen aus linguistischer Sicht zu begründen und zu erhärten.

2. Inwiefern könnte Walsers Roman antisemitisch sein?

Alle mir persönlich bekannten Leser des Walser-Romans haben nichts Antisemitisches in dem Roman gefunden. Warum sage ich »gefunden«? Weil einige den Roman nur als Reaktion auf die Schirrmacher-Reemtsma-Provokation gelesen haben; sie haben die antisemitische Tendenz gesucht. Alle diese Bekannten halte ich für hoch sensibilisiert in bezug auf die Antisemitismus-Diskussion in Deutschland. Mögen die Eindrücke »meiner« Walser-Leser auch nicht repräsentativ sein, so fühle ich mich durch sie doch in meiner Ratlosigkeit bestärkt, wo denn der »antisemitische Affektsturm« zu finden sein soll.

Bei Schirrmacher und Reemtsma spielt das Konzept

der sog. wörtlichen Bedeutung eine wichtige Rolle. Schirrmacher (siehe oben) schreibt an Walser: »Nicht wahr, Sie haben das ›Schlagt ihn tot, den Hund, er [sic] ist ein Rezensent‹ nur wörtlich genommen?« »Wörtlich« bedeutet hier so viel wie: der Autor Walser selbst meint das, was er seiner Romanfigur in den Mund legt. Obwohl Walser selbst das nicht gesagt hat. Die Ausdrucksformen, in denen der Romancier Walser sich äußert (Zitat, indirekte Rede usw.) zählen nicht; die ›Normal‹-Bedeutung, die Alltagsbedeutung der sprachlichen Ausdrücke soll gewissermaßen direkt durchschlagen vom Textverfasser zum Rezipienten (Leser). Reemtsma versucht diese Sichtweise psychologisch zu rechtfertigen; er zieht ein pathologisches Verfahren des Autors Walser in Erwägung. »Walser, dessen Kritik-Empfindlichkeit sein Freund Joachim Kaiser als ›fast pathologisch‹ empfindet, hat sich eine Romanwelt geschaffen, in der er sich erlaubt hat, seinem – ich zitiere noch einmal Kaiser – ›wilden, vielleicht sogar mordlustigen Haß‹ freien Lauf zu lassen. Das, was seinem durch die Kritik verletzten und zwischenzeitlich verrückt gewordenen Hans Lach widerfährt, widerfährt Walser auf dem Papier. Er erlebt schreibend jene Dekompensation, die seiner Romanfigur von ihrem Arzt zugeschrieben wird.«

Linguisten haben viel über das Konzept der Wörtlichkeit nachgedacht und geschrieben. Es ist ein normatives Konzept, insofern als es darauf angelegt ist, Erwägungen, Reflexionen und Diskussionen über Bedeutungen von sprachlichen Ausdrücken und Texten ein Ende zu setzen. Bedeutungen, aufgefaßt als Regeln im Wittgensteinschen Sinne, sind offen im Gebrauch. Das heißt: je nach Sprecherintentionen, Adressaten und situativen Umständen ergeben sich andere und auch neue Bedeutungsnuancen, die Ausdruck der Kreativität des Sprachgebrauchs sind. Bedeutungen sind festgestellte (fixierte) Bedeutungen immer nur in einer bestimmten Interpretation, die zu einem Ende gekommen ist. Auch Wörterbuchbedeutungen sind selbstverständlich nichts anderes als festgestellte Bedeutungen in diesem Sinne. Das Konzept der ›wörtlichen Bedeutung‹ dient der Feststellung der Wortbedeutung und der Rechtfertigung eines Endes der Interpretation. Besonders augenfällig ist das Konzept in der Fachsprache der Jurisprudenz. Hier gibt es die Konstruktion der »Wortlautgrenze«, die den Sinn hat, eine Rechtfertigung dafür zu bieten, ob ein Tatbestand unter einen Normtext (ein Gesetz) fällt oder nicht. Ist beispielsweise eine Sitzblockade ein Tatbestand im Sinne des Nötigungsparagraphen des Strafgesetzbuchs oder nicht? Hier sind Interpretationsgrenzen gefragt; hier müssen Wortlautgrenzen fixiert werden. Warum? Weil lebensrelevante Richterentscheidungen davon abhängen. Alle juristisch-semantischen Interpretationsentscheidungen zielen darauf ab, den Streitfallentscheidungen zu dienen, und diese Entscheidungen müssen getroffen werden, weil die Frage »Schuldig oder nicht-schuldig?« nicht mit einem Jein, sondern nur mit einem »Ja« oder »Nein« beantwortet werden kann.

Was haben diese Erwägungen mit unserem ›Fall‹ zu tun? Schirrmacher braucht eine Entscheidung auf die Frage, ob er den Walser-Roman als Vorabdruck in der F.A.Z. bringen soll oder nicht. Nun haben literarische Werke (per se, d.h. von ihrer Intention und ihrem Sinn her) für den, der über sie zu befinden hat, die unangenehme Eigenschaft, daß sie geradezu darauf ausgerichtet sind, Interpretationsoffenheit nicht nur zu zeigen und zu demonstrieren, sondern auch zu praktizieren. Dies ist mißlich für den, der eine Entscheidung zu fällen hat. (Die Normen des Grundgesetzes – Freiheit der Kunst! – drohen im Hintergrund.) Wenn sich in einer solchen Situation die Gelegenheit bietet, das Wörtlichkeitskonzept anzuwenden und ohne große interpretatorische ›Umschweife‹ zu einer Beurteilung und zu einem Urteil zu kommen, so kann das nur willkommen sein. Die Umstände dafür, auf den Antisemitismus-Vorwurf gegen Walser zu setzen, sind im Jahr 2002 günstig. Zum einen gibt es in der politischen Öffentlichkeit Diskussionen um angeblich antisemitische Invektiven des FDP-Politikers Möllemann gegen Michel Friedman, den stellvertretenden Vorsitzenden des Zentralrats der Juden in Deutschland. Zum anderen ist in der kulturell interessierten Öffentlichkeit nicht vergessen, daß Walser durch seine Friedenspreisrede 1998 in der Paulskirche heftige Kontroversen um vermeintlich antisemitische Tendenzen in seinem Vortragstext ausgelöst hatte. Das Diskursklima ist für die Akzeptanz von Wörtlichkeitsargumenten wichtig. Der normative Gehalt eines Wörtlichkeitsarguments bedarf bei den Adressaten einer prinzipiellen Bereitschaft, eine normative Beendigung von Bedeutungsaushandlungen zu akzeptieren. So wie die Berufung auf einen Wortlaut eines Gesetzes letztlich nur erfolgreich ist, wenn die Normadressaten bereit sind, die Gesetzesnorm zu akzeptieren, so erlangt eine Wortlaut-Interpretation eines beliebigen anderen Textes nur dann Zustimmung, wenn die vorausgesetzten Normen zumindest nicht abgelehnt werden.

Man kann Verständnis dafür haben, daß Reich-Ranicki – angesichts der virulenten Antisemitismus-Diskussion in Deutschland und keineswegs nur deswegen – den Roman nicht anders lesen kann als mit dem ›Fazit‹:

»Schlagt ihn tot, den Hund! Es ist ein Jude« (in seiner Dankrede zur Verleihung der Ehrendoktorwürde der Universität München, abgedruckt in der F.A.Z. vom 12. Juli 2002). Es ist begreiflich, daß der von Nazi-Deutschland im wahrsten Sinne des Wortes bis an den Rand des Todes gehetzte Reich-Ranicki Walsers Buch für ein »schändliches Buch« hält und sagt: »Daß dieser Autor glaubt, gerade jetzt sei der Augenblick gekommen, seinem Haß freien Lauf zu lassen, das ist das Beunruhigende, das ist das Gefährliche.« Reich-Ranickis Reaktion in dem Diskurs-Klima Deutschlands. Das ist das eine. Etwas anderes sind die Reaktionen von Schirrmacher und Reemtsma. Diese Personen sind in keiner Weise in der Situation Reich-Ranickis; sie sind in dieser Kontroverse – so schätze ich das ein – in erster Linie distanzierte Literaturkritiker und Geschäftsleute. Als solche sollten sie ihre Urteile begründen und rechtfertigen können/müssen.

Aus linguistischer Sicht gehören zu dem Wörtlichkeitskonzept (außer den genannten Elementen: Normativität, Adressatenbezogenheit, Akzeptanzregulierung) auch noch ein paar sprachzeichenorientierte Aspekte, sozusagen: ›harte‹ Fakten als unabdingbare Interpretationsgrundlagen. Darauf zielen Fragen wie die folgenden: welche Wörter (lexikalischen Einheiten wie Lexeme, Phraseologismen, Kollokationen, Topoi) werden überhaupt benutzt? Welche Lexikon-fixierten Bedeutungen haben sie? In welcher Quantität kommen sie vor? Diese Fragen habe ich in bezug auf den Walser-Roman-Text nicht konsequent verfolgt. Meine Recherchen führen aber doch zu einigen Ergebnissen. Ich habe versucht, die Prädikationen aufzulisten, die über Ehrl-König in dem Walser-Roman gemacht werden. Prädikationen sind

Zuschreibungen von Attributen (z.B. »Großkasper«, »Männlein mit einem etwas zu breiten Mund«, »pointierte Sätze«, »unbestechlich«, »inszenierte Kraßheiten«, »Glanz der Unbestechlichkeit«, »genialer Kretin«, Einführer des »Entweder-Oder« in die Literaturkritik, »diamentene Unanfechtbarkeit«, »Genialität: sich alles zu glauben, wenn es ihm nützte«, »Herabsetzungslust«, »sexuelle Delikatesse, Schwangere bis zum dritten Monat«, »Jude«, Mund, geschaffen für Urteile: »also durfte man nicht auch noch Begründungen verlangen«, »Selbstverehrung«, »von jedem imitierbar«, »vergifteter Schmierenkomödiant«, »klein und häßlich«, »hochgeworfene Hände«, Aussprache (»Schscheriftstellerr«). – Dies ist ein kleines Sammelsurium aus meiner Liste von Prädikationen über Ehrl-König (Reich-Ranicki), ein Sammelsurium, das dreierlei deutlich macht: 1. Die Formulierung des Prädizierten ist nicht immer ganz leicht. Oft sind Zitate gut, manchmal treffen gerade sie nicht den Punkt. 2. Die Grenzen der Texte, die die Prädikationen ›fassen‹, sind mehr oder weniger offen. 3. Alle Formulierungen brauchen weitere Interpretationen (bezogen auf den sprachlich-textlichen Kontext und den situativen Kotext). – Es ist unmöglich, im Text einfach Topoi oder Klischees interpretationsunabhängig zu identifizieren.

Es ist aus den genannten Gründen schwierig, Prädikationen, die in dem Roman über Ehrl-König gemacht werden, einfach wie Erbsen zu zählen. Die Schwierigkeit geht auf die Komplexität textgrammatischer Strukturen zurück und ist deshalb prinzipieller Natur. Trotzdem haben sich Linguisten im Rahmen von sog. Präpositionsanalysen (Aussagen-Analysen) immer wieder mit der Identifizierung, Zählung und Charakterisierung von Prädikationen befaßt, um sich einen Überblick über die in einem Text enthaltenen Aussagen zu verschaffen. Das mag auch in bezug auf den Walser-Roman angehen: Meine Liste von ›hervorstechenden‹ Prädikationen über Ehrl-König enthält 65 ›Fälle‹. Davon mögen ca. 10 bis 15 % so interpretierbar sein, daß man sie mit tradierten Klischees über Juden in Verbindung bringt, wohlgemerkt nicht mehr als interpretatorisch ›in Verbindung bringt‹. Weit über 50 % der Fälle haben einen ganz anderen prädikativen Gegenstand, nämlich die mediale Präsentation von Literatur und Literaturkritik. Diese Verteilung deutet auf das zentrale Thema des Romans, nämlich die Medienmacht (repräsentiert durch Ehrl-König) und: wie die Präsentation von Literatur in den Medien die literarischen Werke und deren Produzenten deformiert.

Schirrmacher und Reemtsma haben sich – geleitet von der durch den Romantext nicht legitimierten Vorgefaßtheit ihres Urteils – einige Zitate aus dem Roman herausgepickt und sie in ihrem Sinne interpretiert, und dies, wie oben gesagt, unter Mißachtung sprachlicher Formen und unter Einsatz des normativen Wörtlichkeitskonzepts. Was liegt näher, als zu vermuten, daß hier Überinterpretationen passieren? Da geht es bei Reemtsma um die Nase (jüdische Nase?) von Ehrl-König. Reemtsma (F.A.Z., 27. Juni 2002): «...die ›so kräftige wie feine Nase‹. Kräftige Nase muß sein, aber wieso soll das eine antisemitische Karikatur sein, höre ich jemanden einwenden, da steht doch ›feine Nase‹? Ebendarum. Weil es auffällt, daß da etwas fehlt am Klischee, fällt es auf. Immer wenn Walser etwas verbergen will, zeigt er es überall herum.« Für Reemtsma und sein Publikum ist klar: hier geht es um ›die‹ jüdische Nase von Ehrl-König. Aber – wie unpassend – Hans Lach, der Schriftsteller und Gegenspieler Ehrl-Königs in Walsers Roman, hat auch so eine Nase:

»Die Kinderaugen wirken bis zur Blödheit erstarrt. Die hervorragende Nase kommt noch am besten weg. Der Trotzmund hat offenbar vor der Photographiersekunde noch etwas gesagt, was ihm nicht geglaubt wird. Das Kinn ist selbst unter dieser Nase zu groß. Alles zusammen ergibt die Brutalplastik einer asiatisch-afrikanischen Naivkunst.« Ist dies nicht das ›eigentliche Bild‹ des Juden? Also: Hans Lach und nicht Ehrl-König?

Solche Erwägungen zur Differenzierung spielen für Reemtsma keine Rolle. Wer einem Autor unterstellt, immer wenn er etwas verbergen wolle, dann zeige er es überall herum, der nimmt sich als Interpret heraus, wirklich alles machen bzw. behaupten zu können, auch das Kontrafaktische. – Walser karikiert an vielen Stellen seines Romans die Aussprache Ehrl-Königs, z. B. in der Wiedergabe eines verbalen Auftritts des Kritikers (in indirekter Rede): »Aber in einer Hinsicht sei jeder, der sich im keritischen Dienst verzehre, in der Nachfolge des Nazareners: der habe gelitten für die Sünden der Menschheit, der Keritiker leide unter den Sünden der Schschscheriftstellerrr«. (Also z.B. Sproßvokale durch hyperkorrekte Aussprache; Betonung und Längung von Reibelauten aus demselben Grund; Zungen-r.) Schirrmacher schreibt dazu an Walser: »Natürlich kann Ihr Kritikerpapst nicht richtig Deutsch. [...] Sie, lieber Martin Walser, wissen, was Sie hier tun. Und wer es literarhistorisch nicht weiß, lese die Parodien des Juden Karl Kraus auf den Juden Alfred Kerr« (F.A.Z., siehe oben).

Nun ist ja bekanntermaßen die Sprache der Juden (vor allem der sog. Ostjuden) seit langem ein Stigmatisierungsinstrument, das auch in Fehden zwischen Literaten eine bedeutende Rolle spielt, worauf Schirrmacher in gelehrter Manier hinweist. Aber das, was Walser hier seinem Ehrl-König als sprachliche Merkmale zuweist, sind Karikaturen der Aussprache Reich-Ranickis, sonst nichts. Die Karikaturen haben keine Basis im Jiddischen. Die Hinweise Schirrmachers sind eine gegen Walser gerichtete Überinterpretation. Die Bemerkung Schirrmachers: »Sie, lieber Martin Walser, wissen, was Sie hier tun« ist eine unkenhafte und drohende Anspielung an die Stigmatisierungsgeschichte der Juden in Deutschland. Die Intention scheint mir klar, nämlich: abzulenken von dem, was Walser in seinem Roman tatsächlich gesagt hat, und der Versuch, Walser in eine antisemitische Ecke zu stellen.

Auch die folgende Bemerkung Schirrmachers interpretiere ich in dieser Richtung: »Die »Herabsetzungslust«, die »Verneinungskraft«, das Repertoire antisemitischer Klischees ist unübersehbar ...«. Herabsetzungslust und Verneinungskraft sind von sich aus keine antisemitischen Klischees. Da muß man schon eine begründende Interpretation aus dem gegebenen Kontext liefern, um diese Prädikationen als antisemitische Klischees zu erweisen. Für die textlinguistische Interpretation ist der funktional wichtigste und naheliegendste Kontext das Thema. Das Thema des Romans – und zwar das nachweisbar durchgehende Thema des ganzen Romans – ist das Verhältnis Schriftsteller – Kritiker. Was liegt hier näher, als die Prädikationen »Herabsetzungslust« und »Verneinungskraft« auf den Kritiker zu beziehen? Jeder Schullehrer müßte Schirrmacher an den Rand schreiben: »Thema verfehlt!«

3. Anmerkungen zum Gegenstand und zur
Form des Romans.

Ruth Klüger schreibt in einem offenen Brief an Walser (*Frankfurter Rundschau* vom 27. Juni 2002): »Wenn ich es richtig lese, so handelt Dein letztes Buch zwar auf erster Ebene von einer Abrechnung mit Korruption und Unterhaltungssucht im deutschen Literaturbetrieb. Aber das ist nicht alles, das wäre zu kurz gegriffen. Das übergreifende Thema, Du sagst es mehrmals, ist Macht und Niederlage, es geht um Sieger und Besiegte. [...] Also nicht nur von Schriftstellern und Kritikern schreibst Du, sondern stellvertretend ist auch das Vaterland, das einstens besiegte, das sich noch immer schämt, miteinbezogen, mitgedacht. Du hast, nicht zum ersten Mal, ein Deutschlandbuch geschrieben. Und da soll es keine Rolle spielen, wenn ein ausländischer oder zurückgekehrter, auf jeden Fall vom Ungeist beseelter, Kritiker ein Jude ist?« – Das ist – was die »erste Ebene« angeht – eine für jeden Leser des Romans nachvollziehbare Charakterisierung des Themas/des Gegenstands des Romans. Was aber ist mit der anderen »Ebene«, dem (hier von Ruth Klüger unterstellt) Mitgedachten? Die Assoziationskette läuft so: Kritiker/Schriftsteller entspricht Macht/Niederlage; es geht um Sieger/Besiegte; Walser hat sich oft mit dem Deutschland der Nachkriegszeit beschäftigt; ein Generalthema Walsers ist: Sieger/Vaterland; zu dem Thema »besiegtes Vaterland« gehört notwendig (selbstverständlich auch für Walser) das Thema »Juden in Deutschland«; es ist wesentlich (für den Roman, in dem Roman), daß der Kritiker Jude ist. Diese Formulierung einer möglichen Assoziationskette ist etwas grobschlächtig. Sie kann aber vielleicht deutlich machen, wie weit der interpretatorische Weg von Walsers Romantext hin zu der Behauptung ist, es gehe in dem Roman wesentlich (oder auch nur peripher) um den Juden (als Kritiker) und um den Antisemitismus. Der Roman ist kein Deutschlandroman, sondern die Selbstreflexion eines Schriftstellers, der von Kritikern bedroht ist. Die Wörter *deutsch* und *Deutschland* kommen in dem Roman thematisch gar nicht vor. Ruth Klüger interpretiert ihn ikonisch, d. h., sie nimmt ihn als ein Bild (vielleicht: Piktogramm, vielleicht auch nur Symptom), das für etwas anderes stehen kann. Der Tod des Kritikers könnte für den Tod des Juden stehen. Wohlgemerkt: Dies ist eine über mehrere Stationen vermittelte Information. Aber: jeder, der Interpretationen vorschlägt, muß sie begründen. Interpretationen sind begründete Lesarten.

Ich schätze die Kritik Ruth Klügers ähnlich ein wie die Kritik Marcel Reich-Ranickis (siehe oben). Es ist nur allzu verständlich, daß eine Jüdin nach der Lektüre des Romans an den »guten alten Risches von 1910« erinnert, »nämlich die gemäßigte Judenverachtung weiter Bevölkerungsschichten aller Klassen, mit der sich (scheinbar) leben ließ«. Ruth Klüger erinnert Walser an dieser Stelle an seine Friedenspreisrede von 1998 in der Frankfurter Paulskirche: » In Deiner Friedenspreisrede hast Du über eine Moralkeule gejammert, mit der Ungenannte Dich und andere Deutsche bedrohten.« Sie sieht den Roman in einer diskursiven Fortsetzung der Friedenspreisrede: als ein Instrument der Anspielung auf den latenten Antisemitismus in der (heutigen) Gesellschaft Deutschlands und dessen Ausnutzung. Diese Sichtweise ist – wie gesagt – politisch-historisch verständlich, sie ist aber textinterpretatorisch nicht zu rechtfertigen, und sie wird einem Textsorten-differenzierenden Autor wie Walser nicht gerecht.

Ich schätze die Friedenspreisrede von Walser aus textlinguistischer Sicht anders ein als den Roman. Der Friedenspreis des Deutschen Buchhandels ist erklärtermaßen ein politischer Preis. Dies heißt, daß alles, was im Zusammenhang mit diesem Preis geäußert und verlautbart wird, eine politische Adressierung hat. Trotzdem hat Walser in Rechtfertigungen für seine Rede darauf bestanden, daß es sich um eine Art Selbstgespräch eines Schriftstellers gehandelt habe (eine *Confessio* im Sinne von Augustinus). Dies ist aus textpragmatischer Sicht problematisch. Die Folge war, daß Walser große Schwierigkeiten hatte, sich gegenüber dem damaligen Vorsitzenden des Zentralrats der Juden in Deutschland, Ignaz Bubis, zu rechtfertigen. Ganz anders verhält es sich textpragmatisch mit dem Roman. Walser hat zu Recht darauf bestanden, daß es sich hier um einen fiktionalen Roman handelt. Das scheint trivial, aber offenbar ist es in unserer politisierten Gesellschaft nötig, auf derartige Trivialitäten hinzuweisen. Ehrl-König ist nach der Textbedeutung eben nicht Reich-Ranicki, sondern der Typ des medienorientierten Kritikers, der aufgrund seiner Medienbesessenheit in Kauf nimmt, Schriftsteller zu ruinieren und die Texte zu verraten – wie man sagen könnte. Walser ist – wie könnte es anders sein? – ein äußerst sprach- und textbewußter Autor, der penibel Wert legt auf eine Abgrenzung dessen, was gesagt wird, von dem, was nicht gesagt (bzw. mitgesagt) wird. Ein kleines Beispiel: 1999 bringt der Berliner *Tagesspiegel* die Nachricht: »Martin Walser ruft die Berliner zu Protesten gegen das Holocaust-Mahnmal auf« (vgl. den Bericht in der F.A.Z. vom 15. Juni 1999). Was war passiert? Walser war in einer eher vertrauten Diskussionsrunde im Treptower Rathaus gefragt worden, was er als Berliner Abgeordneter tun würde, wenn er über das Holocaust-Mahnmal abzustimmen hätte. Walser: »Darauf habe ich geantwortet, daß ich mich, wenn ich darüber abstimmen müßte, so sehr besinnen müßte, wie ich mich noch nie in meinem Leben besinnen mußte.« Die hier wiedergegebene Äußerung ist differenziert: konditional und konjunktivisch; das ist Teil des Inhalts. Walser ist zu Recht empört darüber, was nach dem Muster des Gerüchts aus dem von ihm Gesagten gemacht worden ist. Das Beispiel wirft natürlich auch ein Schlaglicht auf die Umgangsformen der Medien in bezug auf die Textwiedergabe.

Der Gegenstand des Romans ist weder Deutschland noch die Auseinandersetzung mit der Geschichte der Juden in Deutschland und erst recht nicht die Auseinandersetzung mit dem Literaturkritiker Marcel Reich-Ranicki als Juden, vielmehr: die Deformation der Literaturkritik in den Medien. Die Literaturkritik war und ist oft unnachsichtig bis erbarmungslos, zuweilen ist sie für die Autoren existenzbedrohend. Reich-Ranicki schreibt in seinem Essay *Über Literaturkritik* (Stuttgart, München 2002, 2. Aufl., S. 69): »Gern und oft beschuldigt man die Kritiker literarischer Morde.« Das tut auch Walser in seinem Roman; er mordet gewissermaßen zurück: in Romanform – fiktional. In der Art einer rudimentären Kriminalgeschichte wird über das Verschwinden (die vermutete Ermordung) des Star-Kritikers Ehrl-König und über Aufklärungsversuche zu diesem »Mord« berichtet. Die Schriftsteller-Romanfigur Hans Lach war vor dem Verschwinden Ehrl-Königs von dem Star-Kritiker bekanntlich in einer medienwirksamen Inszenierung vernichtend kritisiert worden, und Hans Lach wird nun des Mordes verdächtigt. Alle um die Aufklärung des vermeintlichen Mordes Bemühten gehören irgendwie zur Literatur- bzw.

Kunstszene. Das signalisieren schon ihre Namen. Selbst der Kriminalhauptkommissar Wedekind (!) ist literarisch interessiert und befaßt sich mehr mit Literaturrecherchen als mit einer kriminalistischen Spurensuche im üblichen Sinn.

Der Roman ist eine Art Selbstgespräch der Autors Walser. Die Figuren des Romans sind so etwas wie Personifizierungen von Reflexionselementen, Meinungen und Positionen des Autors zu den Rollen von Schriftstellern und Kritikern in unserer Mediengesellschaft. Walser hat in Stellungnahmen und Interviews zu seinen Werken verschiedentlich die Form des Selbstgesprächs als Deutungsmuster in Anspruch genommen, so z. B. auch für seine Friedenspreisrede von 1998. Im Selbstgespräch – so die These – ist die Sprache kreativ, kommt die Sprache gewissermaßen zu sich selbst. Das Selbstgespräch ist nicht adressiert und unterliegt keinen gesellschaftlichen Normen. Dem steht gegenüber der normative Sprachgebrauch, der z. B. die Fachsprachen und deren Terminologie bestimmt, ebenso die Sprache der Politik und eben auch die mediendominierte Sprache. Walser spricht hier von dem »Vokabular«: »Vokabulare sind adressierte Sprachen« (*Die Zeit* vom 16. Januar 2003). Alle Political-Correctness-Urteile gehören in diese Kategorie; Walser redet von einer »Correctness-Diktatur« (*stern* 1/2003). Vokabulare (in Walsers Sinn) neigen zum Universalismus, insofern sie ihren Sprachgebrauch und damit ihre Bedeutungen und Interpretationen möglichst weit (möglichst universell) verbreiten und durchsetzen möchten. Literaturkritiker fallen in die Kategorie der Vokabular-Advokaten; sie sind Entscheider, Kritiker von »Amts wegen«, so wie Juristen Entscheider von Rechts wegen sind. Diese Auffassung der Literaturkritik hat Reich-Ranicki nicht nur in der Fernsehserie *Das Literarische Quartett* vertreten, sondern auch in seinem Essay *Über Literaturkritik*. Walsers Schriftsteller-Figur in dem Roman, Hans Lach, steht für die Gegenposition; er wird als »antiuniversalistisch« charakterisiert.

Wenn man das Thema des Romans ernst nimmt, dann werden auch einige seiner inhaltlichen und strukturellen Eigentümlichkeiten erklärbar: 1. Die Figuren des Romans sind keine ›prallen‹ und ›ausgebauten‹ Romanfiguren, sondern eher Reflexionsträger, eben Produkte der Selbstreflexion des Autors. Dies wurde von Kritikern wie Schirrmacher und Reemtsma als Schwäche gesehen. – 2. Daß sich der von Walser eingeführte Erzähler in dem Roman, Michael Landolf, am Ende als identisch mit Hans Lach entpuppt, muß den Leser letztlich nicht verwundern. Das ist eine der Konsequenzen aus dem Selbstgesprächsmuster, in das der Autor seine Figuren eingebunden hat. – 3. Der Leser/die Leserin wird an vielen Stellen des Romans immer wieder zu dem Selbstgesprächsmuster hingeführt, und zwar durch sprachliche und textlich-inhaltliche Verfahren. Z.B.: In wörtlicher Rede werden Äußerungen des Kriminalhauptkommissars Wedekind wiedergegeben; dann geht die Redewiedergabe unvermittelt in indirekte oder Recte-Rede des Erzählers oder gar des Autors über; d.h. Hans Lachs oder gar Walsers Meinungen schalten sich ein. Die sprachlichen Markierungen der Redezuordnung verfließen; eine Selbstreflexion des Autors setzt sich durch und überträgt sich auf den Leser/die Leserin.

4. Fazit.

Aufgrund des Inhalts und der Form des Romans ist nicht zu erkennen, wie er als antisemitisch angesehen werden kann. Thema des Romans sind die Rollen von Schriftsteller und Kritiker in unserer Mediengesellschaft. Dem entsprechen funktional die Figurenkonstruktionen und insbesondere die Figurencharakterisierungen. Die sprachlichen Mittel und Formen sind dem Thema perfekt angepaßt. Die bisherigen Kritiken des Romantexts achten die sprachlichen Inhalte und Formen in der Regel zu wenig und neigen zu einer symptomatischen Rezeption, d. h. zu einer Rezeption, die aus Zusammenhängen heraus, die dem Roman eigentlich fremd sind, punktuell auf Einzelphänomene (z. B. Antisemitismusverdacht) zugreift und diese verabsolutiert. Reich-Ranicki schreibt in *Über Literaturkritik* über den Kritiker: »Er sieht also das Buch, das er behandelt, immer in einem bestimmten Zusammenhang. Er wertet es als Symptom.« Diese Auffassung halte ich für sehr kritikwürdig und entgegne: Zuallererst auf die sprachlichen Formen achten!

Prof. Dr. Rainer Wimmer lehrt Linguistik
an der Universität Trier.

HANS REISS

»demonstrieren, was Gerüchte sind ...«
Überlegungen eines Emigranten zu Martin Walsers
Tod eines Kritikers

Als ich im vergangenen Juni von der Attacke der *Frankfurter Allgemeinen Zeitung* auf Martin Walsers *Tod eines Kritikers* und von den darin angeblich inszenierten »antisemitischen Klischees« erfuhr, war ich aufs äußerste betroffen. Martin Walser hat zu einer Zeit, als Kafka in den deutschen Universitäten noch alles andere als ein gängiges Thema war, über den großen jüdischen Autor aus Prag promoviert. Ich schrieb zur selben Zeit ein Buch über Kafka in England, wo er – wie in der amerikanischen Hochschulwelt – kaum arrivierter war als in Deutschland. Ich erinnere mich noch genau an die Vorurteile, das Befremden, das meine Beschäftigung mit diesem Autor bei meinen Kollegen auslöste, und ich kann mir gut vorstellen, daß Walser mit jenen Vorurteilen an einer deutschen Hochschule noch weit mehr zu kämpfen hatte. Dieser Walser also, ein Pionier der Kafka-Forschung, zudem Augenzeuge der Auschwitz-Prozesse, dessen Essays *Unser Auschwitz* (1965) und *Auschwitz und kein Ende* (1979) zu den eindringlichsten Auseinandersetzungen mit der Massenvernichtung der Juden von seiten deutscher Schriftsteller gehören und der vor gut zehn Jahren die Tagebücher Victor Klemperers für uns entdeckt hat, sollte zum Antisemiten geworden sein? Dieser Vorwurf ist ihm schon 1998 anläßlich seiner Friedenspreis-Rede in der Frankfurter Paulskirche gemacht worden, in der er sich gegen die »Instrumentalisierung« des Holocaust wandte. Als ich – zufällig gerade in Deutschland – diese Rede am Fernsehen sah und hörte, fand ich sie im Grundsätzlichen nicht bedenklich. Ich teilte Walsers Befürchtung, daß der Holocaust zur Schablone werden und damit gerade wahre Erinnerung verhindern könnte. Der offene Brief von Frank Schirrmacher an Martin Walser über den *Tod eines Kritikers* in der F.A.Z. vom 29. Mai, der Artikel von Marcel Reich-Ranicki vom 6. Juni und die Rezension von Jan Philipp Reemtsma vom 27. Juni dortselbst, schließlich Reich-Ranickis Rede in der Münchener Universität anläßlich seiner Ehrenpromotion (abgedruckt am 12. Juli in der F.A.Z.) erlaubten indessen keinen Zweifel daran, daß im *Tod eines Kritikers* auf verwerfliche Weise mit antisemitischen Stereotypen gespielt werde – ein in Deutschland für einen Autor geradezu vernichtender Vorwurf. Äußerungen mit anderer Tendenz waren in der F.A.Z. nicht zu lesen. Also mußte ich, solange der Roman noch nicht zugänglich war, der (zumindest aus der Sicht eines in England lebenden Hochschullehrers) repräsentativen deutschen Tageszeitung wohl oder übel Glauben schenken. Begreiflicherweise ist für mich, dessen Vater Jude, der selber zur Emigration gezwungen war, jegliche antisemitische Äußerung ganz unerträglich, und mit einem Schriftsteller, der mit antisemitischen Klischees zündelt, die meiner Familie und mir so viel Leid zugefügt haben, möchte ich nicht das Geringste mehr zu schaffen haben. Um das plausibel zu machen, erlaube ich mir einige biographische Vorbemerkungen.

Meines Vaters Mutter, eine geborene Oppenheimer, stammte aus einer Familie, die bis zu dem berühmten

Rabbi Löw von Prag zurückgeht. Mein Großvater väterlicherseits war vor 1914 eine Zeitlang Präsident der reformierten jüdischen Gemeinde in Mannheim, meiner Heimatstadt. 1933 war ich zwar erst zehn Jahre alt, aber ich erinnere mich noch genau an die Reaktion meiner Eltern auf das verhängnisvolle Ereignis der Ernennung Hitlers zum Reichskanzler. Mein Vater glaubte wie die meisten Juden nicht, daß Hitler viel ausrichten könne, da nur eine Minderheit von Nationalsozialisten dem Kabinett angehörte. Er täuschte sich, wie er bald einsehen mußte. Am eigenen Leibe spürten wir, wie in langsamen Schüben das Unheil an die Juden herankroch. Ich selbst mußte das Dritte Reich etwas mehr als sechseinhalb Jahre lang in Deutschland ertragen. Je älter ich wurde, desto beengender wurde auch für mich die in den anderthalb Jahren vor Kriegsbeginn bedrückend zunehmende Diskriminierung der Juden. 1938 mußte die Firma meines Vaters, die größte Druckerei Südwestdeutschlands, ›arisiert‹ werden. Für meinen Vater war dies ein furchtbarer Schlag. Seine Lebensarbeit – von siebenundvierzig Jahren – war dahin. Ein gebrochener Mann. Es war sehr schwierig, die Firma zu verkaufen und dadurch einer Zwangsliquidation durch die Nationalsozialisten zu entgehen. Glücklicherweise fand mein Vater schließlich einen Käufer, der sehr froh war, meinen Vater noch weiter als Berater beschäftigen zu dürfen. Als sechzehnjähriger Schüler mußte ich dann erleben, wie am Tag nach der Kristallnacht unsere Wohnung von Unholden, denen vor Wut der Schaum am Munde stand und die wie der Abschaum der Menschheit aussahen, völlig demoliert wurde. Mein Vater wurde von einer durch die offenen Türen zweier Zimmer geschleuderten großen, antiken Uhr um ein Haar schwer verletzt. Wir beide, mein Vater und ich, wurden gleichwohl von einem SA-Mann zur nächsten Polizeiwache abgeführt. Meine ›arische‹ (dieses grausige Wort muß leider in diesem Kontext verwendet werden) Mutter war an diesem Tag zufällig verreist. Auf der Polizeiwache wurde mein Vater, der in unserer Mannheimer Wohngegend seiner großzügigen Spenden wegen sehr geachtet und als ein ehrenwerter Mann angesehen wurde, von dem diensthabenden Polizeiwachtmeister beiseite genommen. Dieser drückte ihm sein Entsetzen ob der Untaten aus und sagte ihm, leider sei er machtlos, da die Polizei strikte Anweisungen erhalten habe, an diesem Tag nicht gegen die Randalierer einzugreifen. Er fragte ihn aber, ob er etwas für ihn tun könne. Mein Vater vertraute ihm ein paar wichtige Dokumente an, dann wurde er mit anderen Juden zum Bahnhof abgeführt. Mir wurde von einem SA-Mann befohlen, wegzulaufen, was ich schnellstens tat. Da unsere Wohnung von einem anderen SA-Mann bewacht und mir und unserem Dienstmädchen der Zutritt verboten war, eilte ich in die nahegelegene ehemalige Firma meines Vaters, in der er ja noch als Berater gewirkt hatte. Die einstigen Sekretärinnen meines Vaters, die alle sehr bestürzt waren, gestatteten mir, meine Muter anzurufen, damit ich ihr von dem Unheil Mitteilung machen konnte. Dann suchte ich Zuflucht im Hause meines besten Schulfreundes, dem Sohn eines ›arischen‹ Bäckermeisters. Dessen Eltern, die über die Verwüstung unserer Wohnung und die Verhaftung meines Vaters empört waren, gewährten mir gerne Unterschlupf. Ich lebte in der Angst, meinen damals 63 Jahre alten Vater nie wieder zu sehen. Glücklicherweise brachte mir sein einstiger Chauffeur am nächsten Tag die Nachricht, daß er wieder in unserer Wohnung sei. Er hatte mit fast sämtlichen Mannheimer Juden im Zug nach Karlsruhe fahren müssen, wo er wie alle anderen, die älter als 60 waren, wieder freigelassen wurde. Da noch ein Abteil in dem Zug, der die andern Juden nach Dachau brachte, leer war, wurden jedoch noch schnell acht Sechzigjährige ausgemustert, in das Abteil gepfropft und mit dem Zug abtransportiert. Das blieb meinem Vater erspart. Dieser grausige Tag hat ein tiefes Trauma in meiner Seele hinterlassen, das mich noch Jahrzehnte lang verfolgte. Weder meine Eltern noch ich wünschten, daß ich in einem Lande, in dem so Fürchterliches geschehen konnte, bleiben sollte.

Da wir keine reichen Verwandten oder Freunde im Ausland hatten, wußten wir zunächst nicht, wie ich das Land, in dem das Unrecht herrschte, verlassen konnte, um meine Ausbildung fortzusetzen. Fortuna war mir hold. Es gelang meiner evangelischen Mutter, den Rat und die Hilfe des Heidelberger lutherischen Pastors Hermann Maas zu erlangen. Dieser war ein wirklich bedeutender Mensch: ein überzeugter Gegner des NS-Regimes, der sich mit allen Kräften für die verfolgten Juden einsetzte. Er stand in Verbindung zu einem Komitee in Irland, das sich christlicher Kinder jüdischer oder halbjüdischer Herkunft annahm, um ihnen den Schulabschluß zu ermöglichen. So konnte ich am 22. August, also sozusagen fast in letzter Minute, nach Irland auswandern und wurde in einer kirchlichen Internatsschule untergebracht. Nach meinem Schulabschluß – inzwischen war der Krieg ausgebrochen – studierte ich an der Universität von Dublin (Trinity College) deutsche und französische Sprache und Literatur. Ich brachte es schließlich bis zum Lehrstuhlinhaber für Germanistik an der Universität Bristol, wo ich bis zu meiner Emeritierung im Jahre 1988 lehrte. Seit 1995 bin ich Senior Research Fellow dieser Universität.

Meine Eltern konnte ich erst nach mehr als sieben Jahren wiedersehen. Weil mein Vater in einer »Mischehe« lebte, entging er dem Schicksal, wie die anderen Badener Juden, darunter auch nahe Verwandte und Freunde, nach Gurs, einem Lager in der Nähe der Pyrenäen deportiert zu werden. Einige kamen dort um; eine Schwägerin meines Vaters wurde, da sie anders als ihr Mann, der Bruder meines Vaters, noch nicht sechzig Jahre alt war, nach Auschwitz deportiert und dort vergast. Eine Schwester meines Vaters überlebte mit ihrem jüngeren Sohn und dessen Familie das Lager Bergen-Belsen, wohin sie von Amsterdam, ihrem Wohnort, deportiert worden waren. Ihr Mann wie auch ein Vetter meines Vaters und dessen Frau kamen dort um. Noch im März 1945 wurde meines Vaters Schwester dann mit ihrem Sohn, dessen Frau und kleiner Tochter aufgrund einer Anordnung des Reichshauptsicherheitsamtes gen Osten abtransportiert. Ob dieser Zug nach Auschwitz, das schon in russischen Händen war, oder Theresienstadt fahren sollte, wurde ihnen nie mitgeteilt. Zu Skeletten abgemagert, wurden sie von den Russen befreit, in einem Dorf einquartiert, bevor sie nach Holland zurückkehren konnten. Ein anderer Neffe meines Vaters war schon 1941 aus Holland in das Lager Mauthausen bei Linz transportiert worden, wo er bald darauf ermordet wurde.

Meine Eltern blieben in Deutschland – in Angst und Schrecken. Meiner einfallsreichen Mutter war es trotz meines Auslandsaufenthaltes gelungen, meinen Vater unter Berufung auf meine Zugehörigkeit zur evangelischen Konfession als privilegiert einstufen zu lassen. Trotzdem entging er nur durch das schauspielerische Talent meiner Mutter am Ende der Ermordung durch die Gestapo. Vierzehn Tage vor der Befreiung durch die Amerikaner wurde mein Vater zur Gestapo bestellt. Er versteckte sich bei einer ›arischen‹ Bekannten. Meine Mutter, die vor ihrer Heirat Schauspielerin gewesen war und an mehreren Theatern, z. B. in Basel und Mannheim, als Tragödin Hauptrollen in den großen Dramen der deutschen Literatur, besonders in den Dramen Lessings, Goethes, Schillers und Grillparzers – ihre Lieblingsrolle war Iphigenie in Goethes *Iphigenie auf Tauris* –, gespielt hatte, täuschte die Gestapo, indem sie täglich in deren Amt ging und behauptete, ihren Mann schon dorthin begleitet zu haben. Als die Gestapo ihr begreiflicherweise sagte, mein Vater sei nie dort angekommen, brach sie jedesmal in Tränen aus und klagte, man wolle ihr vorenthalten, daß ihr Mann tot sei. Diese Komödie spielte sie vierzehn Tage lang. Das war sehr gewagt; denn hätte die Gestapo meinen Vater gefunden, wäre sie mit Sicherheit erschossen worden.

Warum erzähle ich das alles? Ich wollte durch meine Biographie verdeutlichen, daß ich am eigenen Leibe erfahren habe, was Antisemitismus ist, und daß ich für die leisesten Anzeichen desselben – auch und gerade in der Literatur – sehr hellhörig, übersensibilisiert bin. Und mit dieser Sensibilität habe ich Martin Walsers *Tod eines Kritikers* gelesen. Um es gleich vorwegzunehmen: ich habe in diesem Roman keine Spuren von Antisemitismus entdeckt. Und er ist zu vielschichtig, um als bloßes Skandalwerk eingestuft zu werden. Von der Presse wurden die Scheinwerfer vor allem auf den Kritiker André Ehrl-König gelenkt, der angeblich mit Marcel Reich-Ranicki identisch ist. Da dieser Jude ist und auch der Kritiker im Roman Jude zu sein scheint, wurde Ehrl-König als antisemitische Karikatur Reich-Ranickis aufgefaßt, auch von ihm selber. Doch diese Auffassung hat nur Gültigkeit, wenn man diese Identität annimmt und den Roman als Schlüsselroman deutet.

Das Aufspüren von wirklichen Modellen für Romangestalten ist verführerisch und hat auch die Literaturwissenschaft oft genug irregeführt. Eine der besten Polemiken gegen diese Art von Spurensuche ist nach wie vor Thomas Manns Essay *Bilse und ich* (1906), in dem er seinen Umgang mit der vorliterarischen Wirklichkeit in den *Buddenbrooks* von dem reportagehaften Verfahren des sehr mäßigen Schlüsselromans *Aus einer kleinen Garnison* von Fritz Oswald Bilse abgrenzt. Die Gestalten seines ersten großen Romans seien nicht Abbilder von Lübecker Personen, sondern sie seien ›beseelt‹, d.h. jenem »dichterischen Vorgang« unterworfen worden, »den man die *subjektive Vertiefung* des Abbildes einer Wirklichkeit nennen kann«. Auch sei »bekannt, daß jeder echte Dichter sich bis zu einem gewissen Grade mit seinen Geschöpfen identifiziert. Alle Gestalten einer Dichtung, mögen sie noch so feindlich gegeneinander gestellt sein, sind Emanationen des dichtenden Ich«. Ähnlich hat sich auch Martin Walser immer wieder geäußert. Er sagte, ein Schriftsteller müsse alle Gestalten seines Werkes, auch die unsympathischen, gewissermaßen lieben. Selbst wenn er auf wirkliche Modelle zurückgreife – die Dichtung habe ihre eigenen Gesetze und ihre eigene Dynamik. Eine Gestalt ändert sich immer wieder im Prozeß des Schreibens, ist also auch niemals auf eine von vornherein bestehende Identität einer fiktiven mit einer realen Person festgelegt. Das hat Walser gerade in bezug auf den Entstehungsprozeß seines *Todes eines Kritikers* betont.

Reich-Ranicki hat Walsers Roman in seiner erwähnten Rede in der Münchner Universität mit Julius Streichers *Stürmer* verglichen, der im Dritten Reich in Kästen öffentlich ausgestellt wurde. Dieser Vergleich hat mich entsetzt, denn ich erinnere mich nur zu gut an diese *Stürmer*-Kästen; auf dem Rückweg von meinem Mannheimer Gymnasium mußte ich immer an ihnen vorbeigehen, was wahrlich keine Freude war. Wo sollen überhaupt die jüdischen Klischees zu finden sein? Der Sprachfehler und die phonetischen Marotten des Kritikers Ehrl-König haben mit dem Jiddischen nichts gemein, kritische »Herabsetzungslust« und »Verneinungskraft« (Formulierungen im Roman) prägen jeden großen Kritiker. Denken wir nur an Lessing! Gewiß, Ehrl-König ist ein Frauenheld, aber ist er darum auch die *Stürmer*-Karikatur des geilen Juden? Sicherlich gibt es jüdische *hommes à femmes*. Aber die Historie wie auch die Literaturgeschichte kennen die sexuellen Abenteuer von tausenden und abertausenden nicht-jüdischer Männer. Weder Don Juan noch der Graf von Almaviva sind schließlich Juden, noch treten diese als Verführer in englischen Restaurationskomödien auf.

Aber ist Ehrl-König überhaupt Jude? Am Anfang des Romans wird das behauptet und im Laufe des Romans gelegentlich wiederholt. Bei genauerer Lektüre stellt sich indessen heraus, daß fast nichts Genaues über seine Herkunft bekannt ist. Um ihn interessant zu machen und in der Öffentlichkeit wirkungsvoll auftreten zu lassen, hat sein einstiger Freund und Souffleur Rainer Heiner Henkel (RHH) Gerüchte über ihn in die Welt gesetzt, die sich aber wechselseitig in die Quere kommen. Anscheinend war Ehrl-Königs Vater dick, klein und häßlich, hatte große Ohren, aber eine feine Nase und war Bankier in Nancy. Doch es gibt auch häßliche, kleine, dicke Menschen mit großen Ohren, vermutlich sogar häßliche Bankiers, die keine Juden sind. Für bare Münze und als Indiz jüdischer Abstammung wurde von unaufmerksamen Lesern ferner das Gerücht genommen, das RHH absichtlich, »um der Unterhaltung willen« hat »kursieren« lassen: Ehrl-Königs Vater sei ein lothringischer Pferdehändler gewesen. RHH hat auch das Gerücht lanciert, der Vater der »Madame« (Ehrl-König) sei Privatsekretär Marschall Pétains und Geheimdienstchef des Vichy-Regimes gewesen, eine Stellung, die ein Jude oder auch nur jemand, über den Gerüchte kursierten, er sei jüdischer Abstimmung, bekanntlich niemals hätte einnehmen können. Dasselbe gilt für das absurde Gerücht, Ehrl-König selbst habe, um zu überleben, der Sûreté zugearbeitet. Ein Ding der Unmöglichkeit für einen Juden. Andererseits soll er auch zur Résistance gehört haben. Das alles sind Gerüchte, die sich gegenseitig auf die Füße treten und die RHH lanciert hat, um zu »demonstrieren, was Gerüchte sind« und was sie bewirken können. Aber nicht nur RHH ist der »Dirigent der Gerüchte«. Auch Ehrl-König selber streut sie aus und inszeniert sie – etwa diejenigen über seine sexuellen Abenteuer, denn der Kritiker weiß als Medienstar, wie sehr seine Attraktivität durch solche Gerüchte gesteigert wird.

Die Handlung des Romans ist ein einziges Beziehungsgeflecht von Gerüchten. Das gravierendste: Hans Lach habe Ehrl-König als Juden umgebracht, denn er habe den Gästen im Hause des Verlegers Pilgrim das Hitler-Zitat »Ab heute nacht Null Uhr wird zurückgeschlagen« zugerufen. Dies ist zwar keineswegs belegt, wird aber zur Tatsache erklärt. Es entsteht ein »Medienkonstrukt«, wie Dieter Borchmeyer in einem Gespräch mit Helmuth Kiesel und dem Literaturredakteur der *Rhein-Neckar Zeitung* (8. 6. 2002) zutreffend bemerkt. Im Gerüchtekarussell der Medien werden dann alle Zweifel an der keineswegs gesicherten jüdischen Herkunft Ehrl-Königs weggefegt. Vermutungen, ja Erfindungen werden zu Belegen erklärt. Damit nimmt der Roman, wie Dieter Borchmeyer in einem Artikel im *Focus* vom 1. Juli 2002 detailliert beschrieben hat, die Vorgänge seiner eigenen Rezeption schon vorweg.

Anders als die Engländer und Iren – ich glaube dies aufgrund meines langen Lebens in der englischsprachigen Welt beurteilen zu können – haben es die Deutschen immer schwer gehabt, mit Satiren sinnvoll umzugehen. So gibt es in der deutschen Literatur keinen einzigen Satiriker vom Range eines Swift. Wie wirkungsvoll wäre es gewesen, wenn Reich-Ranicki und die F.A.Z. auf den *Tod eines Kritikers* so reagiert hätten wie Wieland auf die gegen ihn gerichtete satirische Farce *Götter, Helden und Wieland* (1774). Wieland empfahl nämlich seinem Lesepublikum in dem von ihm herausgegebenen *Teutschen Merkur* »diese kleine Schrift allen Liebhabern der pasquinischen Manier als ein Meisterstück von Persiflage und sophistischem Witze, der sich aus allen möglichen Standpunkten denjenigen auswählt, aus dem ihm der Gegenstand schief vorkommen muß und sich dann recht herzlich darüber lustig macht, daß das Ding so schief ist!« Wieland besaß eine Souveränität, die im Medienliteraturbetrieb der Gegenwart anscheinend verlorengegangen ist. So gewann Wieland die Schlacht. Dem Bericht von Johanna Fahlmer nach mußte Goethe zugeben, daß Wieland es nicht hätte »besser machen können«. Er »gewinnt viel bei dem Publikum dadurch, und ich verliere«. Die kluge Reaktion Wielands führte dann zu der langen Freundschaft zwischen ihm und Goethe, als dieser bald darauf nach Weimar kam.

Wielands Reaktion auf Goethes Farce könnte ein Vorbild für alle Opfer von Satiren sein, das sicherlich nicht leicht nachzuahmen ist. Daß zumal ein Mensch, der im Dritten Reich ein so schweres Schicksal wie Reich-Ranicki erleiden mußte, das er so eindrucksvoll in seiner Autobiographie geschildert hat, auf eine auch gegen ihn zielende Satire besonders empfindlich und aufbrodelnd reagiert, ist begreiflich. Sein Urteil ist von verzeihlicher Befangenheit, doch gerade deshalb muß man ihm nicht folgen. Von Mordphantasien, wie Reich-Ranicki behauptet hat, kann bei diesem Roman nicht geredet werden, wird der Mord an dem Kritiker doch nur aufgrund fragwürdiger Indizien vermutet. Die Hauptperson des Romans ist zudem nicht der Kritiker, auch wenn der Titel das suggeriert. Das Hauptthema ist die seelische Verlassenheit des Schriftstellers Hans Lach. Er fühlt sich von der Welt abgeschnitten, einer Welt, die von den Medien dominiert wird. Schließlich entpuppt sich ja auch der Mord an dem Kritiker als Medienerfindung. Und dieser Kritiker ist eine Gestalt, die nur durch die Medienwelt ihre Existenzberechtigung erhält. Als Mediengott kann er sich erlauben, von donnernden Worten begleitete Blitze auf die Literatur herabzuschleudern und zu dekretieren, ob Autoren »gute« oder »schlechte« Bücher geschrieben haben. Er wirkt als der oberste Richter, gegen dessen Urteile keine Berufung möglich ist. Ein Zeus der Moderne. So wird gegen Ende des Romans eine an Aldous Huxleys *Brave New World* gemahnende phantastische ultramoderne Welt beschworen, in der Kritiker wichtiger sind als Dichter; sie entscheiden, was Dichtung ist, Dichter sind Sklaven, die den Kritikern erlauben, sich ihres allmächtigen Daseins zu erfreuen. Das Wort von Günter Grass, daß es ohne Literatur keine Kritik gebe, wird in dieser negativ-utopischen Vision auf den Kopf gestellt: ohne Kritik keine Literatur. Der ganze heutige Literaturbetrieb wird also von Walser aufs Korn genommen, wie der in Cambridge wirkende Literaturhistoriker David Midgley, der ebenfalls entschieden leugnet, daß im *Tod eines Kritikers* antisemitische Spuren zu finden seien, in einer Rezension der *London Review of Books* vom 8. August 2002 zu Recht ausdrücklich betont. Denn nur aufgrund der Medien, vor allem des Fernsehens konnte Ehrl-König so beispiellose Macht erlangen. Weil sich der Großkritiker selbst wie Zeus aufführt und die ihm aus Bewunderung und Untertänigkeit zujubelnden Gäste des Verlegers Ludwig Pilgrim sich wie kleinere Götter aufspielen, zitiert Hans Lach die ersten zehn Verse aus Goethes Prometheus-Hymne, deren erste zwei Zeilen schon alles besagen: »Ich kenne nichts Ärmeres / Unter der Sonne als Euch, Götter!«

Das Fernsehen ist zu einer allgewaltigen Macht geworden. Der Einfluß von Personen des öffentlichen Lebens hängt immer mehr von ihrer Ausstrahlung am Bildschirm ab, welche die wahre Persönlichkeit verzerrt, ja verbirgt. Die Maxime von Descartes: »Cogito, ergo sum« ist durch »televideor, ergo sum« ersetzt worden. »Ich erscheine am Fernsehen, daher existiere ich!« Dagegen richten sich Kritik und Satire Martin Walsers in seinem *Tod eines Kritikers*. Darauf hätte sich die Aufmerksamkeit der Kritiker richten sollen, anstatt aus den in diesem Roman entfalteten Medienkonstrukten unangemessene Folgerungen zu ziehen und Walser antisemitische Klischees zu unterstellen – bis hin zu der Hypothese, die Bemerkung von Ehrl-Königs Frau, ihr Mann sei jemand, der nicht umgebracht werden könne, sei eine Anspielung auf den ›ewigen Juden‹. Wer so argumentiert, erliegt ungewollt selbst rassistischen Präjudizien. Wer sich ständig auf antisemitische Spurensuche macht, gerät leicht in die

Gefahr, Opfer eben des Vorurteils zu werden, das er verfolgt. Wer sucht, der findet – oder glaubt zu finden. Der Antisemitismus wird nicht erst dann gebannt sein, wenn seine Klischees nicht mehr angewandt werden, sondern wenn sie anderen auch nicht mehr ohne stringenten Nachweis unterstellt werden.

Prof. Dr. Hans Reiss ist Emeritus für deutsche Literatur an der Universität Bristol, Großbritannien.

HUANG LIAOYU

In den Drei Schluchten des Yangtse
Flußfahrt mit Martin Walsers Kritikerroman
Marginalien seines chinesischen Übersetzers

Das Frühlingsfest nahte. Obwohl nach dem chinesischen Mondkalender das Jahr des Schafes erst am 1. Februar 2003 christlicher Zeitrechnung beginnt und bis dahin noch – wir schreiben den 22. Januar 2003 christlicher Zeitrechnung – zehn Tage verblieben, wurden Hunderte der Millionen Chinesen von gleichsam programmiertem Heimweh befallen und reisten Richtung Heimat. Trotz drastischer Modernisierungsprozesse ziehen es immer noch 99 von 100 Chinesen vor, das Neujahrsfest, das Fest aller Feste im Reich der Mitte, inmitten der Großfamilie zu feiern. Menschenströme bildeten sich wieder einmal an Häfen und Flughäfen, an Bahnhöfen und Bushaltestellen. Zu diesen Menschenströmen trug auch meine dreiköpfige Plan-Kleinfamilie (Mann, Frau, Kind) bei. Wir, die wir jeweils in der Hauptstadt lehren, Außenhandel treiben und die Schule besuchen, hatten uns eine beinahe dreitausend Kilometer lange Reise vorgenommen, um den Boden unserer Heimatprovinz zu betreten. Wir kommen nämlich aus Sichuan, jener Provinz in Südwestchina, die mit ihren circa 480 000 Quadratkilometern größer und ihren etwa 83 Millionen Einwohnern bevölkerungsreicher ist als Deutschland, deren pikante Küche weltweit Liebhaber gefunden hat und deren Einwohner mehr durch geistige als durch Körpergröße ausgezeichnet sind. Der markanteste Beweis dafür ist der ca. 1,60 m große Deng Xiaoping, der »Konstrukteur der Reformen Chinas«, vor dem sich reich gewordene Chinesen tief verneigen. Moralisch und literarisch Interessierte sollten überdies wissen, daß mit diesem guten Menschen von – hier buchstabieren wir ganz wie Brecht – Sezuan eine neue Ära in China heraufgezogen ist, in der das Problem eines anderen guten Menschen von Sezuan neue Aktualität gewinnt. Shen Tes Frage an die drei Götter erscheint mir deshalb so wichtig und so aktuell, weil wir heute mit eigenen Augen sehen, daß sich die Sünden des Geldes fast so schnell vermehren wie dieses Geld selber und daß einem der »Manchester-Kapitalismus«, den die marxistischen Klassiker so scharf kritisiert haben, auf Schritt und Tritt begegnet. Da wäre es wohl wünschenswert, den *Guten Menschen von Sezuan* in möglichst vielen Städten aufzuführen, damit immer mehr Chinesen vor die Frage gestellt werden: Wie kann man ein Wirtschaftswunder schaffen, ohne die Moral zu verderben?

Mitte Januar 2003 machte ich mich mit meiner Frau und meiner Tochter also auf den Weg nach Sichuan. Anstatt direkt nach Chengdu, der Hauptstadt der Provinz, zu fliegen, die nordöstlich und über zweihundert Kilometer weit entfernt von unserer Heimatstadt Zigong liegt, flogen wir diesmal nach Yichang am Yangtse, um mit dem Schiff tausend Kilometer lang stromaufwärts nach Chongqing zu reisen, von wo aus wir nun zweihundertfünfzig Kilometer in Richtung Zigong fuhren. Wirft man einen Blick auf die Landkarte Chinas, sieht man, daß unsere Reiseroute ungewöhnlich war, machten wir doch einen Umweg durch die berühmten Drei Schluchten des Yangtse. Ja, wir verbanden tatsächlich unsere Heimkehr mit einem großen Ausflug durch jene urtümliche Landschaft, die dem umstrittenen Drei-Schluchten-Staudamm-Projekt zum Opfer fallen soll. Eine Reise zum Abschied von einem Naturwunder und zur Begrüßung eines gewaltigen Menschenwerks: des entstehenden weltgrößten Wasserbauwerks.

Überwältigt von der Besichtigung der imposanten Baustelle gingen wir wieder an Bord und setzten unsere Reise in die malerischen Drei Schluchten fort. Da wich die Faszination durch das Menschenwerk alsbald wieder der Naturbegeisterung, und wehmütig blickten wir in die Zukunft: ab 2009 wird der Yangtse nicht mehr so stürmisch fließen, werden die Berge und Felswände nicht mehr so hoch sein. Doch der Mensch soll ja, so sagt ein großer deutscher Schriftsteller, von dem wir noch mehr hören werden, dem Tod keine Herrschaft einräumen über seine Gedanken. Kehren wir zurück in die Gegenwart!

Fröhlich und beschaulich saßen, standen oder promenierten wir Reisenden auf dem Deck des fahrenden Schiffs. Ich, der ich vom winterlich kalten, kahlen und trockenen Norden kam, genoß es jetzt, hinunter auf den reißenden Strom und zu den grünen Bergen hinaufzuschauen. Und mir kamen mit einem Male Goethes *Chinesisch-deutsche Jahres- und Tageszeiten* in den Sinn:

> Sag, was könnt uns Mandarinen,
> Satt zu herrschen, müd zu dienen,
> Sag, was könnt uns übrigbleiben,
> Als in solchen Frühlingstagen
> Uns des Nordens zu entschlagen
> Und am Wasser und im Grünen
> Fröhlich trinken, geistig schreiben,
> Schal auf Schale, Zug in Zügen?

Chinesisch-deutsche Jahres- und Tageszeiten! Mit Schrecken fiel mir ein, daß auf mich tatsächlich eine chinesisch-deutsche Aufgabe wartete: die bevorstehende Übersetzung von Martin Walsers Roman *Tod eines Kritikers*, dessen einläßliche Lektüre ich mir für meine drei Tage und drei Nächte dauernde Schiffsreise vorgenommen hatte und über den ich auch noch etwas schreiben wollte: Flußfahrt mit Martin Walser – frei nach Thomas Manns *Meerfahrt mit Don Quijote*. So verließ ich, meinen Lieben zerstreut zulächelnd, das helle, laute Deck und ging hinunter in die ruhige und künstlich beleuchtete Kabine. Ich setzte mich vor den Schreibtisch, schaltete meinen Laptop ein und begann zu arbeiten. Schnell war die Überschrift gefunden. Danach rang ich aber, obwohl es an meiner Wange keine Flaumhärchen zum Anfassen und zum Drehen gab, ungefähr so wie Detlev Spinell nach Worten. Nach mancher *Schweren Stunde* auf dem schwankenden Schiff hatte ich mir schließlich folgenden Versuch abgerungen:

Marginalien eines Übersetzers zu Martin Walsers
Tod eines Kritikers

Einen deutschen Gegenwartsroman mit satirischen Zügen ins Chinesische zu übersetzen, wie es gerade meine Aufgabe ist, scheint ein heikles Unterfangen, denn die literarische Öffentlichkeit in China ist mit den Hintergründen, auf welche sich die Satire bezieht, natürlich nicht vertraut. Es läßt sich nicht verkennen, daß hinter der fiktiven Gestalt des Kritikers Ehrl-König der wirkliche Marcel Reich-Ranicki steht. Der mächtigste deutsche Literaturkritiker, der heimlich ersehnte Verreißer, dessen Verrisse einem helfen sollten, das Bürgerrecht im Reiche der Literatur zu erlangen; der (Alp-)Traum-Mann im wortwörtlichen Sinne, dem man nachsagt, daß es keinen westdeutschen Autor gebe, der nicht wenigstens einmal von ihm geträumt habe – dieser Reich-Ranicki ist in China leider so gut wie unbekannt. In unserer Literaturszene würde man auch vergebens nach einer mit ihm vergleichbaren Kritikerpersönlichkeit suchen. Das heißt, dem chinesischen Leser wird der *Tod eines Kritikers* weder Freude des Wiedererkennens bereiten noch ihn in eine emotionsgeladene Kontroverse verwickeln. Daß dieser Roman in der chinesischen literarischen Öffentlichkeit trotzdem auf Resonanz stoßen wird, ist abzusehen, zumal die Gestalt des Kritikers Ehrl-König nicht vornehmlich, nicht ausschließlich dazu dient, die reale Person des Kritikers Reich-Ranicki zu konterfeien bzw. zu karikieren. Wichtiger ist doch die Tatsache, daß André Ehrl-König paradigmatisch für den Kritiker in der heutigen Medienwelt steht. Auch in China ist die Beziehung zwischen Medien und Literatur ein höchst aktuelles Thema. Deshalb wird es dem chinesischen Leser nicht allzu schwer fallen, den *Tod eines Kritikers* zu verstehen, auch wenn das Modell dieses Kritikers in China kaum jemandem bekannt ist.

Schwerer verständlich ist für uns Auslandsgermanisten hingegen, daß Walsers Kritiker-Roman angeblich solche moralische Entrüstung in Deutschland ausgelöst hat. Vor allem die Vorwürfe des Antisemitismus und der Verunglimpfung von Reich-Ranicki sind uns kaum begreiflich. Unser Interesse an deutscher Literatur ist nicht zuletzt von Neugier geprägt. Wir wollen vor allem erfahren, was uns fremd ist. Wir möchten natürlich unsere Bildungslücken bezüglich des geistigen Gastlandes schließen. Unser Wissenshunger führt nicht selten zum Pragmatismus beim Lesen: je enzyklopädischer, je alexandrischer ein Roman geschrieben ist, desto begehrenswerter erscheint er uns, desto neugieriger sind wir, ihn zu lesen. Romane à la *Zauberberg* oder *Doktor Faustus*, die dem Gerücht nach als Dichtungen durch ein alptraumhaftes Übermaß an Philosophie erdrückt werden, lesen wir Auslandsgermanisten mit um so größerem Wissensdurst.

Neugier hat mich auch dem *Tod eines Kritikers* in die Arme getrieben. Ich habe sofort zu Walsers Buch gegriffen, als ich hörte, er jongliere in seinem Kritiker-Roman mit dem »Repertoire antisemitischer Klischees«. Da wir Chinesen seit Ewigkeiten gottlos und so weit entfernt vom europäischen Kontinent leben und denken, sind die Aversionen der Christen gegen die Juden und der daraus entstehende Antisemitismus buchstäblich böhmische Dörfer für uns. Ich dachte mir also, ich könnte von der Kritikergestalt im *Tod eines Kritikers* mindestens ebensoviel lernen wie von Leo Naphta oder Saul Fitelberg – wenn Walser wirklich beabsichtigte, den Prototyp des jüdischen Kritikers zu beschwören, der etwa an Börne und Heine, Kerr und Kraus erinnert und ja auch ein Lieblingsthema von Reich-Ranicki ist.

Mit dieser großen Erwartung habe ich Walsers Buch aufgeschlagen, mit großer Enttäuschung habe ich es wieder zugeklappt: mein neugieriger Wunsch, ein literarisches Spiel mit dem »Repertoire antisemitischer Klischees« verfolgen zu können, ist nicht in Erfüllung gegangen. Offenbar hat Walser gar nicht daran gedacht, den Starkritiker im Zusammenhang mit seiner jüdischen Herkunft zu betrachten. Das Judentum ist weder konstitutiv für Ehrl-Königs Riesenerfolg noch für dessen vermeintliche Ermordung; es ist höchstens ein Randthema des Romans. Deshalb wundert es mich nicht wenig, daß es in Deutschland Leser gibt, die sich festbeißen an Geringfügkeiten wie Hans Lachs – nicht einmal verbürgtem – Racheruf (ist das nicht Ironie, wenn sich ein Literat, der sich viel leichter zu scharfen Worten als zu Tätlichkeiten hinreißen läßt, hitlerisch-mörderisch gebärdet haben soll?) oder an der ja schließlich gegenstandslosen Debatte über die vermeintliche Ermordung des (wirklich jüdischen?) Kritikers und daraus folgern, der *Tod eines Kritikers* verfolge eine antisemitische Tendenz. Ich befürchte, daß die Leser, die vehement für Reich-Ranicki und gegen Walser argumentieren, daß also die Reich-Ranickianer in die Falle gegangen sind, die ihnen der Autor von *Tod eines Kritikers* gestellt hat. Meine Befürchtung rührt daher, daß das deutsche »Sommertheater« um den *Tod eines Kritikers* nicht mehr geboten hat als das, was der Roman selber schildert: die »Herkunftsdebatten«, die aus dem »Vermutbaren«, daß Ehrl-König jüdischer Herkunft und deshalb ermordet worden sei, »Tatsache« werden lassen. Mit anderen Worten, der Kritiker-Roman hat vorweggenommen, was sich nach dessen Veröffentlichung in der Realität abspielen sollte. Der Satz »Das Thema war jetzt, daß Hans Lach einen Juden getötet hatte« liest sich wie eine ironische Prophezeiung, ja Inszenierung des Nachspiels des Romans. Mir ist, als ob sich Walser in erzählerischem Übermut einen Scherz mit den moralisch Übersensiblen und Rigorosen erlaubt hätte. Man sollte sich doch hüten, von Walser genasführt zu werden!

Als ein Auslandsgermanist, der aus der deutschen Literatur und Literaturwissenschaft einiges gelernt zu haben glaubt, bin ich leicht erstaunt, daß sich in diesem mit Literatur verwöhnten Land so viele naive und laienhafte Stimmen in der Kontroverse über einen literarischen Text erhoben haben, die mit ihm umgehen, als wäre es ein nicht-fiktiver Sachtext. Ebenso schwer nachvollziehbar wie der Vorwurf des Antisemitismus scheint mir die oft vernommene Klage, der *Tod eines Kritikers* diene der Schmähung des großen Meisters Reich-Ranicki. Aus dem fernen China, inmitten der Schluchten des Yangtse wage ich den unmaßgeblichen Appell: die Lamentierer sollten doch nicht vergessen, daß Reich-Ranicki wie kein zweiter Literatur zu einer öffentlichen Sache gemacht hat und daß der inzwischen über Achtzigjährige längst »literaturreif« geworden ist. Man sollte sich freuen und dankbar zeigen, daß endlich ein bedeutender Schriftsteller kommt und versucht, dem Meister der Kritik ein literarisches Denkmal zu setzen; man hat auch keinen Grund zur Beunruhigung, wenn sich ausgerechnet Walser, dessen Verhältnis zu Reich-Ranicki alles andere als harmonisch ist, mit seinem Meißel ans Werk macht. Denn für die Aufgabe, Reich-Ranicki literarische Gestalt werden zu lassen, ist Walser weit berufener als die Hagiographen, welche nur kniend über ihr Idol zu schreiben vermögen. Er hat wirklich die Kompetenz eines Reich-Ranicki-Beschwörers, da er nicht nur ein großer Autor, sondern zugleich ein Medien-Experte ist, der den Zusammenhang zwischen des Starkritikers Riesenerfolg und den Gesetzen der Fernseh-Welt durchschaut und künstlerisch glaubwürdig darzustellen vermag. Seine Berufung zum Reich-Ranicki-Beschwörer rührt auch von ihrer gemeinsamen Geschichte her. Reich-Ranicki ist für Walser immer schon eine Traum-traumatische Figur gewesen. (Davon zeugt sein Traum auf dem fernen Neuen Kontinent, den er nach eigenen Angaben in der Nacht vom 3. auf den 4. September 1976 von ihm geträumt hat.) Sie bilden das klassische Paar des über Jahrzehnte hinweg in Feindschaft und doch untergründiger Sympathie verbundenen Schriftstellers und Kritikers – wie es im 19. Jahrhundert etwa Wagner und Hanslick gewesen sind.

Wer über Walsers literarischen Werdegang schreibt, kommt nicht umhin, auch dessen Widerschein in Reich-Ranickis Kritiken zu erwähnen. Es wäre menschlich, allzu menschlich, wenn Walser seinen meist scharfen Kritiker haßte und von Rachegefühlen bewegt würde. Nun hat er sich der spezifisch literarischen Waffe bedient, um seinen Gegner zu treffen: der Satire, mit der sich Dichter schon von jeher an ihren kritischen Widersachern gerächt haben. (Denken wir nur an Beckmesser-Hanslick in Wagners *Meistersingern*!) Doch Walsers satirischer Roman verrät, daß er seinem Erzfeind gegenüber andere Gefühle hegt als blinden Haß. Haß kann niemals literarische Frucht tragen, wenn er nicht mit seinem Gefühlsgegenpol zur Haßliebe verbunden ist. Und sie spüren wir im *Tod eines Kritikers* durchaus. Walser ist zu sehr Künstler, um seinen Inquisitor nicht interessant zu finden. Sein Künstlertum verbürgt in hohem Grade die dichterische Gerechtigkeit des rachsüchtigen Romanciers und sichert dem Roman seine ästhetische Qualität. Wer wollte leugnen, daß die Kritikergestalt André Ehrl-König eine höchst gelungene Kunstfigur ist. Das Lachen, das sie auslöst – keineswegs auf ihre Kosten, sondern von ihr mit Absicht erregt –, spricht zum Lobe Reich-Ranickis, des erlauchten Spaßmachers, wie zum Lobe Walsers. Ein anspruchsvoller Roman, der den Leser zum Lachen bringt, kann kein schlechter Roman sein. Eine Binsenweisheit, die Reich-Ranicki selber verbreitet und durch seine Reaktion auf den *Erwählten* belegt hat. Sollte ihm die Gestalt Ehrl-Königs, auch wenn sie ihm nicht unbedingt schmeichelt, ab und zu nicht doch ein Lächeln auf Gesicht und Lippen gezaubert haben – während die humorlosen Reich-Ranickianer zum Kreuzzug gegen den Erfinder seines literarischen Ebenbilds aufriefen?

Auf Walser mag der *Tod eines Kritikers* eine befreiende Wirkung ausgeübt haben, war es ihm hier doch vergönnt, die Machtverhältnisse zwischen ihm und seinem Verreißer mehr oder weniger zu seinen Gunsten zu verändern. War er bisher der Gequälte und Verfolgte, so wurde nun der Spieß von ihm herumgedreht. So ist es mit dichterischer Rache! Walser hat in Thomas Mann lange seinen Intimfeind gesehen, doch gilt das, was Detlev Spinell anläßlich seines Briefs an Herrn Klöterjahn sagt, *cum grano salis* nicht auch für diesen satirischen Kritiker-Roman? Der Décadent Spinell läßt nämlich seinen vitalen Kontrahenten wissen, sein Brief sei »nichts als ein Racheakt, und ist nur ein einziges Wort scharf, glänzend und schön genug, Sie betroffen zu machen, Sie eine fremde Macht spüren zu lassen, Ihren robusten Gleichmut einen Augenblick ins Wanken zu bringen, so will ich frohlocken«. Auch in Walsers Reich-Ranicki-Roman besteht kein Mangel an scharfen, glänzenden und schönen Worten, und auch zu frohlocken hätte er angesichts der wenig gleichmütigen Reaktion seines Gegners durchaus Grund gehabt. Doch hat Reich-Ranicki, der ebenfalls mit scharfen, glänzenden und schönen Worten Walsers Werke verrissen hat, keinen Anlaß, im Falle des *Todes eines Kritikers* den Beleidigten zu spielen. Ein Kritiker, der einem Schriftsteller so offen und öffentlich Hiebe austeilt, muß gewärtig und bereit sein, auch von ihm Hiebe einzustecken.

In diesem Zusammenhang frage ich mich im Stillen, warum die Westler, die sich verpflichtet fühlen, uns »rote« Chinesen von den Vorteilen der Demokratie zu überzeugen, im Bereich der Kunst und Meinung so unduldsam und »undemokratisch« sind – wie jetzt im Falle des Kreuzzuges gegen Martin Walser. Daß im Reiche der Literatur ein bißchen Gewaltenteilung, ein bißchen gegenseitige Überwachung nottut – wie die zwischen Kritiker und Schriftsteller –, leuchtet sogar einem Chinesen ein, der gerade anfängt, den westlichen Demokratismus zu erlernen.

Was die Reich-Ranickianer am *Tod eines Kritikers* stört, scheint weniger das karikaturistische Porträt des Starkritikers als dessen vermeintliche, spielerisch ausgedachte Ermordung zu sein, aus der sie auf veritable Mordphantasien Walsers schließen. Aus der Sicht eines Auslandsgermanisten hat die Kontroverse um Walsers Kritiker-Roman manchmal auf einem Niveau stattgefunden, das des sogenannten Volkes der Dichter und Denker eigentlich nicht würdig war. Mordphantasien sind nicht gefährlich, wenn sie Phantasien bleiben. Die Weltliteratur ist ein einziges Arsenal von Mordphantasien. Kann man einem Dichter denn nicht zubilligen, daß er in seinem Geist und Werk nicht immer die Moral spazierenführen möchte? Für ihn hat das Schreiben eine therapeutische Wirkung. Und sie geht eben auch von Mordphantasien aus. Worin liegt der Unterschied zwischen Walser und Goethe, der zornig ausrief: »Schlagt ihn tot, den Hund! Es ist ein Rezensent!«? Goethe hätte man nicht allein der Mordphantasien, sondern geradezu der Anstiftung zum Mord bezichtigen können. Ihm hätte es so ergehen können wie Hans Lach, wenn kurz nach seinem Aufruf der von ihm gehaßte Rezensent wirklich ermordet oder totgeglaubt worden wäre. Goethe erklärt den verhaßten Rezensenten für einen bissigen Hund, der es verdient, totgeschlagen zu werden. Reich-Ranicki ist tatsächlich wiederholt der Tod gewünscht worden – in *Mein Leben* führt er unverhüllte Beispiele dafür an: Rolf Dieter Brinkmann, Peter Handke und Christa Reinig –, und als bissiger

Hund ist er seinerzeit in einer Karikatur auf dem Titelblatt des *Spiegel* abgebildet worden: eine Bücher (zer)verreißende Bulldogge. Walsers *Tod eines Kritikers* greift da nur ein altes Motiv auf.

Die durch den *Tod eines Kritikers* ausgelöste publizistische Affäre erinnert mich, einen offensichtlich ver(thomas)mannten Auslandsgermanisten (davon gibt es in China so viele, daß eine böse Zunge gemeint hat, man müsse sie endlich ent[thomas]mannen), schon wieder an Thomas Mann. Ich denke an seine *Bilse*-Schrift und die vielen Attacken, denen er sich durch die Ähnlichkeiten zwischen literarischem Porträt und realem Modell in seinen Romanen und Erzählungen ausgesetzt sah. In *Bilse und ich* ist zu lesen: »Es ist nicht die Gabe der Erfindung, – die der Beseelung ist es, welche den Dichter macht. Und ob er nun eine überkommene Mär oder ein Stück lebendiger Wirklichkeit mit seinem Odem und Wesen erfüllt, die Beseelung, die Durchdringung und Erfüllung des Stoffes mit dem was des Dichters ist, macht den Stoff zu seinem Eigentum, auf das, seiner innersten Meinung nach, niemand die Hand legen darf.« Wendet man diese Theorie auf den *Tod eines Kritikers* an und paraphrasiert sie ein wenig, dann heißt das: Reich-Ranicki hörte auf, Reich-Ranicki zu sein, als Martin Walser ihm seinen Odem einhauchte. Durch diesen wurde er sein Eigentum – auf das niemand hätte die Hand legen dürfen und sollen! Reich-Ranicki ist im *Tod eines Kritikers* – pardon, hochverehrter Herr Reich-Ranicki! – der Stoff und Ehrl-König die Form. Die beiden sind also durch eine Welt getrennt. Es ist ästhetisch müßig und illegitim, sie gegeneinander abzuwägen und auszuspielen.

Thomas Mann hat ein ästhetisches Gesetz ausgesprochen, das durch das Schicksal seiner – und nicht nur seiner – Werke bestätigt worden ist. Die Proteste der braven Lübecker gegen die *Buddenbrooks,* von Arthur Holitscher gegen die *Tristan*-Novelle, von Gerhart Hauptmann gegen den *Zauberberg* sind längst vom Winde verweht, vom Ruhm der Werke überholt worden. Längst hat man aufgehört, zwischen Porträt und Modell zu vergleichen, der Wiedererkennungseffekt hat sich abgenutzt, und den Leser beschäftigt nach einem Wort von Emil Staiger nurmehr die Dichtung selbst, nicht das, was dahinter liegt. Ob dem *Tod eines Kritikers* das gleiche Schicksal beschieden sein wird wie den Werken Thomas Manns, wissen wir noch nicht. Das Unsterblichkeitszertifikat einer Dichtung wird in der Regel erst ausgestellt, wenn der Autor schon längst verstorben ist. Aber wen wird es kümmern, wer Pate gestanden hat, wenn Ehrl-König den zukünftigen Leser fesseln sollte? Vielleicht kann man, sobald die Übersetzung vorliegt, in China, wo man den Paten Ehrl-Königs nicht kennt, schon bald die Probe aufs Exempel der Nachwelt machen. Das wegen seines Porträts beleidigte Modell löst jedenfalls bei der Nachwelt immer nur Kopfschütteln und Gelächter aus.

Ende

Ich war froh, daß ich zwei Stunden vor der Ankunft in Chongqing meinen unbedeutenden Versuch über den *Tod eines Kritikers* beendet und meine tüchtige Frau nicht gehindert hatte, rechtzeitig den Koffer zu packen. In der letzten Stunde unserer Yangtse-Fahrt standen wir oben auf dem Schiff und blickten wie die Mitreisenden erwartungsvoll in die Fahrtrichtung. Als die Silhouette der Stadt Chongqing endlich in Sicht war, rief man *Hurra* und klatschte in die Hände. Es war Zeit, Abschied voneinander zu nehmen. Wir verabschiedeten uns von den Taiwanesen, die sich mit großen Augen umschauten auf dem von ihrem Regime diabolisierten Festland, und von den Kangtonesen, deren Dialekt uns verblüffte und belustigte. (Daß die Westler »Peking« statt »Beijing« sagen, liegt daran, daß im Kangtong-Dialekt »Beijing« wie »Baking« ausgesprochen wird und daß die Kangtonesen Sprachlehrer für die ersten Engländer waren, die nach China kamen.) Ade sagten wir auch den weißhäutigen Touristen, die wir heutigen Chinesen ohne Schwierigkeit als Artgenossen erkennen können – dies betone ich deswegen, weil es vor vierundzwanzig Jahren noch geschehen konnte, daß ein Weißer wie ein gewisser Marcel Reich-Ranicki – er berichtet selber davon in *Mein Leben* – als exotische Sehenswürdigkeit die Nilpferde und Riesenschlangen im Zoologischen Garten der Stadt Nanking in den Schatten stellte. Nach der Abschiedsrunde stiegen wir mit schwerem Gepäck aus dem Ausflugsdampfer aus, fuhren mit dem Taxi zu dem von Menschen wimmelnden Busbahnhof und stiegen in einen überfüllten Bus, der uns dahin brachte, wo wir schlemmend, plaudernd und Poker spielend das Frühlingsfest verbringen sollten ...

Dr. Huang Liaoyu lehrt Deutsche Sprache und Neuere deutsche Literatur an der Außenhandelsuniversität zu Beijing.